ŒUVRES COMPLÈTES

DE M. LE VICOMTE

DE CHATEAUBRIAND.

TOME XIV.

DE L'IMPRIMERIE DE CRAPELET,
RUE DE VAUGIRARD, N° 9.

OEUVRES COMPLÈTES

DE M. LE VICOMTE

DE CHATEAUBRIAND,

MEMBRE DE L'ACADÉMIE FRANÇOISE.

TOME QUATORZIÈME.

GÉNIE DU CHRISTIANISME.

TOME I.

PARIS.

POURRAT FRÈRES, ÉDITEURS.

M. DCCC. XXXVI.

PRÉFACE.[1]

Lorsque le *Génie du Christianisme* parut, la France sortoit du chaos révolutionnaire; tous les éléments de la société étoient confondus: la terrible main qui commençoit à les séparer n'avoit point encore achevé son ouvrage; l'ordre n'étoit point encore sorti du despotisme et de la gloire.

Ce fut donc, pour ainsi dire, au milieu des débris de nos temples que je publiai le *Génie du Christianisme*, pour rappeler dans ces temples les pompes du culte et les serviteurs des autels. Saint-Denis étoit abandonné: le moment n'étoit pas venu où Buonaparte devoit se souvenir qu'il lui falloit un tombeau; il lui eût été difficile de deviner le lieu où la Providence avoit marqué le sien. Partout on voyoit des restes d'églises et de monastères que l'on achevoit de démolir: c'étoit même une sorte d'amusement d'aller se promener dans ces ruines.

[1] Cette Préface a été composée pour l'édition de 1828.

PRÉFACE.

Si les critiques du temps, les journaux, les pamphlets, les livres, n'attestoient l'effet du *Génie du Christianisme*, il ne me conviendroit pas d'en parler; mais n'ayant jamais rien rapporté à moi-même, ne m'étant jamais considéré que dans mes relations générales avec les destinées de mon pays, je suis obligé de reconnoître des faits qui ne sont contestés de personne: ils ont pu être différemment jugés; leur existence n'en est pas moins avérée.

La littérature se teignit en partie des couleurs du *Génie du Christianisme* : des écrivains me firent l'honneur d'imiter les phrases de *René* et d'*Atala*, de même que la chaire emprunta et emprunte encore tous les jours ce que j'ai dit des cérémonies, des missions et des bienfaits du christianisme.

Les fidèles se crurent sauvés par l'apparition d'un livre qui répondoit si bien à leurs dispositions intérieures : on avoit alors un besoin de foi, une avidité de consolations religieuses, qui venoit de la privation même de ces consolations depuis longues années. Que de force surnaturelle à demander pour tant d'adversités subies! Combien de familles mutilées avoient à chercher auprès du Père des hommes les enfants qu'elles avoient perdus! Combien de cœurs brisés, combien d'âmes devenues solitaires, appeloient une main divine pour les guérir! On se précipitoit dans la maison de Dieu comme on entre dans la maison du médecin le jour d'une contagion. Les victimes de nos troubles (et que de sortes de victimes!) se sauvoient à l'autel, de même que les naufragés s'attachent au rocher sur lequel ils cherchent leur salut.

Rempli des souvenirs de nos antiques mœurs, de la gloire et des monuments de nos rois, le *Génie du Christianisme* respiroit l'ancienne monarchie tout entière : l'héritier légitime étoit pour ainsi dire caché au fond du sanctuaire dont je soulevois le voile, et la couronne de saint Louis suspendue au-dessus de l'autel du Dieu de saint Louis. Les François apprirent à porter avec regret leur regard sur le passé; les voies de l'avenir furent préparées, et des espérances presque éteintes se ranimèrent.

Buonaparte, qui désiroit alors fonder sa puissance sur la première base de la société, et qui venoit de faire des arrangements avec la cour de Rome, ne mit aucun obstacle à la publication d'un ouvrage utile à la popularité de ses desseins. Il avoit à lutter contre les hommes qui l'entouroient, contre des ennemis déclarés de toutes concessions religieuses : il fut donc heureux d'être défendu au dehors par l'opinion que le *Génie du Christianisme* appeloit. Plus tard il se repentit de sa méprise; et au moment de sa chute il avoua que l'ouvrage qui avoit le plus nui à son pouvoir étoit le *Génie du Christianisme*.

Mais Buonaparte, qui aimoit la gloire, se laissoit prendre à ce qui en avoit l'air; le bruit lui imposoit; et quoiqu'il devînt promptement inquiet de toute renommée, il cherchoit d'abord à s'emparer de l'homme dans lequel il reconnoissoit une force. Ce fut par cette raison que l'Institut n'ayant pas compris le *Génie du Christianisme* dans les ouvrages qui concouroient pour le prix décennal, reçut l'ordre de faire un rapport sur cet ouvrage; et, bien qu'alors j'eusse blessé mortellement Buonaparte, ce maître du monde entretenoit tous les jours M. de Fontanes des places qu'il avoit l'intention de créer pour moi, des choses extraordinaires qu'il réservoit à ma fortune.

Ce temps est passé : vingt années ont fui,

PRÉFACE.

des générations nouvelles sont survenues, et un vieux monde qui étoit hors de France y est rentré.

Ce monde a joui des travaux achevés par d'autres que par lui, et n'a pas connu ce qu'ils avoient coûté : il a trouvé le ridicule que Voltaire avoit jeté sur la religion effacé, les jeunes gens osant aller à la messe, les prêtres respectés au nom de leur martyre, et ce vieux monde a cru que cela étoit arrivé tout seul; que personne n'y avoit mis la main.

Bientôt même on a senti une sorte d'éloignement pour celui qui avoit rouvert la porte des temples, en prêchant la modération évangélique, pour celui qui avoit voulu faire aimer le christianisme par la beauté de son culte, par le génie de ses orateurs, par la science de ses docteurs, par les vertus de ses apôtres et de ses disciples. Il auroit fallu aller plus loin. Dans ma conscience je ne le pouvois pas.

Depuis vingt-cinq ans, ma vie n'a été qu'un combat entre ce qui m'a paru faux en religion, en philosophie, en politique, contre les crimes ou les erreurs de mon siècle, contre les hommes qui abusoient du pouvoir pour corrompre ou pour enchaîner les peuples. Je n'ai jamais calculé le degré d'élévation de ces hommes; et depuis Buonaparte, qui faisoit trembler le monde, et qui ne m'a jamais fait trembler, jusqu'aux oppresseurs obscurs qui ne sont connus que par mon mépris, j'ai osé tout dire à qui osoit tout entreprendre. Partout où je l'ai pu j'ai tendu la main à l'infortune; mais je ne comprends rien à la prospérité : toujours prêt à me dévouer aux malheurs, je ne sais point servir les passions dans leur triomphe.

Auroit-on bien fait de suivre le chemin que j'avois tracé pour rendre à la religion sa salutaire influence? Je le crois. En entrant dans l'esprit de nos institutions, en se pénétrant de la connoissance du siècle, en tempérant les vertus de la foi par celle de la charité, on seroit arrivé sûrement au but. Nous vivons dans un temps où il faut beaucoup d'indulgence et de miséricorde. Une jeunesse généreuse est prête à se jeter dans les bras de quiconque lui prêchera les nobles sentiments qui s'allient si bien aux sublimes préceptes de l'Évangile; mais elle fuit la soumission servile, et, dans son ardeur de s'instruire, elle a un goût pour la raison tout-à-fait au-dessus de son âge.

Le *Génie du Christianisme* paroît maintenant dégagé des circonstances auxquelles on auroit pu attribuer une partie de son succès. Les autels sont relevés, les prêtres sont revenus de la captivité, les prélats sont revêtus des premières dignités de l'État. L'espèce de défaveur qui, en général, s'attache au pouvoir, devroit pareillement s'attacher à tout ce qui a favorisé le rétablissement de ce pouvoir : on est ému du combat; on porte peu d'intérêt à la victoire.

Peut-être aussi l'auteur nuiroit-il, à présent, dans un certain monde, à l'ouvrage. Je ne sais comment il arrive que les services que j'ai eu le bonheur de rendre aient rarement été une cause de bienveillance pour moi auprès de ceux à qui je les ai rendus ; tandis que les hommes que j'ai combattus ont toujours, au contraire, montré du penchant pour mes écrits et même pour ma personne : ce ne sont pas mes ennemis qui m'ont calomnié. Y auroit-il dans les opinions que j'ai appuyées, parce que, sous beaucoup de rapports, elles sont les miennes, y auroit-il un certain fonds d'ingratitude naturelle? Non, sans doute, et toute faute est de mon côté.

Par les diverses considérations de temps, de lieux, de personnes, je suis obligé de conclure que si le *Génie du Christianisme* continue à trouver des lecteurs, on ne peut plus en chercher les raisons dans celles qui firent son premier succès : autant les chances lui furent favorables autrefois, autant elles lui sont contraires aujourd'hui. Cependant l'ouvrage se réimprime malgré la multitude des anciennes éditions, et je le regarde toujours comme mon premier titre à la bienveillance du public.

GÉNIE DU CHRISTIANISME.

PREMIÈRE PARTIE.
DOGMES ET DOCTRINE.

LIVRE PREMIER.
MYSTÈRES ET SACREMENTS.

CHAPITRE PREMIER.
INTRODUCTION.

Depuis que le christianisme a paru sur la terre, trois espèces d'ennemis l'ont constamment attaqué : les hérésiarques, les sophistes, et ces hommes en apparence frivoles, qui détruisent tout en riant. De nombreux apologistes ont victorieusement répondu aux subtilités et aux mensonges ; mais ils ont été moins heureux contre la dérision. Saint Ignace d'Antioche[1], saint Irenée, évêque de Lyon[2] ; Tertullien, dans son *Traité des Pres-*

---

[1] Ignat., *in Patr. apost. Epist. ad Smyrn.*, n. 1.
[2] *In Hæres.*, lib. vi.

criptions, que Bossuet appelle divin, combattirent les novateurs, dont les interprétations superbes corrompoient la simplicité de la foi.

La calomnie fut repoussée d'abord par Quadrat et Aristide, philosophes d'Athènes : on ne connoît rien de leurs apologies, hors un fragment de la première, conservé par Eusèbe. Saint Jérôme et l'évêque de Césarée parlent de la seconde comme d'un chef-d'œuvre.[1]

Les païens reprochoient aux fidèles l'athéisme, l'inceste, et certains repas abominables où l'on mangeoit, disoit-on, la chair d'un enfant nouveau-né. Saint Justin plaida la cause des chrétiens après Quadrat et Aristide : son style est sans ornement, et les actes de son martyre prouvent qu'il versa son sang pour sa religion avec la même simplicité qu'il écrivit pour elle[2]. Athénagore a mis plus d'esprit dans sa défense; mais il n'a ni la manière originale de Justin, ni l'impétuosité de l'auteur de l'*Apologétique.* Tertullien est le Bossuet africain et barbare; Théophile, dans les trois livres à son ami Autolyque, montre de l'imagination et du savoir; et l'*Octave* de Minucius Félix présente le beau tableau d'un chrétien et de deux idolâtres, qui s'entretiennent de la religion et de la nature de Dieu, en se promenant au bord de la mer[3].

---

[1] Eus., lib. iv, 3; Hieronym., *Epist.* 80; Fleury, *Hist. Ecclés.,* tom. 1; Tillemont, *Mém. pour l'Hist. Eccl.,* tom. ii.

[2] Just.

[3] *Voyez,* avec les auteurs cités ci-dessus, Dupin, Dom Cellier, et l'élégante traduction des anciens *Apologistes,* par M. l'abbé de Gourcy.

Arnobe le rhéteur, Lactance, Eusèbe, saint Cyprien, ont aussi défendu le christianisme; mais ils se sont moins attachés à en relever la beauté qu'à développer les absurdités de l'idolâtrie

Origène combattit les sophistes; il semble avoir eu l'avantage de l'érudition, du raisonnement et du style, sur Celse son adversaire. Le grec d'Origène est singulièrement doux; il est cependant mêlé d'hébraïsme et de tours étrangers, comme il arrive assez souvent aux écrivains qui possèdent plusieurs langues.

L'Église, sous l'empereur Julien, fut exposée à une persécution du caractère le plus dangereux. On n'employa pas la violence contre les chrétiens, mais on leur prodigua le mépris. On commença par dépouiller les autels; on défendit ensuite aux fidèles d'enseigner et d'étudier les lettres [1]. Mais l'empereur, sentant l'avantage des institutions chrétiennes, voulut, en les abolissant, les imiter : il fonda des hôpitaux et des monastères; et, à l'instar du culte évangélique, il essaya d'unir la morale à la religion, en faisant prononcer des espèces de sermons dans les temples [2].

Les sophistes dont Julien étoit environné se déchaînèrent contre le christianisme; Julien même ne dédaigna pas de se mesurer avec les *Galiléens*. L'ouvrage qu'il écrivit contre eux ne nous est pas parvenu; mais saint Cyrille, patriarche d'Alexan-

---

[1] Soc. 3, cap. XII; Greg. Naz. 3, pag. 51-97, etc.
[2] Voyez Fleury, *Hist. Eccl.*

drie, en cite des fragments dans la réfutation qu'il en a faite et que nous avons encore. Lorsque Julien est sérieux, saint Cyrille triomphe du philosophe; mais lorsque l'empereur a recours à l'ironie, le patriarche perd ses avantages. Le style de Julien est vif, animé, spirituel : saint Cyrille s'emporte, il est bizarre, obscur et contourné. Depuis Julien jusqu'à Luther, l'Église, dans toute sa force, n'eut plus besoin d'apologistes. Quand le schisme d'Occident se forma, avec les nouveaux ennemis parurent de nouveaux défenseurs. Il le faut avouer, les protestants eurent d'abord la supériorité sur les catholiques, du moins par les formes, comme le remarque Montesquieu. Érasme même fut foible contre Luther, et Théodore de Bèze eut une légèreté de style qui manqua trop souvent à ses adversaires.

Mais lorsque Bossuet descendit dans la carrière, la victoire ne demeura pas long-temps indécise; l'hydre de l'hérésie fut de nouveau terrassée. L'*Histoire des Variations* et l'*Exposition de la Doctrine catholique* sont deux chefs-d'œuvre qui passeront à la postérité.

Il est naturel que le schisme mène à l'incrédulité, et que l'athéisme suive l'hérésie. Bayle et Spinosa s'élevèrent après Calvin; ils trouvèrent dans Clarke et Leibnitz deux génies capables de réfuter leurs sophismes. Abbadie écrivit en faveur de la religion une apologie remarquable par la méthode et le raisonnement. Malheureusement le style en est foible, quoique les pensées n'y manquent pas d'un certain éclat. « Si les philosophes anciens, dit Abbadie, adoroient les vertus, ce n'étoit après tout qu'une belle idolâtrie. »

Tandis que l'Église triomphoit encore, déjà Voltaire faisoit renaître la persécution de Julien. Il eut l'art funeste, chez un peuple capricieux et aimable, de rendre l'incrédulité à la mode. Il enrôla tous les amours-propres dans cette ligue insensée; la religion fut attaquée avec toutes les armes, depuis le pamphlet jusqu'à l'in-folio, depuis l'épigramme jusqu'au sophisme. Un livre religieux paroissoit-il, l'auteur étoit à l'instant couvert de ridicule, tandis qu'on portoit aux nues des ouvrages dont Voltaire étoit le premier à se moquer avec ses amis : il étoit si supérieur à ses disciples, qu'il ne pouvoit s'empêcher de rire quelquefois de leur enthousiasme religieux. Cependant le système destructeur alloit s'étendant sur la France. Il s'établissoit dans ces académies de province, qui ont été autant de foyers de mauvais goût et de factions. Des femmes de la société, de graves philosophes avoient leurs chaires d'incrédulité. Enfin, *il fut reconnu* que le christianisme n'étoit qu'un système barbare dont la chute ne pouvoit arriver trop tôt pour la liberté des hommes, le progrès des lumières, les douceurs de la vie et l'élégance des arts.

Sans parler de l'abîme où ces principes nous ont plongés, les conséquences immédiates de cette haine contre l'Évangile furent un retour plus affecté que sincère vers ces dieux de Rome et de la

Grèce, auxquels on attribua les miracles de l'antiquité[1]. On ne fut point honteux de regretter ce culte, qui ne faisoit du genre humain qu'un troupeau d'insensés, d'impudiques, ou de bêtes féroces. On dut nécessairement arriver de là au mépris des écrivains du siècle de Louis XIV, qui ne s'élevèrent toutefois à une si haute perfection que parce qu'ils furent religieux. Si l'on n'osa pas les heurter de front à cause de l'autorité de leur renommée, on les attaqua d'une manière indirecte. On fit entendre qu'ils avoient été *secrètement* incrédules, ou que du moins ils fussent devenus de bien plus grands hommes *s'ils avoient vécu de nos jours*. Chaque auteur bénit son destin de l'avoir fait naître dans le beau siècle des Diderot et des d'Alembert, dans ce siècle où les documents de la sagesse humaine étoient rangés par ordre alphabétique dans l'*Encyclopédie,* cette Babel des sciences et de la raison[2].

Des hommes d'une grande doctrine et d'un esprit distingué essayèrent de s'opposer à ce torrent; mais leur résistance fut inutile : leur voix se perdit dans la foule, et leur victoire fut ignorée d'un monde frivole, qui cependant dirigeoit la France, et que, par cette raison, il étoit nécessaire de toucher[3].

Ainsi cette fatalité qui avoit fait triompher les

---

[1] Le siècle de Louis XIV aimoit et connoissoit l'antiquité mieux que nous, et il étoit chrétien.

[2] Voyez la note A, à la fin du volume.

[3] Les *Lettres de quelques Juifs portugais* eurent un moment de succès; mais elles disparurent bientôt dans le tourbillon irréligieux.

sophistes sous Julien se déclara pour eux dans notre siècle. Les défenseurs des chrétiens tombèrent dans une faute qui les avoit déjà perdus : ils ne s'aperçurent pas qu'il ne s'agissoit plus de discuter tel ou tel dogme, puisqu'on rejetoit absolument les bases. En parlant de la mission de Jésus-Christ, et remontant de conséquence en conséquence, ils établissoient sans doute fort solidement les vérités de la foi ; mais cette manière d'argumenter, bonne au dix-septième siècle, lorsque le fond n'étoit point contesté, ne valoit plus rien de nos jours. Il falloit prendre la route contraire : passer de l'effet à la cause, ne pas prouver que le christianisme est excellent parce qu'il vient de Dieu, mais qu'il vient de Dieu parce qu'il est excellent.

C'étoit encore une autre erreur que de s'attacher à répondre sérieusement à des sophistes, espèce d'hommes qu'il est impossible de convaincre, parce qu'ils ont toujours tort. On oublioit qu'ils ne cherchent jamais de bonne foi la vérité, et qu'ils ne sont même attachés à leur système qu'en raison du bruit qu'il fait, prêts à en changer demain avec l'opinion.

Pour n'avoir pas fait cette remarque, on perdit beaucoup de temps et de travail. Ce n'étoit pas les sophistes qu'il falloit réconcilier à la religion, c'étoit le monde qu'ils égaroient. On l'avoit réduit en lui disant que le christianisme étoit un culte né du sein de la barbarie, absurde dans ses dogmes, ridicule dans ses cérémonies, ennemi des arts et des lettres, de la raison et de la beauté ; un culte qui n'avoit fait que verser le sang, enchaîner les hommes et retarder le bonheur et les lumières du genre humain : on devoit donc chercher à prouver au contraire que, de toutes les religions qui ont jamais existé, la religion chrétienne est la plus poétique, la plus humaine, la plus favorable à la liberté, aux arts et aux lettres; que le monde moderne lui doit tout, depuis l'agriculture jusqu'aux sciences abstraites, depuis les hospices pour les malheureux jusqu'aux temples bâtis par Michel-Ange, et décorés par Raphaël. On devoit montrer qu'il n'y a rien de plus divin que sa morale, rien de plus aimable, de plus pompeux que ses dogmes, sa doctrine et son culte : on devoit dire qu'elle favorise le génie, épure le goût, développe les passions vertueuses, donne de la vigueur à la pensée, offre des formes nobles à l'écrivain, et des moules parfaits à l'artiste; qu'il n'y a point de honte à croire avec Newton et Bossuet, Pascal et Racine; enfin il falloit appeler tous les enchantements de l'imagination et tous les intérêts du cœur au secours de cette même religion contre laquelle on les avoit armés.

Ici le lecteur voit notre ouvrage. Les autres genres d'apologies sont épuisés, et peut-être seroient-ils inutiles aujourd'hui. Qui est-ce qui liroit maintenant un ouvrage de théologie? quelques hommes pieux qui n'ont pas besoin d'être convaincus, quelques vrais chrétiens déjà persuadés. Mais n'y a-t-il pas de danger à envisager la religion sous un jour purement humain? Et pourquoi? Notre religion craint-elle la lumière ? Une grande preuve de sa céleste origine, c'est qu'elle souffre l'examen le plus sévère et le plus minutieux de la raison. Veut-on qu'on nous fasse éternellement le reproche de cacher nos dogmes dans une nuit sainte, de peur qu'on n'en découvre la fausseté ? Le christianisme sera-t-il moins vrai quand il paroîtra plus beau ? Bannissons un frayeur pusillanime ; par excès de religion, ne laissons pas la religion périr. Nous ne sommes plus dans le temps où il étoit bon de dire : *Croyez, et n'examinez pas;* on examinera malgré nous ; et notre silence timide, en augmentant le triomphe des incrédules, diminuera le nombre des fidèles.

Il est temps qu'on sache enfin à quoi se réduisent ces reproches d'*absurdité*, de *grosièreté*, de *petitesse*, qu'on fait tous les jours au christianisme ; il est temps de montrer que loin de rapetisser la pensée, il se prête merveilleusement aux élans de l'âme, et peut enchanter l'esprit aussi divinement que les dieux de Virgile et d'Homère. Nos raisons auront du moins cet avantage qu'elles seront à la portée de tout le monde, et qu'il ne faudra qu'un bon sens pour en juger. On néglige peut-être un peu trop, dans les ouvrages de ce genre, de parler la langue de ses lecteurs : il faut être docteur avec le docteur, et poëte avec le poëte. Dieu ne défend pas les routes fleuries quand elles servent à revenir à lui, et ce n'est pas toujours par les sentiers rudes et sublimes de la montagne que la brebis égarée retourne au bercail.

Nous osons croire que cette manière d'envisager le christianisme présente des rapports peu connus : sublime par l'antiquité de ses souvenirs, qui remontent au berceau du monde, ineffable dans ses mystères, adorable dans ses sacrements, intéressant dans son histoire, céleste dans sa morale, riche et charmant dans ses pompes, il réclame toutes les sortes de tableaux. Voulez-vous le suivre dans la poésie? le Tasse, Milton, Corneille, Racine, Voltaire, vous retracent ses miracles. Dans les belles-lettres, l'éloquence, l'histoire, la philosophie? que n'ont point fait, par son inspiration, Bossuet, Fénelon, Massillon, Bourdaloue, Bacon, Pascal, Euler, Newton, Leibnitz! Dans les arts? que de chefs-d'œuvre! Si vous l'examinez dans son culte, que de choses ne vous disent point et ses vieilles églises gothiques, et ses prières admirables, et ses superbes cérémonies! Parmi son clergé, voyez tous ces hommes qui vous ont transmis la langue et les ouvrages de Rome et de la Grèce, tous ces solitaires de la Thébaïde, tous ces lieux de refuge pour les infortunés, tous ces missionnaires à la Chine, au Canada, au Paraguay, sans oublier les ordres militaires, d'où va naître la chevalerie! Mœurs de nos aïeux, peinture des anciens jours, poésie, romans même, choses secrètes de la vie, nous avons tout fait servir à notre cause. Nous demandons des sourires au berceau et des pleurs à la tombe : tantôt, avec le moine Maronite, nous habitons les sommets du Carmel et du Liban; tantôt, avec la fille de la Charité, nous veillons au lit du malade : ici deux époux américains nous appellent au fond de leurs déserts; là nous entendons gémir la vierge dans les solitudes du cloître : Homère vient se placer auprès de Milton, Virgile à côté du Tasse : les ruines de Memphis et d'Athènes contrastent avec les ruines des monuments chrétiens, les tombeaux d'Ossian avec nos cimetières de campagne; à Saint-Denis nous visitons la cendre des rois; et quand notre sujet nous force de parler du dogme de l'existence de Dieu, nous cherchons seulement nos preuves dans les merveilles de la nature; enfin nous essayons de frapper au cœur de l'incrédule de toutes les manières : mais nous n'osons nous flatter de posséder cette verge miraculeuse de la religion, qui fait jaillir du rocher les sources d'eau vive.

Quatre parties, divisées chacune en six livres, composent notre ouvrage. La première traite des dogmes et de la doctrine.

La seconde et la troisième renferment la *poétique* du christianisme, ou les rapports de cette religion avec la poésie, la littérature et les arts.

La quatrième contient le culte, c'est-à-dire tout ce qui concerne les cérémonies de l'Église et tout ce qui regarde le clergé séculier et régulier.

Au reste, nous avons souvent rapproché les dogmes et la doctrine des autres cultes, des dogmes, de la doctrine et du culte évangéliques : pour satisfaire toutes les classes de lecteurs, nous avons aussi touché de temps en temps la partie historique et mystique de la religion. Maintenant que le lecteur connoît le plan général de l'ouvrage, entrons dans l'examen *des Dogmes et de la Doctrine;* et, afin de passer aux mystères chrétiens, commençons par nous enquérir de la nature des choses mystérieuses.

CHAPITRE II.

DE LA NATURE DU MYSTÈRE.

Il n'est rien de beau, de doux, de grand dans la vie, que les choses mystérieuses. Les sentiments les plus merveilleux sont ceux qui nous agitent un peu confusément : la pudeur, l'amour chaste, l'amitié vertueuse, sont pleins de secrets. On diroit que les cœurs qui s'aiment s'entendent à demi-mot, et qu'ils ne sont que comme entr'ouverts. L'innocence, à son tour, qui n'est qu'une sainte ignorance, n'est-elle pas le plus ineffable des mystères? L'enfance n'est si heureuse que parce qu'elle ne sait rien, la vieillesse si misérable, que parce qu'elle sait tout; heureusement pour elle, quand les mystères de la vie finissent, ceux de la mort commencent.

S'il en est ainsi des sentiments, il en est ainsi des vertus : les plus angéliques sont celles qui, découlant immédiatement de Dieu, telles que la charité, aiment à se cacher aux regards, comme leur source.

En passant aux rapports de l'esprit, nous trouvons que les plaisirs de la pensée sont aussi des secrets. Le secret est d'une nature si divine, que les premiers hommes de l'Asie ne parloient que par symboles. A quelle science revient-on sans cesse? à celle qui laisse toujours quelque chose à deviner et qui fixe nos regards sur une perspective infinie. Si nous nous égarons dans le désert, une sorte d'instinct nous fait éviter les plaines, où tout est vu d'un coup d'œil ; nous allons chercher ces forêts, berceau de la religion, ces forêts dont l'ombre, les bruits et le silence sont remplis de prodiges, ces solitudes où les corbeaux et les abeilles nourrissoient les premiers Pères de l'Église, et où ces saints hommes goûtoient tant de délices, qu'ils s'écrioient : « *Seigneur, c'est assez ; je mourrai de douceurs, si vous ne modérez ma joie !* » Enfin, on ne s'arrête pas au pied d'un monument moderne dont l'origine est connue; mais que dans une île déserte, au milieu de l'Océan, on trouve tout à coup une statue de bronze dont le bras déployé montre les régions où le soleil se couche, et dont la base soit chargée d'hiéroglyphes, et rongée par la mer et le temps, quelle source de méditations pour le voyageur! Tout est caché, tout est inconnu dans l'univers. L'homme lui-même n'est-il pas un étrange mystère? D'où part l'éclair que nous appelons existence, et dans quelle nuit va-t-il s'éteindre? L'Éternel a placé la Naissance et la Mort, sous la forme de deux fantômes voilés, aux deux bouts de notre carrière : l'un produit l'inconcevable moment de notre vie, que l'autre s'empresse de dévorer.

Il n'est donc point étonnant d'après le penchant de l'homme aux mystères, que les religions de tous les peuples aient eu leurs secrets impénétrables. Les Selles étudioient les paroles prodigieuses des colombes de Dodone; l'Inde, la Perse, l'Éthiopie, la Scythie, les Gaules, la Scandinavie, avoient leurs cavernes, leurs montagnes saintes, leurs chênes sacrés, où le brachmane, le mage, le gymnosophiste, le druide, prononçoient l'oracle inexplicable des Immortels.

A Dieu ne plaise que nous voulions comparer ces mystères aux mystères de la véritable religion, et les immuables profondeurs du Souverain qui est dans le ciel aux changeantes obscurités de *ces dieux, ouvrages de la main des hommes*[1]! Nous avons seulement voulu faire remarquer qu'il n'y a point de religion sans *mystères;* ce sont eux qui, avec le *sacrifice,* constituent essentiellement le culte: Dieu même est le grand secret de la nature; la divinité étoit voilée en Égypte, et le sphinx s'asseyoit sur le seuil de ses temples.

[1] *Sap.*, cap. XIII, v. 10.

CHAPITRE III.

DES MYSTÈRES CHRÉTIENS.

DE LA TRINITÉ.

On découvre au premier coup d'œil, dans la partie des mystères, un grand avantage de la religion chrétienne sur les religions de l'antiquité. Les mystères de celles-ci n'avoient aucun rapport avec l'homme, et ne formoient tout au plus qu'un sujet de réflexion pour le philosophe, ou de chants pour le poëte. Nos mystères, au contraire, s'adressent à nous; ils contiennent les secrets de notre nature. Il ne s'agit plus d'un futile arrangement de nombres, mais du salut et du bonheur du genre humain. L'homme qui sent si bien chaque jour son ignorance et sa foiblesse, pourroit-il rejeter les mystères de Jésus-Christ? ce sont ceux des infortunés !

La Trinité, premier mystère des chrétiens, ouvre un champ immense d'études philosophiques, soit qu'on la considère dans les attributs de Dieu, soit qu'on recherche les vestiges de ce dogme autrefois répandu dans l'Orient. C'est une très méchante manière de raisonner que de rejeter ce qu'on ne peut comprendre. A partir des choses les plus simples dans la vie, il seroit aisé de prouver que nous ignorons tout, et nous voulons pénétrer dans les *ruses* de la Sagesse !

La Trinité fut peut-être connue des Égyptiens :

l'inscription grecque du grand obélisque du *Cirque majeur*, à Rome, portoit :

Μέγας Θεὸς, *le grand Dieu* ; Θεογένητὸς, *l'Engendré de Dieu ; et* Παμφεγγὴς, *le Tout-Brillant* (Apollon, l'Esprit).

Héraclide de Pont et Porphyre rapportent un fameux oracle de Sérapis :

Πρῶτα Θεός, μετέπειτα λόγος, καὶ πνεῦμα σὺν αὐτοῖς.
. . Σύμφυτα δὴ τρία πάντα, καὶ εἰς ἕν ἐόντα.

Tout est Dieu dans l'origine ; puis le Verbe et l'Esprit : trois Dieux coengendrés ensemble et se réunissant dans un seul.

Les Mages avoient une espèce de Trinité dans leur Métris, Oromasis et Araminis, ou Mitra Oromase et Aramine.

Platon semble parler de ce dogme dans plusieurs endroits de ses ouvrages.

« Non-seulement, dit Dacier, on prétend qu'il a connu le Verbe, fils éternel de Dieu ; on soutient même qu'il a connu le Saint-Esprit, et qu'ainsi il a eu quelque idée de la très sainte Trinité, car il écrit au jeune Denys :

« *Il faut que je déclare à Archédémus ce qui est beaucoup plus précieux et plus divin, et que vous avez grande envie de savoir, puisque vous me l'avez envoyé exprès; car, selon ce qu'il m'a dit, vous ne croyez pas que je vous aie suffisamment expliqué ce que je pense sur la nature du premier principe : il faut vous l'écrire par énigmes, afin que, si ma lettre est interceptée sur terre ou sur mer, celui qui la lira n'y puisse rien comprendre. Toutes choses sont autour de leur roi; elles sont à cause de lui, et il est seul la cause des bonnes choses, second pour les secondes, et troisième pour les troisièmes*[1]. »

« Dans l'*Épinomis* et ailleurs, il établit pour principe le premier bien, le Verbe ou l'entendement, et l'âme. Le premier bien, c'est Dieu;... le Verbe, ou l'entendement, c'est le fils de ce premier bien qui l'a engendré semblable à lui; et l'âme, qui est le terme entre le Père et le Fils, c'est le Saint-Esprit[2]. »

Platon avoit emprunté cette doctrine de la Trinité, de Timée de Locres, qui la tenoit lui-même de l'école Italique. Marsile Ficin, dans une de ses remarques sur Platon, montre, d'après Jamblique, Porphyre, Platon et Maxime de Tyr, que les Pythagoriciens connoissoient aussi l'excellence du Ternaire; Pythagore l'a même indiqué dans ce symbole :

Προτίμα τὸ σχῆμα, καὶ βῆμα, καὶ Τριώβολον.

Honorato in primis habitum, tribunal et Triobolum.

Aux Indes, la Trinité est connue.

« Ce que j'ai vu de plus marqué et de plus éton-

---

[1] Voyez le *Platon* de SERRANUS, tom. III, lettre II, pag. 312.
[2] *Œuvres de Platon*, traduites par DACIER, tom. I, pag. 194.

nant dans ce genre, dit le père Calmette, c'est un texte tiré de Lamaastambam, l'un de leurs livres... Il commence ainsi : Le Seigneur, le bien, le grand Dieu, dans sa bouche est la parole. (Le terme dont ils se servent la personnifie.) Il parle ensuite du Saint-Esprit en ces termes : *Ventus seu Spiritus perfectus*, et finit par la création, en l'attribuant à un seul Dieu [1]. »

Au Thibet.

« Voici ce que j'appris de la religion du Thibet : ils appellent Dieu *Konciosa*, et ils semblent avoir quelque idée de l'adorable Trinité ; car tantôt ils le nomment *Koncikocick*, Dieu-un, et tantôt *Koncioksum*, Dieu-trin. Ils se servent d'une espèce de chapelet, sur lequel ils prononcent ces paroles, *om, ha, hum*. Lorsqu'on leur en demande l'explication, ils répondent que *om* signifie intelligence, ou bras, c'est-à-dire puissance ; que *ha* est la parole ; que *hum* est le cœur ou l'amour ; et que ces trois mots signifient Dieu [2]. »

Les missionnaires anglois à Otaïti ont trouvé quelques traces de la Trinité parmi les dogmes religieux des habitants de cette île.

Nous croyons d'ailleurs entrevoir dans la nature même une sorte de preuve physique de la Trinité. Elle est l'archétype de l'univers, ou, si l'on veut, sa divine charpente. Ne seroit-il pas possible que la forme extérieure et matérielle participât de l'arche

---

[1] *Lettres édifiantes*, tom. XIV, pag. 9.
[2] *Ib.*, tom. XII, pag. 437.

intérieure et spirituelle qui la soutient, de même que Platon[1] représentoit les choses corporelles comme l'ombre des pensées de Dieu? Le nombre de TROIS semble être dans la nature le terme par excellence. Le TROIS n'est point engendré, et engendre toutes les autres fractions, ce qui le faisoit appeler le nombre *sans mère* par Pythagore[2].

On peut découvrir quelque tradition obscure de la Trinité jusque dans les fables du polythéisme.

Les Grâces l'avoient prise pour leur terme; elle existoit au Tartare, pour la vie et la mort de l'homme, et pour la vengeance céleste; enfin trois dieux frères composoient, en se réunissant, la puissance entière de l'univers.

Les philosophes divisoient l'homme *moral* en trois parts, et les Pères de l'Église ont cru retrouver l'image de la Trinité spirituelle dans l'âme de l'homme.

« Si nous imposons silence à nos sens, dit Bossuet, et que nous nous renfermions pour un peu de temps au fond de notre âme, c'est-à-dire dans

---

[1] *In Rep.*

[2] HIER., *Comm. in Pyth.* Le 3, simple par lui-même, est le seul nombre qui se compose de simples, et qui fournit un nombre simple en se décomposant : vous ne pouvez composer un autre nombre complexe sans le 3, excepté le 2. Les générations du 3 sont magnifiques, et tiennent à cette puissante unité qui est le premier anneau de la chaîne des nombres, et qui remplit l'univers. Les anciens faisoient un fort grand usage des nombres pris métaphysiquement; et il ne faut pas se hâter de prononcer que Pythagore, Platon, et les prêtres égyptiens dont ils tiroient cette science, fussent des fous ou des imbéciles.

cette partie où la vérité se fait entendre, nous y verrons quelque image de la Trinité que nous adorons. La pensée, que nous sentons naître comme le germe de notre esprit, comme le fils de notre intelligence, nous donne quelque idée du Fils de Dieu conçu éternellement dans l'intelligence du Père céleste. C'est pourquoi ce fils de Dieu prend le nom de Verbe, afin que nous entendions qu'il naît dans le sein du Père, non comme naissent les corps, mais comme naît dans notre âme cette parole intérieure que nous y sentons, quand nous contemplons la vérité.

« Mais la fécondité de notre esprit ne se termine pas à cette parole intérieure, à cette pensée intellectuelle, à cette image de la vérité qui se forme en nous. Nous aimons et cette parole intérieure, et l'esprit où elle naît; et, en l'aimant, nous sentons en nous quelque chose qui ne nous est pas moins précieux que notre esprit et notre pensée, qui est le fruit de l'un et de l'autre, qui les unit, qui s'unit à eux, et ne fait avec eux qu'une même vie.

« Ainsi, autant qu'il se peut trouver de rapport entre Dieu et l'homme; ainsi, dis-je, se produit en Dieu l'amour éternel, qui sort du Père qui pense, et du Fils qui est sa pensée, pour faire, avec lui et sa pensée, une même nature également heureuse et parfaite [1]. »

Voilà un assez beau commentaire, à propos d'un seul mot de la Genèse : *Faisons l'homme.*

---

[1] Boss.; *Hist. univ.*, sec. part., pag. 167 et 168, t. II, édit. stér.

Tertullien, dans son *Apologétique*, s'exprime ainsi sur le grand mystère de notre religion :

« Dieu a créé le monde par sa *parole*, sa *raison* et sa *puissance*. Vos philosophes même conviennent que *logos*, le verbe et la raison, est le créateur de l'univers. Les chrétiens ajoutent seulement que la propre substance du *verbe* et de la *raison*, cette substance par laquelle Dieu a tout produit, est *esprit*; que cette *parole* ou le *verbe* a dû être prononcé par Dieu; que Dieu, l'ayant prononcé, l'a engendré; que conséquemment il est *Fils* de Dieu, et *Dieu*, à cause de l'unité de substance. Si le soleil prolonge un rayon, sa substance n'est pas séparée, mais étendue. Ainsi le verbe est *esprit* d'un esprit, et *Dieu* de Dieu, comme une lumière allumée d'une autre lumière. Ainsi ce qui procède de Dieu est *Dieu*, et les deux, avec leur esprit, ne font qu'un; différant en propriété, non en nombre; en ordre, non en nature : le Fils est sorti de son principe sans le quitter. Or, ce rayon de Dieu est descendu dans le sein d'une vierge; il s'est revêtu de chair; il s'est fait homme uni à Dieu. Cette chair, soutenue de l'esprit, se nourrit, croît, parle, enseigne, opère : c'est le Christ. »

Cette démonstration de la Trinité peut être comprise par les esprits les plus simples. Il se faut souvenir que Tertullien parloit à des hommes qui persécutoient Jésus-Christ, et qui n'auroient pas mieux aimé que de trouver moyen d'attaquer la doctrine, et même la personne de ses défenseurs. Nous ne pousserons pas plus loin ces preuves, et nous les abandonnons à ceux qui ont étudié la secte Italique, et la haute théologie chrétienne.

Quant aux images qui soumettent à la foiblesse de nos sens le plus grand des mystères, nous avons peine à concevoir ce que le redoutable triangle de feu, imprimé dans la nue, peut avoir de ridicule en poésie. Le Père, sous la figure d'un vieillard, ancêtre majestueux des temps, ou représenté comme une effusion de lumière, seroit-il donc une peinture si inférieure à celles de la mythologie ? N'est-ce pas une chose merveilleuse de voir l'Esprit saint, l'esprit sublime de Jéhovah, porté par l'emblème de la douceur, de l'amour et de l'innocence ? Dieu se sent-il travaillé du besoin de semer sa parole ? l'Esprit n'est plus cette Colombe qui couvroit les hommes de ses ailes de paix : c'est un Verbe visible, c'est une langue de feu qui parle tous les dialectes de la terre, et dont l'éloquence élève ou renverse des empires.

Pour peindre le Fils divin, il nous suffira d'emprunter les paroles de celui qui le contempla dans sa gloire. « Il étoit assis sur un trône, dit l'Apôtre ; son visage brilloit comme le soleil dans sa force, et ses pieds comme de l'airain fondu dans la fournaise ; ses yeux étoient deux flammes. Un glaive à deux tranchants sortoit de sa bouche ; dans la main droite il étoit sept étoiles ; dans la gauche, un livre scellé de sept sceaux. Un fleuve de lumière étoit devant ses lèvres. Les sept esprits de Dieu brilloient devant lui comme sept lampes ; et de son marchepied sortoient des voix, des foudres et des éclairs[1]. »

[1] *Apoc.*, cap. I et IV.

CHAPITRE IV.

DE LA RÉDEMPTION.

De même que la Trinité renferme les secrets de l'ordre métaphysique, la Rédemption contient les merveilles de l'homme, et l'histoire de ses fins et de son cœur. Avec quel étonnement, si l'on s'arrêtoit un peu dans de si hautes méditations, ne verroit-on pas s'avancer ces deux mystères qui cachent dans leurs ombres les premières intentions de Dieu et le système de l'univers! La Trinité confond notre petitesse, accable nos sens de sa gloire, et nous nous retirons anéantis devant elle. Mais la touchante Rédemption, en remplissant nos yeux de larmes, les empêche d'être trop éblouis, et nous permet du moins de les fixer un moment sur la croix.

On voit d'abord sortir de ce mystère la doctrine du péché originel, qui explique l'homme. Sans l'admission de cette vérité, connue par tradition de tous les peuples, une nuit impénétrable nous couvre. Comment, sans la tache primitive, rendre compte du penchant vicieux de notre nature, combattu par une voix qui nous annonce que nous fûmes formés pour la vertu? Comment l'aptitude de l'homme à la douleur, comment ses sueurs qui fécondent un sillon terrible, comment les larmes, les chagrins, les malheurs du juste, comment les triomphes et les succès impunis du méchant, comment, dis-je, sans une chute première, tout cela pourrait-il s'expliquer? C'est pour avoir méconnu cette dégénération, que les philosophes de l'antiquité tombèrent en d'étranges erreurs, et qu'ils inventèrent le dogme de la réminiscence. Pour nous convaincre de la fatale vérité d'où naît le mystère qui nous rachète, nous n'avons pas besoin d'autres preuves que la malédiction prononcée contre Ève, malédiction qui s'accomplit chaque jour sous nos yeux. Que de choses dans ces brisements d'entrailles, et pourtant dans ce bonheur de la maternité! Quelles mystérieuses annonces de l'homme et de sa double destinée, prédite à la fois par la douleur et par la joie de la femme qui l'enfante! On ne peut se méprendre sur les voies du Très-Haut, en retrouvant les deux grandes fins de l'homme dans le travail de sa mère, et il faut reconnoître un Dieu jusque dans une malédiction.

Après tout, nous voyons chaque jour le fils puni pour le père, et le contre-coup du crime d'un méchant aller frapper un descendant vertueux : ce qui ne prouve que trop la doctrine du péché originel. Mais un Dieu de bonté et d'indulgence, sachant que nous périssons par cette chute, est venu nous sauver. Ne le demandons point à notre esprit, mais à notre cœur, nous tous foibles et coupables, comment un Dieu peut mourir. Si ce parfait modèle du bon fils, cet exemple des amis fidèles; si cette retraite au mont des Oliviers, ce calice amer, cette sueur de sang, cette douceur d'âme, cette sublimité d'esprit, cette croix, ce voile déchiré, ce rocher fendu, ces ténèbres de la nature; si ce Dieu enfin, expirant pour les hommes, ne peut ni ravir notre cœur, ni enflammer nos pensées, il est à craindre qu'on ne trouve jamais dans nos ouvrages, comme dans ceux du poëte, « des miracles éclatants », *speciosa miracula*.

« Des images ne sont pas des raisons, dira-t-on peut-être; nous sommes dans un siècle de lumière qui n'admet rien sans preuves. »

Que nous soyons dans un siècle de lumière, c'est ce dont quelques personnes ont douté; mais nous ne serons point étonné si l'on nous fait l'objection précédente. Quand on a voulu argumenter sérieusement contre le christianisme, les Origène, les Clarke, les Bossuet, ont répondu. Pressé par ces redoutables adversaires, on cherchoit à leur échapper, en reprochant au christianisme ces mêmes disputes métaphysiques dans lesquelles on voudroit nous entraîner. On disoit, comme Arius, Celse et Porphyre, que notre religion est un tissu de subtilités qui n'offrent rien à l'imagination ni au cœur, et qui n'ont pour sectaires que des *fous et des imbéciles*[1]. Se présente-t-il quelqu'un qui, répondant à ces derniers reproches, cherche à démontrer que le culte évangélique est celui du poëte, de l'âme tendre? on ne manquera pas de s'écrier: Eh! qu'est-

---

[1] Orig., *c. Cel.*, l. III, p. 144. Arius appelle les chrétiens ὦ δειλοί. Arr. Antonin. *ap.* Tertul. *at. scap.*, cap. IV, lib. *in Joh. Malala Chronic.* Porphyre donne à la religion l'épithète de βάρβαρου τόλμημα. Porph. *ap.* Eus., *Hist. Eccl.*, VI, c. IX.

ce que tout cela prouve, sinon que vous savez plus ou moins bien faire un tableau? Ainsi, voulez-vous peindre et toucher, on vous demande des *axiomes* et des *corollaires*. Prétendez-vous raisonner, il ne faut plus que des *sentiments* et des *images*. Il est difficile de joindre des ennemis aussi légers, et qui ne sont jamais au poste où ils vous défient. Nous hasarderons quelques mots sur la Rédemption, pour montrer que la théorie du christianisme n'est pas aussi absurde qu'on affecte de le penser.

Une tradition universelle nous apprend que l'homme a été créé dans un état plus parfait que celui où il existe à présent, et qu'il y a eu une chute. Cette tradition se fortifie de l'opinion des philosophes de tous temps et de tous pays, qui n'ont jamais pu se rendre compte de l'homme moral, sans supposer un état primitif de perfection, d'où la nature humaine est ensuite déchue par sa faute [1].

Si l'homme a été créé, il a été créé pour une fin quelconque : or, étant créé parfait, la fin à laquelle il était appelé ne pouvoit être que parfaite.

Mais la cause finale de l'homme a-t-elle été altérée par sa chute? Non, puisque l'homme n'a pas été créé de nouveau; non, puisque la race humaine n'a pas été anéantie, pour faire place à une autre race.

Ainsi l'homme, devenu mortel et imparfait par sa désobéissance, est resté toutefois avec les fins immortelles et parfaites. Comment parviendra-t-il

---

[1] *Vid.* Plat., Arist., Sen., les SS. PP., Pascal, Grot., Arn., etc.

à ses fins dans son état actuel d'imperfection ? Il ne le peut plus par sa propre énergie, par la même raison qu'un homme malade ne peut s'élever à la hauteur des pensées à laquelle un homme sain peut atteindre. Il y a donc disproportion entre la force et le poids à soulever par cette force : ici l'on entrevoit déjà la nécessité d'un aide ou d'une rédemption.

« Ce raisonnement, dira-t-on, seroit bon pour le premier homme; mais nous, nous sommes capables de nos fins. Quelle injustice et quelle absurdité de penser que nous soyons tous punis de la faute de notre premier père ! »

Sans décider ici si Dieu a tort ou raison de nous rendre solidaires, tout ce que nous savons et tout ce qu'il nous suffit de savoir à présent, c'est que cette loi existe. Nous voyons que partout le fils innocent porte le châtiment dû au père coupable; que cette loi est tellement liée au principe des choses, qu'elle se répète jusque dans l'ordre physique de l'univers. Quand un enfant vient à la vie, gangrené des débauches de son père, pourquoi ne se plaint-on pas de la nature? car enfin, qu'a fait cet innocent pour porter la peine des vices d'autrui? Hé bien, les maladies de l'âme se perpétuent comme les maladies du corps, et l'homme se trouve puni, dans sa dernière postérité, de la faute qui lui fit prendre le premier levain du crime.

La chute ainsi avérée par la tradition universelle, par la transmission ou la génération du mal moral et physique; d'une autre part, les fins de l'homme étant restées aussi parfaites qu'avant la désobéissance, quoique l'homme lui-même soit dégénéré, il suit qu'une rédemption ou un moyen quelconque de rendre l'homme capable de ses fins est une conséquence naturelle de l'état où est tombée la nature humaine.

La nécessité d'une rédemption une fois admise, cherchons l'ordre où nous pourrons la trouver. Cet ordre peut être pris ou dans l'homme ou au-dessus de l'homme.

Dans l'homme. Pour supposer une rédemption, il faut que le prix soit au moins en raison de la chose à racheter. Or, comment supposer que l'homme imparfait et mortel se pût offrir lui-même pour regagner une fin parfaite et immortelle? Comment l'homme, participant à la faute primitive, auroit-il pu suffire, tant pour la portion du péché qui le regarde, que pour celle qui concerne le reste du genre humain? Un tel dévouement ne demandoit-il pas un amour et une vertu au-dessus de la nature? Il semble que le ciel ait voulu laisser s'écouler quatre mille années, depuis la chute jusqu'au rétablissement, afin de donner le temps aux hommes de juger par eux-mêmes combien leurs vertus dégradées étoient insuffisantes pour un pareil sacrifice.

Il ne reste donc que la seconde supposition : à savoir, que la rédemption devoit procéder d'une condition au-dessus de l'homme. Voyons si elle pouvoit venir des êtres intermédiaires entre lui et Dieu.

Milton eut une belle idée lorsqu'il supposa qu'après le péché, l'Éternel demanda au ciel consterné s'il y avoit quelque puissance qui voulût se dévouer pour le salut de l'homme. Les divines hiérarchies demeurèrent muettes, et parmi tant de séraphins, de trônes, d'ardeurs, de dominations, d'anges et d'archanges, nul ne se sentit assez de force pour s'offrir au sacrifice. Cette pensée du poëte est d'une rigoureuse vérité en théologie. En effet, où les anges auroient-ils pris pour l'homme l'immense amour que suppose le mystère de la croix ? Nous dirons en outre que la plus sublime des puissances créées n'auroit pas même eu assez de force pour l'accomplir. Aucune substance angélique ne pouvoit, par la foiblesse de son essence, se charger de ces douleurs, qui, selon Massillon, unirent sur la tête de Jésus-Christ toutes les *angoisses physiques* que la punition de tous les péchés commis depuis le commencement des races pouvoit supposer, et toutes les *peines morales*, tous les *remords* qu'avoient dû éprouver les pécheurs en commettant le crime. Si le Fils de l'Homme lui-même trouva le calice amer, comment un ange l'eût-il porté à ses lèvres ? Il n'auroit jamais pu boire *la lie*, et le sacrifice n'eût point été consommé.

Nous ne pouvions donc avoir pour rédempteur qu'une des trois personnes existantes de toute éternité : or, de ces trois divines personnes, on voit que le Fils, par sa nature même, devoit être le seul à nous racheter. Amour qui lie entre elles les parties de l'univers, Milieu qui réunit les extrêmes, Principe vivifiant de la nature, il pouvoit seul réconcilier Dieu avec l'homme. Il vint, ce nouvel Adam, homme selon la chair par Marie, homme selon la morale par son Évangile, homme selon Dieu par son essence. Il naquit d'une Vierge, pour ne point participer à la faute originelle et pour être une victime sans tache; il reçut le jour dans une étable, au dernier degré des conditions humaines, parce que nous étions tombés par l'orgueil : ici commence la profondeur du mystère; l'homme se trouble et les voiles s'abaissent.

Ainsi le but que nous pouvions atteindre avant la désobéissance nous est proposé de nouveau, mais la route pour y parvenir n'est plus la même. Adam innocent y seroit arrivé par des chemins enchantés : Adam pécheur n'y peut monter qu'au travers des précipices. La nature a changé depuis la faute de notre premier père, et la rédemption n'a pas eu pour objet de faire une création nouvelle, mais de trouver un salut final pour la première. Tout donc est resté dégénéré avec l'homme; et ce roi de l'univers, qui, d'abord né immortel, devoit s'élever, sans changer d'existence, au bonheur des puissances célestes, ne peut plus maintenant jouir de la présence de Dieu sans passer par les *déserts du tombeau,* comme parle saint Chrysostôme. Son âme a été sauvée de la destruction finale par la rédemption; mais son corps, joignant à la fragilité naturelle de la matière la foiblesse accidentelle du péché, subit la sentence primitive dans toute sa rigueur : il tombe, il se fond, il se dissout. Dieu, après la chute de nos premiers pères, cédant à la prière de son fils, et ne voulant pas détruire tout l'homme, inventa la mort comme un demi-néant, afin que le pécheur sentît l'horreur de ce néant entier, auquel il eût été condamné sans les prodiges de l'amour céleste.

Nous osons présumer que s'il y a quelque chose de clair en métaphysique, c'est la chaîne de ce raisonnement. Ici, point de mots mis à la torture, point de divisions et de subdivisions, point de termes obscurs ou barbares. Le christianisme n'est point composé de ces choses, comme les sarcasmes de l'incrédulité voudroient nous le faire croire. L'Évangile a été prêché au pauvre d'esprit, et il a été entendu du pauvre d'esprit; c'est le livre le plus clair qui existe : sa doctrine n'a point son siège dans la tête, mais dans le cœur; elle n'apprend point à disputer, mais à bien vivre. Toutefois elle n'est pas sans secrets. Ce qu'il y a de véritablement ineffable dans l'Écriture, c'est ce mélange continuel des plus profonds mystères et de la plus extrême simplicité, caractères d'où naissent le touchant et le sublime. Il ne faut donc plus s'étonner que l'œuvre de Jésus-Christ parle si éloquemment; et telles sont encore les vérités de notre religion, malgré leur peu d'appareil scientifique, qu'un seul point admis vous force d'admettre tous les autres. Il y a plus : si vous espérez échapper en niant le principe, tel, par exemple, que le péché originel, bientôt, poussés de conséquense en conséquence, vous serez forcés d'aller vous perdre dans l'athéisme : dès l'instant où vous reconnoissez un Dieu, la religion chrétienne arrive malgré vous avec tous ses dogmes, comme l'ont remarqué Clarke et Pascal. Voilà, ce nous semble, une des plus fortes preuves en faveur du christianisme.

Au reste, il ne faut pas s'étonner que celui qui fait rouler, sans les confondre, ces millions de globes sur nos têtes, ait répandu tant d'harmonie dans les principes d'un culte établi par lui; il ne faut pas s'étonner qu'il fasse tourner les charmes et les grandeurs de ses mystères dans le cercle d'une logique inévitable, comme il fait revenir les astres sur eux-mêmes pour nous ramener ou les fleurs ou les foudres des saisons. On a peine à concevoir le déchaînement du siècle contre le christianisme. S'il est vrai que la religion soit nécessaire aux hommes, comme l'ont cru tous les philosophes, par quel culte veut-on remplacer celui de nos pères? On se rappellera long-temps ces jours où des hommes de sang prétendirent élever des autels aux vertus sur les ruines du christianisme. D'une main ils dressoient des échafauds; de l'autre, sur le frontispice de nos temples, ils garantissoient à Dieu l'*éternité*, et à l'homme la *mort;* et ces mêmes temples, où l'on voyoit autrefois ce Dieu qui est connu de l'univers, ces images de Vierge qui consoloient tant d'infortunés, ces temples étoient dédiés à la *Vérité*, qu'aucun homme ne connoît, et à la *Raison*; qui n'a jamais séché une larme!

CHAPITRE V.

DE L'INCARNATION.

L'Incarnation nous présente le Souverain des cieux dans une bergerie, celui qui *lance la foudre, entouré de bandelettes de lin, celui que l'univers ne peut contenir, renfermé dans le sein d'une femme.* L'antiquité eût bien su tirer parti de cette merveille. Quels tableaux Homère et Virgile ne nous auroient-ils pas laissés de la nativité d'un Dieu dans une crèche, des pasteurs accourus au berceau, des Mages conduits par une étoile, des anges descendant dans le désert, d'une Vierge mère adorant son nouveau-né, et de tout ce mélange d'innocence, d'enchantement et de grandeur !

En laissant à part ce que nos mystères ont de direct et de sacré, on pourroit retrouver encore sous leurs voiles les vérités les plus ravissantes de la nature. Ces secrets du ciel, sans parler de leur partie mystique, sont peut-être le type des lois morales et physiques du monde : cela seroit très digne de la gloire de Dieu, et l'on entreverroit alors pourquoi il lui a plu de se manifester dans ces mystères, de préférence à tout autre qu'il eût pu choisir. Jésus-Christ (par exemple, ou le monde moral), prenant naissance dans le sein d'une Vierge, nous enseigneroit le prodige de la création physique, et nous montreroit l'univers se formant dans le sein de l'amour céleste. Les paraboles et les figures de ce mystère seroient ensuite gravées dans chaque objet autour de nous. Partout, en effet, la force naît de la grâce : le fleuve sort de la fontaine; le lion est d'abord nourri d'un lait pareil à celui que suce l'agneau; et parmi les hommes, le Tout-Puissant a promis la gloire du ciel à ceux qui pratiquent les plus humbles vertus.

Ceux qui ne découvrirent dans la chaste Reine des anges que des mystères d'obscurité sont bien à plaindre. Il nous semble qu'on pourroit dire quelque chose d'assez touchant sur cette femme mortelle, devenue une mère immortelle d'un Dieu rédempteur, sur cette Marie à la fois vierge et mère, les deux états les plus divins de la femme, sur cette jeune fille de l'antique Jacob, qui vient au secours des misères humaines, et sacrifie un fils pour sauver la race de ses pères. Cette tendre médiatrice entre nous et l'Éternel ouvre avec la douce vertu de son sexe un cœur plein de pitié à nos tristes confidences, et désarme un Dieu irrité : dogme enchanté qui adoucit la terreur d'un Dieu, en interposant la beauté entre notre néant et la majesté divine!

Les cantiques de l'Église nous peignent la bienheureuse Marie assise sur un trône de candeur, plus éclatant que la neige; elle brille sur ce trône comme une *rose mystérieuse*[1], ou comme l'*étoile du matin, précurseur du soleil de la grâce*[2]; les plus beaux anges la servent, les harpes et les voix

---

[1] *Rosa mystica.*   [2] *Stella matutina.*

célestes forment un concert autour d'elle ; on reconnoît dans cette fille des hommes *le refuge des pécheurs*[1]*, la consolation des affligés*[2]*;* elle ignore les saintes colères du Seigneur, elle est toute bonté, toute compassion, toute indulgence.

Marie est la divinité de l'innocence, de la foiblesse et du malheur. La foule de ses adorateurs dans nos églises se compose de pauvres matelots qu'elle a sauvés du naufrage, de vieux invalides qu'elle a arrachés à la mort, sous le fer des ennemis de la France, de jeunes femmes dont elle a calmé les douleurs. Celles-ci apportent leurs nourrissons devant son image, et le cœur du nouveauné, qui ne comprend pas encore le Dieu du ciel, comprend déjà cette divine mère qui tient un enfant dans ses bras.

CHAPITRE VI.

LES SACREMENTS.

LE BAPTÊME ET LA CONFESSION.

Si les mystères accablent l'esprit par leur grandeur, on éprouve une autre sorte d'étonnement, mais qui n'est peut-être pas plus profond, en contemplant les sacrements de l'Église. La connoissance de l'homme civil et moral est renfermée tout entière dans ces institutions.

[1] *Refugium peccatorum.*   [2] *Consolatrix afflictorum.*

Le Baptême, le premier des sacrements que la religion confère à l'homme, selon la parole de l'Apôtre, *le revêt de Jésus-Christ*. Ce sacrement nous rappelle la corruption où nous sommes nés, les entrailles douloureuses qui nous portèrent, les tribulations qui nous attendent dans ce monde; il nous dit que nos fautes rejailliront sur nos fils, que nous sommes tous solidaires : terrible enseignement qui suffiroit seul s'il étoit bien médité, pour faire régner la vertu parmi les hommes.

Voyez le néophyte debout au milieu des ondes du Jourdain : le solitaire du rocher verse l'eau lustrale sur sa tête; le fleuve des patriarches, les chameaux de ses rives, le temple de Jérusalem, les cèdres du Liban, paroissent attentifs; ou plutôt regardent ce jeune enfant sur les fontaines sacrées. Une famille pleine de joie l'environne; elle renonce pour lui au péché; elle lui donne le nom de son aïeul, qui devient immortel dans cette renaissance perpétuée par l'amour de race en race. Déjà le père s'empresse de reprendre son fils, pour le reporter à une épouse impatiente qui compte sous ses rideaux tous les coups de la cloche baptismale. On entoure le lit maternel : des pleurs d'attendrissement et de religion coulent de tous les yeux; le nouveau nom de l'enfant, l'antique nom de son ancêtre, est répété de bouche en bouche; et chacun mêlant les souvenirs du passé aux joies présentes, croit reconnoître le vieillard dans le nouveau-né qui fait revivre sa mémoire. Tels sont les tableaux que présentent le sacrement du Baptême;

mais la religion, toujours morale, toujours sérieuse, alors même qu'elle est plus riante, nous montre aussi le fils des rois dans sa pourpre, renonçant aux grandeurs de Satan, à la même piscine où l'enfant du pauvre en haillons vient abjurer des pompes auxquelles pourtant il ne sera point condamné.

On trouve dans saint Ambroise une description curieuse de la manière dont s'administroit le sacrement de Baptême dans les premiers siècles de l'Église[1]. Le jour choisi pour la cérémonie étoit le samedi-saint. On commençoit par toucher les narines et par ouvrir les oreilles du catéchumène, en disant *ephpheta, ouvrez-vous*. On le faisoit ensuite entrer dans le Saint des Saints. En présence du diacre, du prêtre et de l'évêque, il renonçoit aux œuvres du démon. Il se tournoit vers l'occident, image des ténèbres, pour abjurer le monde, et vers l'orient, symbole de lumière, pour marquer son alliance avec Jésus-Christ. L'évêque faisoit alors la bénédiction du bain, dont les eaux, selon saint Ambroise, indiquent les mystères de l'Écriture : la création, le déluge, le passage de la mer Rouge, la nuée, les eaux de Mara, Naaman, et le paralytique de la piscine. Les eaux ayant été adoucies par le signe de la croix, on y plongeoit trois fois le catéchumène en l'honneur de la Trinité, et en lui

---

[1] Ambros., *de Myst.* Tertullien, Origène, saint Jérôme, saint Augustin, parlent aussi du Baptême, mais moins en détail que saint Ambroise. C'est dans les six livres des *Sacrements*, faussement attribués à ce Père, qu'on voit la circonstance des trois immersions et du *touchement* des narines que nous rapportons ici.

enseignant que trois choses rendent témoignage dans le Baptême : l'eau, le sang et l'esprit.

Au sortir du Saint des Saints, l'évêque faisoit à l'homme renouvelé l'onction sur la tête, afin de le sacrer de la race élue et de la nation sacerdotale du Seigneur. Puis on lui lavoit les pieds, on lui mettoit des habits blancs, comme un vêtement d'innocence; après quoi il recevoit dans le sacrement de Confirmation l'esprit de crainte divine, l'esprit de sagesse et d'intelligence, l'esprit de conseil et de force, l'esprit de doctrine et de piété. L'évêque prononçoit à haute voix les paroles de l'Apôtre : *Dieu le Père vous a marqué de son sceau. Jésus-Christ, notre Seigneur, vous a confirmé; il a donné à votre cœur les arrhes du Saint-Esprit.*

Le nouveau chrétien marchoit alors à l'autel pour y recevoir le pain des anges, en disant : *J'entrerai à l'autel du Seigneur, du Dieu qui réjouit ma jeunesse.* A la vue de l'autel couvert de vases d'or, de flambeaux, de fleurs, d'étoffes de soie, le néophyte s'écrioit avec le Prophète : *Vous avez préparé une table devant moi; c'est le Seigneur qui me nourrit; rien ne me manquera, il m'a établi dans un lieu abondant en pâturage.* La cérémonie se terminoit par le sacrifice de la messe. Ce devoit être une fête bien auguste que celle où les Ambroise donnoient au pauvre innocent la place qu'ils refusoient à l'empereur coupable!

S'il n'y a pas dans ce premier acte de la vie chrétienne un mélange divin de théologie et de morale, de mystères et de simplicité, rien ne sera jamais divin en religion.

Mais, considéré dans une sphère plus élevée, et comme figure du mystère de notre rédemption, le Baptême est un bain qui rend à l'âme sa vigueur première. On ne peut se rappeler sans regret la beauté des anciens jours, alors que les forêts n'avoient pas assez de silence, les grottes pas assez de profondeur, pour les fidèles qui venoient y méditer les mystères. Ces chrétiens primitifs, témoins de la rénovation du monde, étoient occupés de pensées bien différentes de celles qui nous courbent aujourd'hui vers la terre, nous tous chrétiens vieillis dans le siècle, et non pas dans la foi. En ce temps-là la sagesse étoit sur les rochers, dans les antres avec les lions, et les rois alloient consulter le solitaire de la montagne. Jours trop tôt évanouis ! il n'y a plus de saint Jean au désert, et l'heureux catéchumène ne sentira plus couler sur lui ces flots du Jourdain, qui emportoient aux mers toutes ses souillures.

La Confession suit le Baptême, et l'Église, avec une prudence qu'elle seule possède, a fixé l'époque de la Confession à l'âge où l'idée du crime peut être conçue : il est certain qu'à sept ans l'enfant a les notions du bien et du mal. Tous les hommes, les philosophes même, quelles qu'aient été d'ailleurs leurs opinions, ont regardé le sacrement de Pénitence comme une des plus fortes barrières contre le vice, et comme le chef-d'œuvre de la sagesse. « Que de restitutions, de réparations, dit Rousseau, « la Confession ne fait-elle point faire chez les catho-

« liques[1] ! » Selon Voltaire, « la Confession est une chose très excellente, un frein au crime, inventé dans l'antiquité la plus reculée. On se confessoit dans la célébration de tous les anciens mystères. Nous avons imité et sanctifié cette sage coutume : elle est très bonne pour engager les cœurs ulcérés de haine à pardonner[2]. »

Sans cette institution salutaire, le coupable tomberoit dans le désespoir. Dans quel sein déchargeroit-il le poids de son cœur ? Seroit-ce dans celui d'un ami ? Eh! qui peut compter sur l'amitié des hommes ? Prendra-t-il les déserts pour confidents ? Les déserts retentissent toujours pour le crime du bruit de ces trompettes que le parricide Néron croyoit ouïr autour du tombeau de sa mère[3]. » Quand la nature et les hommes sont impitoyables, il est bien touchant de trouver un Dieu prêt à pardonner : il n'appartenoit qu'à la religion chrétienne d'avoir fait deux sœurs de l'innocence et du repentir.

---

[1] *Émile*, tom. III, pag. 201, dans la note.
[2] *Questions encycl.*, tom. III, pag. 234, article *Curé de campagne*, sect. II.
[3] TACIT., *Hist.*

CHAPITRE VII.

DE LA COMMUNION.

C'est à douze ans, c'est au printemps de l'année, que l'adolescent s'unit à son créateur. Après avoir pleuré la mort du Rédempteur du monde avec les montagnes de Sion, après avoir rappelé les ténèbres qui couvrirent la terre, la chrétienté sort de la douleur : les cloches se raniment ; les saints se dévoilent, le cri de la joie, l'antique *alleluia* d'Abraham et de Jacob fait retentir le dôme des églises. De jeunes filles vêtues de lin, et des garçons parés de feuillages, marchent sur une route semée des premières fleurs de l'année ; ils s'avancent vers le temple, en répétant de nouveaux cantiques ; leurs parents les suivent ; bientôt le Christ descend sur l'autel pour ces âmes délicates. Le froment des anges est déposé sur la langue véridique qu'aucun mensonge n'a encore souillée ; tandis que le prêtre boit, dans le vin pur, le sang méritoire de l'Agneau.

Dans cette solennité, Dieu rappelle un sacrifice sanglant, sous les espèces les plus paisibles. Aux incommensurables hauteurs de ces mystères se mêlent les souvenirs des scènes les plus riantes. La nature ressuscite avec son créateur, et l'ange du printemps semble lui ouvrir les portes du tombeau, comme cet Esprit de lumière qui dérangea la pierre du glorieux Sépulcre. L'âge des tendres communiants et celui de la naissante année confondent leurs jeunesses, leurs harmonies et leurs innocences. Le pain et le vin annoncent les dons des champs prêts à mûrir, et retracent les tableaux de l'agriculture ; enfin, Dieu descend dans les âmes de ces enfants pour les féconder, comme il descend, en cette saison, dans le sein de la terre, pour lui faire porter ses fleurs et ses richesses.

Mais, dira-t-on, que signifie cette Communion mystique, où la *raison* est obligée de se soumettre à une *absurdité*, sans aucun profit pour les mœurs ?

Qu'on nous permette d'abord de répondre, en général, pour tous les rites chrétiens, qu'ils sont de *la plus haute moralité*, par cela seul *qu'ils ont été pratiqués par nos pères*, par cela seul que *nos mères ont été chrétiennes* sur nos berceaux ; enfin, parce que la religion a chanté autour du cercueil de nos aïeux, et souhaité la paix à leurs cendres.

Ensuite, supposé même que la Communion fût une cérémonie puérile, c'est du moins s'aveugler beaucoup de ne pas voir qu'une solennité qui doit être précédée d'une confession générale, qui ne peut avoir lieu qu'après une longue suite d'actions vertueuses, est très favorable aux bonnes mœurs. Elle l'est même à un tel point, que si un homme approchait dignement, une seule fois par mois, du sacrement d'Eucharistie, cet homme seroit, de nécessité, l'homme le plus vertueux de la terre. Transportez le raisonnement de l'individuel au collectif, de l'homme au peuple, et vous verrez que la Communion est une législation tout entière.

« Voilà donc des hommes, dit Voltaire (dont l'autorité ne sera pas suspecte), voilà des hommes qui reçoivent Dieu dans eux, au milieu d'une cérémonie auguste, à la lueur de cent cierges, après une musique qui a enchanté leurs sens, au pied d'un autel brillant d'or. L'imagination est subjuguée, l'âme saisie et attendrie; on respire à peine, on est détaché de tout bien terrestre, on est uni avec Dieu, il est dans notre chair et dans notre sang. Qui osera, qui pourra commettre, après cela, une seule faute, en concevoir seulement la pensée! Il étoit impossible, sans doute, d'imaginer un mystère qui retînt plus fortement les hommes dans la vertu [1]. »

Si nous nous exprimions nous-mêmes avec cette force, on nous traiteroit de fanatique.

L'Eucharistie a pris naissance à la Cène; et nous en appelons au peintre, pour la beauté du tableau où Jésus-Christ est représenté disant ces paroles : *Hoc est corpus meum*. Quatre choses sont ici :

1° Dans le pain et le vin *matériels*, on voit la consécration de la nourriture de l'homme, qui vient de Dieu, et que nous tenons de sa munificence. Quand il n'y auroit dans la Communion que cette offrande des richesses de la terre à celui qui les dispense, cela seul suffiroit pour la comparer aux plus belles coutumes religieuses de la Grèce.

2° L'Eucharistie rappelle la Pâque des Israélites, qui remonte aux temps des Pharaons; elle annonce l'abolition des sacrifices sanglants; elle est aussi

---

[1] *Questions sur l'Encyclopédie*, tom. IV, édit. de Genève.

l'image de la vocation d'Abraham, et de la première alliance de Dieu avec l'homme. Tout ce qu'il y a de grand en antiquité, en histoire, en législation, en figures sacrées, se trouve donc réuni dans la communion du chrétien.

3° L'Eucharistie annonce la réunion des hommes en une grande famille, elle enseigne la fin des inimitiés, l'égalité naturelle et l'établissement d'une nouvelle loi, qui ne connoîtra ni Juifs, ni Gentils, et invitera tous les enfants d'Adam à la même table.

Enfin, la quatrième chose que l'on découvre dans l'Eucharistie, c'est le mystère direct et la présence réelle de Dieu dans le pain consacré. Ici il faut que l'âme s'envole un moment vers ce monde intellectuel qui lui fut ouvert avant sa chute.

Lorsque le Tout-Puissant eut créé l'homme à son image, et qu'il l'eut animé d'un souffle de vie, il fit alliance avec lui. Adam et Dieu s'entretenoient ensemble dans la solitude. L'alliance fut de droit rompue par la désobéissance. L'Être éternel ne pouvoit plus communiquer avec la Mort, la Spiritualité avec la Matière. Or, entre deux choses de propriétés différentes, il ne peut y avoir de point de contact que par un milieu. Le premier effort que l'amour divin fit pour se rapprocher de nous fut la vocation d'Abraham et l'établissement des sacrifices, figures qui annonçoient au monde l'avénement du Messie. Le Sauveur, en nous rétablissant dans nos fins, comme nous l'avons observé au sujet de la rédemption, a dû nous rétablir dans nos priviléges, et le plus beau de ces priviléges, sans doute, étoit de communiquer avec le Créateur. Mais cette communication ne pouvoit plus avoir lieu immédiatement comme dans le Paradis terrestre : premièrement, parce que notre origine est demeurée souillée ; en second lieu, parce que notre corps, maintenant sujet au tombeau, est resté trop foible pour communiquer directement avec Dieu, sans mourir. Il falloit donc un moyen médiat, et c'est le Fils qui l'a fourni. Il s'est donné à l'homme dans l'Eucharistie, il est devenu la route sublime par qui nous nous réunissons de nouveau à celui dont notre âme est émanée.

Mais, si le Fils fût resté dans son essence primitive, il est évident que la même séparation eût existé ici-bas entre Dieu et l'homme, puisqu'il ne peut y avoir d'union entre la pureté et le crime, entre une réalité éternelle et le songe de notre vie. Or, le Verbe, en entrant dans le sein d'une femme, a daigné se faire semblable à nous. D'un côté, il touche à son Père par sa spiritualité ; de l'autre, il s'unit à la chair par son effigie humaine. Il devient donc ce rapprochement cherché entre l'enfant coupable et le père miséricordieux. En se cachant sous l'emblème du pain, il est, pour l'œil du corps, un objet sensible, tandis qu'il reste un objet intellectuel pour l'œil de l'âme. S'il a choisi le pain pour se voiler, c'est que le froment est un emblème noble et pur de la nourriture divine.

Si cette haute et mystérieuse théologie, dont nous nous contentons d'ébaucher quelques traits, effraie nos lecteurs, qu'ils remarquent toutefois combien cette métaphysique est lumineuse auprès de celle de Pythagore, de Platon, de Timée, d'Aristote, de Carnéade, d'Épicure. On n'y trouve aucune de ces abstractions d'idées pour lesquelles on est obligé de se créer un langage inintelligible au commun des hommes.

En résumant ce que nous avons dit sur la Communion, nous voyons qu'elle présente d'abord une pompe charmante ; qu'elle enseigne la morale, parce qu'il faut être pur pour en approcher; qu'elle est l'offrande des dons de la terre au Créateur, et qu'elle rappelle la sublime et touchante histoire du Fils de l'Homme. Unie au souvenir de la Pâque et de la première alliance, la Communion va se perdre dans la nuit des temps; elle tient aux idées premières sur la nature de l'homme religieux et politique, et exprime l'antique égalité du genre humain; enfin, elle perpétue la mémoire de notre chute primitive, de notre rétablissement et de notre réunion avec Dieu.

CHAPITRE VIII.

LA CONFIRMATION, L'ORDRE ET LE MARIAGE.

EXAMEN DU VOEU DU CÉLIBAT SOUS SES RAPPORTS MORAUX.

On ne cesse de s'étonner lorsqu'on remarque à quelle époque de la vie la religion a fixé le grand hyménée de l'homme et du Créateur. C'est le moment où le cœur va s'enflammer du feu des passions, le moment où il peut concevoir l'Être suprême : Dieu devient l'immense génie qui tourmente tout à coup l'adolescent, et qui remplit les facultés de son âme inquiète et agrandie. Mais le danger augmente ; il faut de nouveaux secours à cet étranger sans expérience, exposé sur le chemin du monde. La religion ne l'oubliera point ; elle tient en réserve un appui. La Confirmation vient soutenir ses pas tremblants comme le bâton dans la main du voyageur, ou comme ces sceptres qui passoient de race en race chez les rois antiques, et sur lesquels Évandre et Nestor, pasteurs des hommes, s'appuyoient en jugeant les peuples. Observons que la morale entière de la vie est renfermée dans le sacrement de Confirmation : quiconque a la force de confesser Dieu pratiquera nécessairement la vertu, puisque commettre le crime, c'est renier le Créateur.

Le même esprit de sagesse a placé l'Ordre et le Mariage immédiatement après la Confirmation.

L'enfant est maintenant devenu homme, et la religion, qui l'a suivi des yeux avec une tendre sollicitude dans l'état de nature, ne l'abandonnera pas dans l'état de société. Admirez ici la profondeur des vues du législateur des chrétiens. Il n'a établi que deux sacrements sociaux, si nous osons nous exprimer ainsi; car, en effet, il n'y a que deux états dans la vie, le célibat et le mariage. Ainsi, sans s'embarrasser des distinctions civiles, inventées par notre étroite raison, Jésus-Christ divise la société en deux classes. A ces classes, il ne donne point de lois politiques, mais des lois morales, et par-là il se trouve d'accord avec toute l'antiquité. Les anciens sages de l'Orient, qui ont laissé une si merveilleuse renommée, n'assembloient pas des hommes pris au hasard, pour méditer d'impraticables constitutions. Ces sages étoient de vénérables solitaires qui avoient voyagé long-temps, et qui chantoient les dieux sur la lyre. Chargés de richesses puisées chez les nations étrangères, plus riches encore des dons d'une vie sainte, le luth à la main, une couronne d'or dans leurs cheveux blancs, ces hommes divins, assis sous quelque platane, dictoient leurs leçons à tout un peuple ravi. Et quelles étoient ces institutions des Amphion, des Cadmus, des Orphée? Une belle musique appelée Loi, des danses, des cantiques, quelques arbres consacrés, des vieillards conduisant des enfants, un hymen formé auprès d'un tombeau, la religion et Dieu partout. C'est aussi ce que le christianisme a fait, mais d'une manière encore plus admirable.

Cependant les hommes ne s'accordent jamais sur les principes, et les institutions les plus sages ont trouvé des détracteurs. On s'est élevé dans ces derniers temps contre le vœu de célibat, attaché au sacrement d'Ordre. Les uns, cherchant partout des armes contre la religion, en ont cru trouver dans la religion même : ils ont fait valoir l'ancienne discipline de l'Église, qui, selon eux, permettoit le mariage du prêtre; les autres se sont contentés de faire de la chasteté chrétienne l'objet de leurs railleries. Répondons d'abord aux esprits sérieux et aux objections morales.

Il est certain d'abord que le septième canon du second concile de Latran, l'an 1139, fixe sans retour le célibat du clergé catholique à une époque plus reculée : on peut citer quelques dispositions du concile de Latran [1], en 1123; de Tibur [2], en 895; de Troli [3], en 909; de Tolède [4], en 633, et de Calcédoine [5], en 451. Baronius prouve que le vœu de célibat étoit général parmi le clergé dès le sixième siècle [6]. Un canon du premier concile de Tours excommunie tout prêtre, diacre ou sousdiacre qui auroit conservé sa femme après avoir reçu les ordres : *Si inventus fuerit presbyter cum sua* presbytera, *aut diaconus cum sua diaconissa, aut subdiaconus cum sua* subdiaconissa, *annum integrum excommunicatus habeatur* [7]. Dès le temps de saint Paul, la virginité étoit regardée comme l'état le plus parfait pour un chrétien.

---

[1] Can. xxi.   [2] Cap. xxviii.   [3] Cap. viii.   [4] Can. lii.
[5] Can. xvi.   [6] Baron., *An.* lxxxviii, n° 18.   [7] Can. xx.

Mais, en admettant un moment que le mariage des prêtres eût été toléré dans la primitive Église, ce qui ne peut se soutenir ni historiquement ni canoniquement, il ne s'ensuivroit pas qu'il dût être permis à présent aux ecclésiastiques. Les mœurs modernes s'opposent à cette innovation, qui détruiroit d'ailleurs de fond en comble la discipline de l'Église.

Dans les anciens jours de la religion, jours de combats et de triomphes, les chrétiens, peu nombreux et remplis de vertu, vivoient fraternellement ensemble, goûtoient les mêmes joies, partageoient les mêmes tribulations à la table du Seigneur. Le pasteur auroit donc pu, à la rigueur, avoir une famille au milieu de cette société sainte, qui étoit déjà sa famille; il n'auroit point été détourné par ses propres enfants du soin de ses autres brebis, puisqu'ils auroient fait partie du troupeau; il n'auroit pu trahir pour eux les secrets du pécheur, puisqu'on n'avoit point de crimes à cacher, et que les confessions se faisoient à haute voix dans ces *basiliques de la mort*[1], où les fidèles s'assembloient pour prier sur les cendres des martyrs. Ces chrétiens avoient reçu du ciel un sacerdoce que nous avons perdu. C'étoit moins une assemblée du peuple qu'une communauté de lévites et de religieuses : le baptême les avoit tous créés prêtres et confesseurs de Jésus-Christ.

Saint Justin le philosophe, dans sa première

[1] S. Hieron.

Apologie, fait une admirable description de la vie des fidèles de ce temps-là : « On nous accuse, dit-il, de troubler la tranquillité de l'État, et cependant un des principaux dogmes de notre foi est que rien n'est caché aux yeux de Dieu, et qu'il nous jugera sévèrement un jour sur nos bonnes et nos mauvaises actions : mais, ô puissant empereur! les peines mêmes que vous avez décernées contre nous ne font que nous affermir dans notre culte, puisque toutes ces persécutions nous ont été prédites par notre maître, fils du souverain Dieu, père et seigneur de l'univers.

« Le jour du soleil (le dimanche), tous ceux qui demeurent à la ville et à la campagne s'assemblent en un lieu commun. On lit les saintes Écritures; un *ancien*[1] exhorte ensuite le peuple à imiter de si beaux exemples. On s'élève, on prie de nouveau; on présente l'eau, le pain et le vin; le prélat fait l'action de grâces, l'assistance répond *Amen*. On distribue une partie des choses consacrées, et les diacres portent le reste aux absents. On fait une quête; les riches donnent ce qu'ils veulent. Le prélat garde ces aumônes pour en assister les veuves, les orphelins, les malades, les prisonniers, les pauvres, les étrangers, en un mot, tous ceux qui sont dans le besoin, et dont le prélat est spécialement chargé. Si nous nous réunissons le jour du soleil, c'est que Dieu fit le monde ce jour-là, et que son Fils ressuscita à pareil jour, pour confirmer à ses

---

[1] Un prêtre.

disciples la doctrine que nous vous avons exposée.

« Si vous la trouvez bonne, respectez-la ; rejetez-la si elle vous semble méprisable : mais ne livrez pas pour cela aux bourreaux des gens qui n'ont fait aucun mal ; car nous osons vous annoncer que vous n'éviterez pas le jugement de Dieu, si vous demeurez dans l'injustice : au reste, quel que soit notre sort, que la volonté de Dieu soit faite. Nous aurions pu réclamer votre équité en vertu de la lettre de votre père, César Adrien, d'illustre et glorieuse mémoire ; mais nous avons préféré nous confier en la justice de notre cause [1]. »

L'*Apologie* de Justin étoit bien faite pour surprendre la terre. Il venoit de révéler un âge d'or au milieu de la corruption, de découvrir un peuple nouveau dans les souterrains d'un antique empire. Ces mœurs durent paroître d'autant plus belles, qu'elles n'étoient pas connues aux premiers jours du monde, en harmonie avec la nature et les lois, et qu'elles formoient au contraire un contraste frappant avec le reste de la société. Ce qui rend surtout la vie de ces fidèles plus intéressante que la vie de ces hommes parfaits chantés par la fable, c'est que ceux-ci sont représentés heureux, et que les autres se montrent à nous à travers les charmes du malheur. Ce n'est pas sous les feuillages de bois et au bord des fontaines que la vertu paroît avec le plus de puissance ; il faut la voir à l'ombre des murs des prisons et parmi les flots de sang et de

---

[1] Just., *Apol.*, édit. Marc., fol. 1742.

larmes. Combien la religion est divine, lorsqu'au fond d'un souterrain, dans le silence et la nuit des tombeaux, un pasteur que le péril environne célèbre, à la lueur d'une lampe, devant un petit troupeau de fidèles, les mystères d'un Dieu persécuté !

Il étoit nécessaire d'établir solidement cette innocence des chrétiens primitifs, pour montrer que si, malgré tant de pureté, on trouva des inconvénients au mariage des prêtres, il seroit tout-à-fait impossible de l'admettre aujourd'hui.

En effet, quand les chrétiens se multiplièrent, quand la corruption se répandit avec les hommes, comment le prêtre auroit-il pu vaquer en même temps aux soins de sa famille et de son église ? Comment fût-il demeuré chaste avec une épouse qui eût cessé de l'être ? Que si l'on objecte les pays protestants, nous dirons que dans ces pays on a été obligé d'abolir une grande partie du culte extérieur; qu'un ministre paroît à peine dans un temple deux ou trois fois par semaine; que presque toutes relations ont cessé entre le pasteur et le troupeau, et que le premier est trop souvent un homme du monde, qui donne des bals et des festins pour amuser ses enfants. Quant à quelques sectes moroses, qui affectent la simplicité évangélique, et qui veulent une *religion* sans *culte*, nous espérons qu'on ne nous les opposera pas. Enfin, dans les pays où le mariage des prêtres est établi, la confession, la plus belle des institutions morales, a cessé et a dû cesser à l'instant. Il est naturel qu'on n'ose plus rendre maître de ses secrets l'homme qui a rendu une femme maîtresse des siens ; on craint avec raison de se confier au prêtre qui a rompu son contrat de fidélité avec Dieu, et répudié le Créateur pour épouser la créature.

Il ne reste plus qu'à répondre à l'objection que l'on tire de la loi générale de la population.

Or, il nous paroît qu'une des premières lois naturelles qui dut s'abolir à la nouvelle alliance, fut celle qui favorisoit la population au-delà de certaines bornes. Autre fut Jésus-Christ, autre Abraham : celui-ci parut dans un temps d'innocence, dans un temps où la terre manquoit d'habitants; Jésus-Christ vint, au contraire, au milieu de la corruption des hommes, et lorsque le monde avoit perdu sa solitude. La pudeur peut donc fermer aujourd'hui le sein des femmes; la seconde Ève, en guérissant les maux dont la première avoit été frappée, a fait descendre la virginité du ciel pour nous donner une idée de cet état de pureté et de joie qui précéda les antiques douleurs de la mère.

Le législateur des chrétiens naquit d'une vierge, et mourut vierge. N'a-t-il pas voulu nous enseigner par-là, sous les rapports politiques et naturels, que la terre étoit arrivée à son complément d'habitants, et que, loin de multiplier les générations, il faudroit désormais les restreindre? A l'appui de cette opinion, on remarque que les États ne périssent jamais par le défaut, mais par le trop grand nombre d'hommes. Une population excessive est le fléau des empires. Les Barbares du Nord ont dévasté le globe quand leurs forêts ont été remplies ; la Suisse étoit obligée de verser ses industrieux habitants aux royaumes étrangers, comme elle leur verse ses rivières fécondes ; et, sous nos propres yeux, au moment même où la France a perdu tant de laboureurs, la culture n'en paroît que plus florissante. Hélas! misérables insectes que nous sommes! bourdonnant autour d'une coupe d'absinthe, où par hasard sont tombées quelques gouttes de miel, nous nous dévorons les uns les autres lorsque l'espace vient à manquer à notre multitude. Par un malheur plus grand encore, plus nous nous multiplions, plus il faut de champ à nos désirs. De ce terrain qui diminue toujours, et de ces passions qui augmentent sans cesse, doivent résulter tôt ou tard d'effroyables révolutions[1].

Au reste, les systèmes s'évanouissent devant des faits. L'Europe est-elle déserte, parce qu'on y voit un clergé catholique qui a fait vœu de célibat ? Les monastères mêmes sont favorables à la société, parce que les religieux, en consommant leurs denrées sur les lieux, répandent l'abondance dans la cabane du pauvre. Où voyoit-on en France des paysans bien vêtus et des laboureurs dont le visage annonçoit l'abondance et la joie, si ce n'étoit dans la dépendance de quelque riche abbaye ? Les grandes propriétés n'ont-elles pas toujours cet effet; et les abbayes étoient-elles autre chose que des domaines où les propriétaires résidoient? Mais ceci nous mène-

---

[1] Voyez la note B, à la fin du volume.

roit trop loin, et nous y reviendrons lorsque nous traiterons des Ordres monastiques. Disons pourtant encore que le clergé favorisoit la population, en prêchant la concorde et l'union entre les époux, en arrêtant les progrès du libertinage, et en dirigeant les foudres de l'Église contre le système du petit nombre d'enfants, adopté par le peuple des villes.

Enfin, il semble à peu près démontré qu'il faut dans un grand État des hommes qui, séparés du reste du monde, et revêtus d'un caractère auguste, puissent, sans enfants, sans épouse, sans les embarras du siècle, travailler aux progrès des lumières, à la perfection de la morale et au soulagement du malheur. Quels miracles nos prêtres et nos religieux n'ont-ils point opérés sous ces trois rapports dans la société! Qu'on leur donne une famille, et ces études et cette charité qu'ils consacroient à leur patrie, ils les détourneront au profit de leurs parents; heureux même si de vertus qu'elles sont, ils ne les transforment en vices!

Voilà ce que nous avions à répondre aux moralistes, sur le célibat des prêtres. Voyons si nous trouverons quelque chose pour les poëtes : ici, il nous faut d'autres raisons, d'autres autorités, et un autre style.

CHAPITRE IX.

SUITE DU PRÉCÉDENT.

SUR LE SACREMENT D'ORDRE.

La plupart des sages de l'antiquité ont vécu dans le célibat; on sait combien les gymnosophistes, les brachmanes, les druides ont tenu la chasteté à honneur. Les sauvages mêmes la regardent comme céleste; car les peuples de tous les temps et de tous les pays n'ont eu qu'un sentiment sur l'excellence de la virginité. Chez les anciens, les prêtres et les prêtresses, qui étoient censés commercer intimement avec le ciel, devoient vivre solitaires; la moindre atteinte portée à leurs vœux étoit suivie d'un châtiment terrible. On n'offroit aux dieux que des génisses qui n'avoient point encore été mères. Ce qu'il y avoit de plus sublime et de plus doux dans la fable possédoit la virginité; on la donnoit à Vénus-Uranie et à Minerve, déesses du génie et de la sagesse; l'Amitié étoit une adolescente, et la Virginité elle-même, personnifiée sous les traits de la Lune, promenoit sa pudeur mystérieuse dans les frais espaces de la nuit.

Considérée sous ses autres rapports, la virginité n'est pas moins aimable. Dans les trois règnes de la nature, elle est la source des grâces et la perfection de la beauté. Les poëtes, que nous voulons surtout convaincre ici, nous serviront d'autorité contre eux-mêmes. Ne se plaisent-ils pas à reproduire partout l'idée de la virginité comme un charme à leurs descriptions et à leurs tableaux ? Ils la retrouvent ainsi au milieu des campagnes, dans les roses du printemps et dans la neige de l'hiver; et c'est ainsi qu'ils la placent aux deux extrémités de la vie, sur les lèvres de l'enfant, et sur les cheveux du vieillard. Ils la mêlent encore aux mystères de la tombe, et ils nous parlent de l'antiquité qui consacroit aux mânes des arbres sans semence, parce que la mort est stérile, ou parce que, dans une autre vie, les sexes sont inconnus, et que l'âme est une vierge immortelle. Enfin ils nous disent que, parmi les animaux, ceux qui se rapprochent le plus de notre intelligence sont voués à la chasteté. Ne croiroit-on pas en effet reconnoître dans la ruche des abeilles le modèle de ces monastères où des vestales composent un miel céleste avec la fleur des vertus?

Quant aux beaux-arts, la virginité en fait également les charmes, et les muses lui doivent leur éternelle jeunesse. Mais c'est surtout dans l'homme qu'elle déploie son excellence. Saint Ambroise a composé trois traités sur la virginité; il y a mis les charmes de son éloquence, et il s'en excuse en disant qu'il l'a fait ainsi pour gagner l'esprit des vierges par la douceur de ses paroles[1]. Il appelle la virginité *une exemption de toute souillure*[2]; il fait voir combien sa tranquillité est préférable aux soucis du mariage; il dit aux vierges: « La pudeur, en colorant

---

[1] *De Virginit.*, lib. II, cap. I, num. 4.
[2] *Ibid.*, lib. I, cap. V.

vos joues, vous rend excellemment belles. Retirées loin de la vue des hommes, comme des roses solitaires, vos grâces ne sont point soumises à leurs faux jugements; toutefois vous descendez aussi dans la lice pour disputer le prix de la beauté, non de celle du corps, mais de celle de la vertu : beauté qu'aucune maladie n'altère, qu'aucun âge ne fane, et que la mort même ne peut ravir. Dieu seul s'établit juge de cette lutte des vierges ; car il aime les belles âmes, même dans les corps hideux... Une vierge ne connoît ni les inconvénients de la grossesse ni les douleurs de l'enfantement. Elle est le don du ciel et la joie de ses proches. Elle exerce dans la maison paternelle le sacerdoce de la chasteté : c'est une victime qui s'immole chaque jour pour sa mère. »

Dans l'homme, la virginité prend un caractère sublime. Troublée par les orages du cœur, si elle résiste, elle devient céleste. « Une âme chaste, dit saint Bernard, est par vertu ce que l'ange est par nature. Il y a plus de bonheur dans la *chasteté* de l'ange, mais il y a plus de courage dans celle de l'homme. » Chez le religieux, elle se transforme en humanité, témoin ces *Pères de la Rédemption* et tous ces *Ordres hospitaliers* consacrés au soulagement de nos douleurs. Elle se change en étude chez le savant; elle devient méditation dans le solitaire : caractère essentiel de l'âme et de la force mentale, il n'y a point d'homme qui n'en ait senti l'avantage pour se livrer aux travaux de l'esprit ; elle est donc la première des qualités, puisqu'elle donne une nouvelle vigueur à l'âme, et que l'âme est la plus belle partie de nous-mêmes.

Mais si la chasteté est nécessaire quelque part, c'est dans le service de la Divinité. « Dieu, dit Platon, est la véritable mesure des choses; et nous devons faire tous nos efforts pour lui ressembler[1]. » L'homme qui s'est dévoué à ses autels y est plus obligé qu'un autre. « Il ne s'agit pas ici, dit saint Chrysostôme, du gouvernement d'un empire ou du commandement des soldats, mais d'une fonction qui demande une vertu angélique. L'âme d'un prêtre doit être plus pure que les rayons du soleil[2]. » — « Le ministre chrétien, dit encore saint Jérôme, est le truchement entre Dieu et l'homme. » Il faut donc qu'un prêtre soit un personnage divin : il faut qu'autour de lui règnent la vertu et le mystère; retiré dans les saintes ténèbres du temple, qu'on l'entende sans l'apercevoir; que sa voix solennelle, grave et religieuse, prononce des paroles prophétiques, ou chante des hymnes de paix dans les sacrées profondeurs du tabernacle; que ses apparitions soient courtes parmi les hommes, qu'il ne se montre au milieu du siècle que pour faire du bien aux malheureux : c'est à ce prix qu'on accorde au prêtre le respect et la confiance. Il perdra bientôt l'un et l'autre, si on le trouve à la porte des grands, s'il est embarrassé d'une épouse, si l'on se familiarise avec lui, s'il a tous les vices qu'on reproche au monde, et si l'on peut un moment le soupçonner homme comme les autres hommes.

[1] *Resp.*   [2] Lib. vi, *de Sacerd.*

Enfin le vieillard chaste est une sorte de divinité : Priam, vieux comme le mont Ida, et blanchi comme le chêne du Gargare, Priam dans son palais, au milieu de ses cinquante fils, offre le spectacle le plus auguste de la paternité ; mais Platon sans épouse et sans famille, assis au pied d'un temple sur la pointe d'un cap battu des flots, Platon enseignant l'existence de Dieu à ses disciples, est un être bien plus divin : il ne tient point à la terre ; il semble appartenir à ces *démons*, à ces intelligences supérieures, dont il nous parle dans ses écrits.

Ainsi la virginité, remontant depuis le dernier anneau de la chaîne des êtres jusqu'à l'homme, passe bientôt de l'homme aux anges, et des anges à Dieu, où elle se perd. Dieu brille à jamais unique dans les espaces de l'éternité, comme le soleil, son image, dans le temps.

Concluons que les poëtes et les hommes du goût le plus délicat ne peuvent objecter rien de raisonnable contre le célibat du prêtre, puisque la virginité fait partie du souvenir dans les choses antiques, des charmes dans l'amitié, du mystère dans la tombe, de l'innocence dans le berceau, de l'enchantement dans la jeunesse, de l'humanité dans le religieux, de la sainteté dans le prêtre et dans le vieillard, et de la divinité dans les anges et dans Dieu même.

CHAPITRE X.

SUITE DES PRÉCÉDENTS.

LE MARIAGE.

L'Europe doit encore à l'Église le petit nombre de bonnes lois qu'elle possède. Il n'y a peut-être point de circonstance en matière civile qui n'ait été prévue par le droit canonique, fruit de l'expérience de quinze siècles, et du génie des Innocent et des Grégoire. Les empereurs et les rois les plus sages, tels que Charlemagne et Alfred-le-Grand, ont cru ne pouvoir mieux faire que de recevoir dans le code civil une partie de ce code ecclésiastique où viennent se fondre la loi lévitique, l'Évangile et le droit romain. Quel vaisseau pourtant que cette Église ! qu'il est vaste, qu'il est miraculeux !

En élevant le mariage à la dignité de sacrement, Jésus-Christ nous a montré d'abord la grande figure de son union avec l'Église. Quand on songe que le mariage est le pivot sur lequel roule l'économie sociale, peut-on supposer qu'il soit jamais assez saint ? On ne saurait trop admirer la sagesse de celui qui l'a marqué du sceau de la religion.

L'Église a multiplié ses soins pour un si grand acte de la vie. Elle a déterminé les degrés de parenté où l'union de deux époux seroit permise. Le droit canonique, reconnoissant les générations simples, en partant de la souche, a rejeté jusqu'à la quatrième le mariage [1] que le droit civil, en comptant les branches doubles, fixoit à la seconde : ainsi le vouloit la loi d'Arcade, insérée dans les *Institutes de Justinien* [2].

Mais l'Église, avec sa sagesse accoutumée, a suivi dans ce règlement le changement progressif des mœurs [3]. Dans les premiers siècles du christianisme, la prohibition de mariage s'étendoit jusqu'au septième degré ; quelques conciles même, tels que celui de Tolède [4] dans le sixième siècle, défendoient, d'une manière illimitée, toute union entre les membres d'une même famille.

L'esprit qui a dicté ces lois est digne de la pureté de notre religion. Les païens sont restés bien au-dessous de cette chasteté chrétienne. A Rome, le mariage entre cousins germains étoit permis ; et Claude, pour épouser Agrippine, fit porter une loi à la faveur de laquelle l'oncle pouvoit s'unir à la nièce [5].

---

[1] *Conc. Lat.*, an. 1205.   [2] *Inst.* Just., *de Nupt*, tit. x.

[3] *Concil: Duziac.*, an. 814. La loi canonique a dû varier selon les mœurs des peuples goth, vandale, anglois, franc, bourguignon, qui entroient tour à tour dans le sein de l'Église.

[4] *Conc. Tol.*, can. v.

[5] Suet., *in Claud.* A la vérité cette loi ne fut pas étendue, comme on l'apprend par les fragments d'Ulpien, tit. v et vi, et elle fut abrogée par le Code Théodose, ainsi que celle qui concernoit les cousins germains. Observons que, dans le christianisme, le pape a le droit de dispenser de la loi canonique, selon les circonstances. Comme une loi ne peut jamais être assez générale pour embrasser tous les cas, cette ressource des dispenses et des exceptions étoit imaginée avec beaucoup de prudence. Au reste, les mariages entre frères et sœurs dans l'Ancien-Testament tenoient à cette loi générale de population, abolie, comme nous l'avons dit, à l'avénement de Jésus-Christ, lors du complément des races.

Solon avoit laissé au frère la liberté d'épouser sa sœur utérine[1].

L'Église n'a pas borné là ses précautions. Après avoir suivi quelque temps le Lévitique, touchant les *Affins,* elle a fini par déclarer empêchements *dirimants* de mariage tous les degrés d'affinité correspondants aux degrés de parenté où le mariage est défendu[2]. Enfin elle a prévu un cas qui avoit échappé à tous les jurisconsultes : ce cas est celui dans lequel un homme auroit entretenu un commerce illicite avec une femme. L'Église déclare qu'il ne peut choisir une épouse dans la famille de cette femme, au-dessus du second degré[3]. Cette loi, connue très anciennement dans l'Église[4], mais fixée par le concile de Trente, a été trouvée si belle, que le code françois, en rejetant la totalité du concile, n'a pas laissé de recevoir le canon.

Au reste, les empêchements de mariage de parent à parent, si multipliés par l'Église, outre leurs raisons morales et spirituelles, tendent politiquement à diviser les propriétés, et à empêcher qu'à la longue tous les biens de l'État ne s'accumulent sur quelques têtes.

L'Église a conservé les fiançailles, qui remontent à une grande antiquité. Aulu-Gelle nous apprend qu'elles furent connues du peuple du Latium[5]; les Romains les adoptèrent[6]; les Grecs les ont suivies; elles étoient en honneur sous l'ancienne alliance; et

---

[1] PLUT., *in Solon.*   [2] *Conc. Lat.*   [3] *Ibid.*, cap. IV, sess. 24.
[4] *Conc. Anc.*, cap. ult., an. 304.   [5] *Noct. Act.*, lib. IV, cap. IV.
[6] L. 2, ff., *de Spôns.*

dans la nouvelle, Joseph fut fiancé à Marie. L'intention de cette coutume est de laisser aux deux époux le temps de se connoître avant de s'unir [1].

Dans nos campagnes, les fiançailles se montroient encore avec leurs grâces antiques. Par une belle matinée du mois d'août, un jeune paysan venoit chercher sa prétendue à la ferme de son futur beau-père. Deux ménétriers, rappelant nos anciens *minstrels*, ouvroient la pompe en jouant sur leur violon des romances du temps de la chevalerie, ou des cantiques des pèlerins. Les siècles, sortis de leurs tombeaux gothiques, sembloient accompagner cette jeunesse avec leurs vieilles mœurs et leurs vieux souvenirs. L'épousée recevoit du curé la bénédiction des fiançailles, et déposoit sur l'autel une quenouille entourée de rubans. On retournoit ensuite à la ferme; la dame et le seigneur du lieu, le curé et le juge du village s'asseyoient avec les futurs époux, les laboureurs et les matrones, autour d'une table où étoient servis le verrat d'Eumée et le veau gras des patriarches. La fête se terminoit par une ronde dans la grange voisine; la demoiselle du château dansoit, au son de la musette, une ballade avec le fiancé, tandis que les spectateurs étoient assis sur la gerbe nouvelle, avec les souvenirs des filles de Jéthro, des moissonneurs de Booz, et des fiançailles de Jacob et de Rachel.

---

[1] Saint Augustin en rapporte une raison aimable : *Constitutum est, ut jam pactæ sponsæ non statim tradantur, ne vilem habeat maritus datam, quam non suspiraverit sponsus dilatam.*

La publication des bans suit les fiançailles. Cette excellente coutume, ignorée de l'antiquité, est entièrement due à l'Église. Il faut la reporter au-delà du quatorzième siècle, puisqu'il en est fait mention dans une décrétale du pape Innocent III. Le même pape l'a transformée en règle générale dans le concile de Latran; le concile de Trente l'a renouvelée, et l'ordonnance de Blois l'a fait recevoir parmi nous. L'esprit de cette loi est de prévenir les unions clandestines, et d'avoir connoissance des empêchements de mariage qui peuvent se trouver entre les parties contractantes.

Mais enfin le mariage chrétien s'avance; il vient avec un tout autre appareil que les fiançailles. Sa démarche est grave et solennelle, sa pompe silencieuse et auguste; l'homme est averti qu'il commence une nouvelle carrière. Les paroles de la bénédiction nuptiale (paroles que Dieu même prononça sur le premier couple du monde), en frappant le mari d'un grand respect, lui disent qu'il remplit l'acte le plus important de la vie; qu'il va, comme Adam, devenir le chef d'une famille, et qu'il se charge de tout le fardeau de la condition humaine. La femme n'est pas moins instruite. L'image des plaisirs disparoît à ses yeux devant celle des devoirs. Une voix semble lui crier du milieu de l'autel : « O Ève! sais-tu bien ce que tu fais? Sais-tu qu'il n'y a plus pour toi d'autre liberté que celle de la tombe? Sais-tu ce que c'est que de porter dans tes entrailles mortelles l'homme immortel et fait à l'image d'un Dieu?» Chez les anciens, un hyménée n'étoit qu'une cérémonie pleine de scandale et de joie, qui n'enseignoit rien des graves pensées que le mariage inspire : le christianisme seul en a rétabli la dignité.

C'est encore lui qui, connoissant avant la philosophie dans quelle proportion naissent les deux sexes, a vu le premier que l'homme ne peut avoir qu'une épouse, et qu'il doit la garder jusqu'à la mort. Le divorce est inconnu dans l'Église catholique, si ce n'est chez quelques petits peuples de l'Illyrie, soumis autrefois à l'État de Venise, et qui suivent le rit grec [1]. Si les passions des hommes se sont révoltées contre cette loi, si elles n'ont pas aperçu le désordre que le divorce porte au sein des familles, en troublant les successions, en dénaturant les affections paternelles, en corrompant le cœur, en faisant du mariage une prostitution civile, quelques mots que nous avons à dire ici ne seront pas sans doute écartés.

Sans entrer dans la profondeur de cette matière, nous observerons que, si par le divorce on croit rendre les époux plus heureux (et c'est aujourd'hui un grand argument), on tombe dans une étrange erreur. Celui qui n'a point fait le bonheur d'une première femme, qui ne s'est point attaché à son épouse par sa ceinture virginale ou sa maternité première, qui n'a pu dompter ses passions au joug de la famille, celui qui n'a pu renfermer son cœur dans sa couche nuptiale, celui-là ne fera jamais la

---

[1] *Vid.* Fra-Paolo, sur le concile de Trente.

félicité d'une seconde épouse : c'est en vain que vous y comptez. Lui-même ne gagnera rien à ces échanges : ce qu'il prend pour les différences d'humeur entre lui et sa compagne n'est que le penchant de son inconstance et l'inquiétude de son désir. L'habitude et la longueur du temps sont plus nécessaires au bonheur, et même à l'amour, qu'on ne pense. On n'est heureux dans l'objet de son attachement que lorsqu'on a vécu beaucoup de jours, et surtout beaucoup de mauvais jours, avec lui. Il faut se connoître jusqu'au fond de l'âme; il faut que le voile mystérieux dont on couvroit les deux époux dans la primitive Église soit soulevé par eux dans tous ses replis, tandis qu'il reste impénétrable aux yeux du monde. Quoi! sur le moindre caprice, il faudra que je craigne de me voir privé de ma femme et de mes enfants, que je renonce à l'espoir de passer mes vieux jours avec eux! Et qu'on ne dise pas que cette frayeur me forcera à devenir meilleur époux : non; on ne s'attache qu'au bien dont on est sûr, on n'aime point une propriété que l'on peut perdre.

Ne donnons point à l'Hymen les ailes de l'Amour; ne faisons point d'une sainte réalité un fantôme volage. Une chose détruira encore votre bonheur dans vos liens d'un instant : vous y serez poursuivi par vos remords, vous comparerez sans cesse une épouse à l'autre, ce que vous avez perdu à ce que vous avez trouvé; et, ne vous y trompez pas, la balance sera toute en faveur des choses passées : ainsi Dieu a fait le cœur de l'homme. Cette distraction d'un sentiment par un autre empoisonnera toutes vos joies. Caresserez-vous votre nouvel enfant, vous songerez à celui que vous avez délaissé. Presserez-vous votre femme sur votre cœur, votre cœur vous dira que ce n'est pas la première. Tout tend à l'unité dans l'homme : il n'est point heureux s'il se divise ; et, comme Dieu qui le fit à son image, son âme cherche sans cesse à concentrer en un point le passé, le présent et l'avenir [1].

Voilà ce que nous avions à dire sur les sacrements d'Ordre et de Mariage. Quant aux tableaux qu'ils retracent, ils seroit superflu de les décrire. Quelle imagination a besoin qu'on l'aide à se représenter ou le prêtre abjurant les joies de la vie pour se donner aux malheureux, ou la jeune fille se vouant au silence des solitudes pour trouver le silence du cœur, ou les époux promettant de s'aimer au pied des autels ? L'épouse du chrétien n'est pas une simple mortelle : c'est un être extraordinaire, mystérieux, angélique ; c'est la chair de la chair, le sang du sang de son époux. L'homme, en s'unissant à elle, ne fait que reprendre une partie de sa substance ; son âme ainsi que son corps sont incomplets sans la femme : il a la force ; elle a la beauté : il combat l'ennemi et laboure le champ de la patrie ; mais il n'entend rien aux détails domestiques, la femme lui manque pour apprêter son repas et son lit. Il a des chagrins, et la compagne de ses nuits est là pour les adoucir ; ses jours sont

---

[1] On peut consulter le livre de M. DE BONALD, sur le *Divorce* : c'est un des meilleurs ouvrages qui aient paru depuis long-temps.

mauvais et troublés, mais il trouve des bras chastes dans sa couche, et il oublie tous ses maux. Sans la femme, il seroit rude, grossier, solitaire. La femme suspend autour de lui les fleurs de la vie, comme ces lianes des forêts qui décorent le tronc des chênes de leurs guirlandes parfumées. Enfin, l'époux chrétien et son épouse vivent, renaissent et meurent ensemble; ensemble ils élèvent les fruits de leur union; en poussière ils retournent ensemble, et se retrouvent ensemble par-delà les limites du tombeau.

CHAPITRE XI.

L'EXTRÊME-ONCTION.

Mais c'est à la vue de ce tombeau, portique silencieux d'un autre monde, que le christianisme déploie sa sublimité. Si la plupart des cultes antiques ont consacré la cendre des morts, aucun n'a songé à préparer l'âme pour ces rivages inconnus dont on ne revient jamais.

Venez voir le plus beau spectacle que puisse présenter la terre; venez voir mourir le fidèle. Cet homme n'est plus l'homme du monde, il n'appartient plus à son pays; toutes ses relations avec la société cessent. Pour lui le calcul par le temps finit, et il ne date plus que de la grande ère de l'éternité. Un prêtre assis à son chevet le console.

Ce ministre saint s'entretient avec l'agonisant de l'immortalité de son âme; et la scène sublime que l'antiquité entière n'a présentée qu'une seule fois, dans le premier de ses philosophes mourants, cette scène se renouvelle chaque jour sur l'humble grabat du dernier des chrétiens qui expire.

Enfin le moment suprême est arrivé; un sacrement a ouvert à ce juste les portes du monde, un sacrement va les clore; la religion le balança dans le berceau de la vie; ses beaux chants et sa main maternelle l'endormiront encore dans le berceau de la mort. Elle prépare le baptême de cette seconde naissance; mais ce n'est plus l'eau qu'elle choisit, c'est l'huile, emblème de l'incorruptibilité céleste. Le sacrement libérateur rompt peu à peu les attaches du fidèle; son âme, à moitié échappée de son corps, devient presque visible sur son visage. Déjà il entend les concerts des séraphins; déjà il est prêt à s'envoler vers les régions où l'invite cette Espérance divine, fille de la Vertu et de la Mort. Cependant l'ange de la paix, descendant vers ce juste, touche de son sceptre d'or ses yeux fatigués, et les ferme délicieusement à la lumière. Il meurt, et l'on n'a point entendu son dernier soupir; il meurt, et, long-temps après qu'il n'est plus, ses amis font silence autour de sa couche, car ils croient qu'il sommeille encore : tant ce chrétien a passé avec douceur!

LIVRE SECOND.

VERTUS ET LOIS MORALES.

CHAPITRE PREMIER.

VICES ET VERTUS SELON LA RELIGION.

La plupart des anciens philosophes ont fait le partage des vices et des vertus; mais la sagesse de la religion l'emporte encore ici sur celle des hommes.

Ne considérons d'abord que l'orgueil, dont l'Église fait le premier des vices. C'est le péché de Satan, c'est le premier péché du monde. L'orgueil est si bien le principe du mal, qu'il se trouve mêlé aux diverses infirmités de l'ame : il brille dans le souris de l'envie, il éclate dans les débauches de la volupté, il compte l'or de l'avarice, il étincelle dans les yeux de la colère, et suit les graces de la mollesse.

C'est l'orgueil qui fit tomber Adam; c'est l'orgueil qui arma Caïn de la massue fratricide; c'est l'orgueil qui éleva Babel et renversa Babylone. Par l'orgueil, Athènes se perdit avec la Grèce; l'orgueil brisa le trône de Cyrus, divisa l'empire d'Alexandre, et écrasa Rome enfin sous le poids de l'univers.

Dans les circonstances particulières de la vie,

l'orgueil a des effets encore plus funestes. Il porte ses attentats jusque sur Dieu.

En recherchant les causes de l'athéisme, on est conduit à cette triste observation, que la plupart de ceux qui se révoltent contre le ciel ont à se plaindre en quelque chose de la société ou de la nature (excepté toutefois des jeunes gens séduits par le monde, ou des écrivains qui ne veulent faire que du bruit). Mais comment ceux qui sont privés des frivoles avantages que le hasard donne ou ravit dans ses caprices, ne savent-ils pas trouver le remède à ce léger malheur, en se rapprochant de la Divinité? Elle est la véritable source des grâces : Dieu est si bien la beauté par excellence, que son nom seul prononcé avec amour suffit pour donner quelque chose de divin à l'homme le moins favorisé de la nature, comme on l'a remarqué de Socrate. Laissons l'athéisme à ceux qui, n'ayant pas assez de noblesse pour s'élever au-dessus des injustices du sort, ne montrent dans leurs blasphèmes que le premier vice de l'homme chatouillé dans sa partie la plus sensible.

Si l'Église a donné la première place à l'orgueil dans l'échelle des dégradations humaines, elle n'a pas classé moins habilement les six autres vices capitaux. Il ne faut pas croire que l'ordre où nous les voyons rangés soit arbitraire : il suffit de l'examiner pour s'apercevoir que la religion passe excellemment, de ces crimes qui attaquent la société en général, à ces délits qui ne retombent que sur le coupable. Ainsi, par exemple, l'envie, la luxure, l'avarice et la colère suivent immédiatement l'orgueil, parce que ce sont des vices qui s'exercent sur un sujet étranger, et qui ne vivent que parmi les hommes; tandis que la gourmandise et la paresse, qui viennent les dernières, sont des inclinations solitaires et honteuses, réduites à chercher en elles-mêmes leurs principales voluptés.

Dans les vertus préférées par le christianisme, et dans le rang qu'il leur assigne, même connoissance de la nature. Avant Jésus-Christ, l'âme de l'homme étoit un chaos; le Verbe se fit entendre, aussitôt tout se débrouilla dans le monde intellectuel, comme à la même parole tout s'étoit jadis arrangé dans le monde physique : ce fut la création morale de l'univers. Les vertus montèrent comme des feux purs dans les cieux : les unes, soleils éclatants, appelèrent les regards par leur brillante lumière; les autres, modestes étoiles, cherchèrent la pudeur des ombres, où cependant elles ne purent se cacher. Dès lors on vit s'établir une admirable balance entre les forces et les foiblesses; la religion dirigea ses foudres contre l'orgueil, vice qui se nourrit de vertus : elle le découvrit dans les replis de nos cœurs, elle le poursuivit dans ses métamorphoses; les sacrements marchèrent contre lui en une armée sainte, et l'Humilité vêtue d'un sac, les reins ceints d'une corde, les pieds nus, le front couvert de cendre, les yeux baissés et en pleurs, devint une des premières vertus du fidèle.

CHAPITRE II.

DE LA FOI.

Et quelles étoient les vertus tant recommandées par les sages de la Grèce? La force, la tempérance et la prudence. Jésus-Christ seul pouvoit enseigner au monde que la Foi, l'Espérance et la Charité sont des vertus qui conviennent à l'ignorance comme à la misère de l'homme.

C'est une prodigieuse raison, sans doute, que celle qui nous a montré dans la *Foi* la source des vertus. Il n'y a de puissance que dans la conviction. Un raisonnement n'est fort, un poëme n'est divin, une peinture n'est belle, que parce que l'esprit ou l'œil qui en juge est convaincu d'une certaine vérité cachée dans ce raisonnement, ce poëme, ce tableau. Un petit nombre de soldats, persuadés de l'habileté de leur général, peuvent enfanter des miracles. Trente-cinq mille Grecs suivent Alexandre à la conquête du monde; Lacédémone se confie en Lycurgue, et Lacédémone devient la plus sage des cités; Babylone se présume faite pour les grandeurs, et les grandeurs se prostituent à sa foi mondaine : un oracle donne la terre aux Romains, et les Romains obtiennent la terre; Colomb, seul de tout un monde, s'obstine à croire un nouvel univers, et un nouvel univers sort des flots. L'amitié, le patriotisme, l'amour, tous les sentiments nobles, sont aussi une espèce de foi. C'est parce qu'ils ont *cru* que les Codrus, les Pylade, les Régulus, les Arrie, ont fait des prodiges. Et voilà pourquoi ces cœurs qui ne *croient* rien, qui traitent d'illusions les attachements de l'âme, et de folie les belles actions, qui regardent en pitié l'imagination et la tendresse du génie, voilà pourquoi ces cœurs n'achèveront jamais rien de grand, de généreux : ils n'ont de foi que dans la matière et dans la mort, et ils sont déjà insensibles comme l'une, et glacés comme l'autre.

Dans le langage de l'ancienne chevalerie, *bailler sa foi*, étoit synonyme de tous les prodiges de l'honneur. Roland, Du Guesclin, Bayard, étoient de *féaux* chevaliers, et les champs de Roncevaux, d'Auray, de Bresse, les descendants des Maures, des Anglois, des Lombards, disent encore aujourd'hui quels étoient ces hommes qui prêtoient *foi et hommage* à leur *Dieu*, leur *dame* et leur *roi*. Que d'idées antiques et touchantes s'attachent à notre seul mot de *foyer*, dont l'étymologie est si remarquable ! Citerons-nous les martyrs, « ces héros qui, selon saint Ambroise, sans armées, sans légions, ont vaincu les tyrans, adouci les lions, ôté au feu sa violence, et au glaive sa pointe[1] ? » La foi même, envisagée sous ce rapport, est une force si terrible, qu'elle bouleverseroit le monde, si elle étoit appliquée à des fins perverses. Il n'y a rien qu'un homme, sous le joug d'une persuasion intime, et qui soumet

---

[1] Ambros., *de Off.*, cap. xxxv.

sans condition sa raison à celle d'un autre homme, ne soit capable d'exécuter. Ce qui prouve que les plus éminentes vertus, quand on les sépare de Dieu, et qu'on les veut prendre dans leurs simples rapports moraux, touchent de près aux plus grands vices. Si les philosophes avoient fait cette observation, ils ne se seroient pas tant donné de peine pour fixer les limites du bien et du mal. Le christianisme n'a pas eu besoin, comme Aristote, d'inventer une échelle, pour y placer ingénieusement une vertu entre deux vices; il a tranché la difficulté d'une manière sûre, en nous montrant que les vertus ne sont des vertus qu'autant qu'elles refluent vers leur source, c'est-à-dire vers Dieu.

Cette vérité nous restera assurée, si nous appliquons la foi à ces mêmes affaires humaines, mais en la faisant survenir par l'entremise des idées religieuses. De la foi vont naître les vertus de la société, puisqu'il est vrai, du consentement unanime des sages, que le dogme qui commande de croire en un Dieu rémunérateur et vengeur est le plus ferme soutien de la morale et de la politique.

Enfin, si vous employez la foi à son véritable usage [1], si vous la tournez entièrement vers le Créateur, si vous en faites l'œil intellectuel par qui vous découvrez les merveilles de la Cité sainte et l'empire des existences réelles, si elle sert d'ailes à votre âme, pour vous élever au-dessus des peines de la vie, vous reconnoîtrez que les livres saints n'ont

---

[1] Voyez la note D, à la fin du volume.

pas trop exalté cette vertu, lorsqu'ils ont parlé des prodiges qu'on peut faire avec elle. Foi céleste! foi consolatrice! tu fais plus que de transporter les montagnes, tu soulèves les poids accablants qui pèsent sur le corps de l'homme.

CHAPITRE III.

DE L'ESPÉRANCE ET DE LA CHARITÉ.

L'Espérance, seconde vertu théologale, a presque la même force que la foi : le désir est le père de la puissance; quiconque désire fortement obtient. « Cherchez, a dit Jésus-Christ, et vous trouverez; frappez et l'on vous ouvrira. » Pythagore disoit, dans le même sens : *La puissance habite auprès de la nécessité;* car nécessité implique privation, et la privation marche avec le désir. Père de la puissance, le désir ou l'espérance est un véritable génie; il a cette virilité qui enfante, et cette soif qui ne s'éteint jamais. Un homme se voit-il trompé dans ses projets, c'est qu'il n'a pas désiré avec ardeur; c'est qu'il a manqué de cet amour qui saisit tôt ou tard l'objet auquel il aspire, de cet amour qui, dans la Divinité, embrasse tout et jouit de tous les mondes, par une immense espérance toujours satisfaite, et qui renaît toujours.

Il y a cependant une différence essentielle entre la foi, et l'espérance considérée comme force. La foi a son foyer hors de nous; elle nous vient d'un objet étranger; l'espérance, au contraire, naît au dedans de nous, pour se porter au dehors. On nous impose la première; notre propre désir fait naître la seconde; celle-là est une obéissance, celle-ci un amour. Mais, comme la foi engendre plus facilement les autres vertus, comme elle découle directement de Dieu, que par conséquent étant une émanation de l'Éternel, elle est plus belle que l'espérance, qui n'est qu'une partie de l'homme, l'Église a dû placer la foi au premier rang.

Mais l'espérance offre en elle-même un caractère particulier : c'est celui qui la met en rapport avec nos misères. Sans doute elle fut révélée par le ciel, cette religion qui fit une vertu de l'espérance! Cette nourrice des infortunés, placée auprès de l'homme, comme une mère auprès de son enfant malade, le berce dans ses bras, le suspend à sa mamelle intarissable, et l'abreuve d'un lait qui calme ses douleurs. Elle veille à son chevet solitaire, elle l'endort par des chants magiques. N'est-il pas surprenant de voir l'espérance, qu'il est si doux de garder, et qui semble un mouvement naturel de l'âme, de la voir se transformer, pour le chrétien, en une vertu rigoureusement exigée? En sorte que, quoi qu'il fasse, on l'oblige de boire à longs traits à cette coupe enchantée, où tant de misérables s'estimeroient heureux de mouiller un instant leurs lèvres. Il y a plus (et c'est ici la merveille), il sera *récompensé d'avoir espéré*, autrement *d'avoir fait son propre bonheur*. Le fidèle, toujours militant dans la vie, toujours aux prises avec l'ennemi, est traité par la religion, dans sa défaite, comme ces généraux vaincus que le sénat romain recevoit en triomphe, par la seule raison qu'ils n'avoient pas désespéré du salut final. Mais si les anciens attribuoient quelque chose de merveilleux à l'homme que l'espoir n'abandonne jamais, qu'auroient-ils pensé du chrétien, qui, dans son étonnant langage, ne dit plus *entretenir*, mais *pratiquer* l'espérance ?

Quant à la Charité, fille de Jésus-Christ, elle signifie, au sens propre, *grâce et joie*. La religion, voulant réformer le cœur humain, et tourner au profit des vertus nos affections et nos tendresses, a inventé une nouvelle *passion*: elle ne s'est servie, pour l'exprimer, ni du mot d'amour, qui n'est pas assez sévère, ni du mot d'amitié, qui se perd au tombeau, ni du mot de pitié, trop voisin de l'orgueil; mais elle a trouvé l'expression de *charitas, charité,* qui renferme les trois premières, et qui tient en même temps à quelque chose de céleste. Par-là, elle dirige nos penchants vers le ciel, en les épurant et les reportant au Créateur; par-là, elle nous enseigne cette vérité merveilleuse, que les hommes doivent, pour ainsi dire, s'aimer à travers Dieu, qui spiritualise leur amour, et ne laisse que l'immortelle essence, en lui servant de passage.

Mais, si la charité est une vertu chrétienne, directement émanée de l'Éternel et de son Verbe, elle est aussi en étroite alliance avec la nature. C'est à cette harmonie continuelle du ciel et de la terre, de Dieu et de l'humanité, qu'on reconnoît le caractère de la vraie religion. Souvent les institutions morales et politiques de l'antiquité sont en contradiction avec les sentiments de l'âme. Le christianisme, au contraire, toujours d'accord avec les cœurs, ne commande point des vertus abstraites et solitaires, mais des vertus tirées de nos besoins et utiles à tous. Il a placé la charité comme un puits d'abondance dans les déserts de la vie. « La charité est patiente, dit l'Apôtre, elle est douce, elle ne cherche à surpasser personne, elle n'agit point avec témérité, elle ne s'enfle point.

« Elle n'est point ambitieuse, elle ne suit point ses intérêts, elle ne s'irrite point, elle ne pense point le mal.

« Elle ne se réjouit point dans l'injustice, mais elle se plaît dans la vérité.

« Elle tolère tout, elle croit tout, elle espère tout, elle souffre tout [1].

CHAPITRE IV.

DES LOIS MORALES OU DU DÉCALOGUE.

Il est humiliant pour notre orgueil de trouver que les maximes de la sagesse humaine peuvent se renfermer dans quelques pages. Et dans ces pages encore, combien d'erreurs! Les lois de Minos et de Lycurgue ne sont restées debout, après la chute

---

[1] S. Paul. *ad Corinth.*, cap. XIII, v. 4 et seq.

des peuples pour lesquels elles furent érigées, que comme les pyramides des déserts, immortels palais de la mort.

Lois du second Zoroastre.

Le temps sans bornes et incréé est le créateur de tout. La parole fut sa fille ; et de sa fille naquit *Orsmus,* dieu du bien, et *Arimhan,* dieu du mal.

Invoque le taureau céleste, père de l'herbe et de l'homme.

L'œuvre la plus méritoire est de bien labourer son champ.

Prie avec pureté de pensée, de parole et d'action [1].

Enseigne le bien et le mal à ton fils âgé de cinq ans [2].

Que la loi frappe l'ingrat [3].

Qu'il meure, le fils qui a désobéi trois fois à son père.

La loi déclare impure la femme qui passe à un second hymen.

Frappe le faussaire de verges.

Méprise le menteur.

A la fin et au renouvellement de l'année, observe dix jours de fêtes.

---

[1] *Zend-Avesta.*
[2] Xenoph., *Cyr.*; Plat., *de Leg.*, lib. ii.
[3] Xenoph., *ib.*

Lois indiennes.

L'univers est Wichnou.

Tout ce qui a été, c'est lui; tout ce qui est, c'est lui; tout ce qui sera, c'est lui.

Hommes, soyez égaux.

Aime la vertu pour elle; renonce au fruit de tes œuvres.

Mortel, sois sage, tu seras fort comme dix mille éléphants.

L'âme est Dieu.

Confesse les fautes de tes enfants au soleil et aux hommes, et purifie-toi dans l'eau du Gange [1].

Lois égyptiennes.

Chef, dieu universel, ténèbres inconnues, obscurité impénétrable.

Osiris est le dieu bon; Typhon le dieu méchant.

Honore tes parents.

Suis la profession de ton père.

Sois vertueux; les juges du lac prononceront après ta mort sur tes œuvres.

Lave ton corps deux fois le jour et deux fois la nuit.

Vis de peu.

Ne révèle point les mystères [2].

---

[1] *Pr. des Br. Hist. of Ind.;* Diod. Sic., etc.
[2] Herod., lib. ii; Plat., *de Leg.;* Plut., *de Is. et Os.*

Lois de Minos.

Ne jure point par les dieux.

Jeune homme, n'examine point la loi.

La loi déclare infâme quiconque n'a point d'ami.

Que la femme adultère soit couronnée de laine et vendue.

Que vos repas soient publics, votre vie frugale, et vos danses guerrières [1].

(Nous ne donnerons point ici les lois de Lycurgue, parce qu'elles ne font en partie que répéter celles de Minos.)

Lois de Solon.

Que l'enfant qui néglige d'ensevelir son père, que celui qui ne le défend point, meure.

Que le temple soit interdit à l'adultère.

Que le magistrat ivre boive la ciguë.

La mort au soldat lâche.

La loi permet de tuer le citoyen qui demeure neutre au milieu des dissensions civiles.

Que celui qui veut mourir le déclare à l'archonte et meure.

Que le sacrilége meure.

Épouse, guide ton époux aveugle.

L'homme sans mœurs ne pourra gouverner [2].

---

[1] Arist., *Pol.*; Plat., *de Leg.*
[2] Plut., *in Vit. Sol.*; Tit. Liv.

DU CHRISTIANISME.

Lois primitives de Rome.

Honore la petite fortune.
Que l'homme soit laboureur et guerrier.
Réserve le vin aux vieillards.
Condamne à mort le laboureur qui mange le bœuf [1].

Lois des Gaules ou des Druides.

L'univers est éternel, l'âme immortelle.
Honore la nature.
Défendez votre mère, votre patrie, la terre.
Admets la femme dans tes conseils.
Honore l'étranger, et mets à part sa portion dans ta récolte.
Que l'infâme soit enseveli dans la boue.
N'élève point de temple, et ne confie l'histoire du passé qu'à ta mémoire.
Homme, tu es libre : sois sans propriété.
Honore le vieillard, et que le jeune homme ne puisse déposer contre lui.
Le brave sera récompensé après la mort, et le lâche, puni [2].

Lois de Pythagore.

Honore les dieux immortels, tels qu'ils sont établis par la loi.
Honore tes parents.

---

[1] Plut., *in Num.*; Tit. Liv.
[2] Tac., *de Mor. Germ.*; Strab. Cæs., *Com. Edda*, etc.

Fais ce qui n'affligera pas ta mémoire.

N'admets point le sommeil dans tes yeux avant d'avoir examiné trois fois dans ton âme les œuvres de ta journée.

Demande-toi : Où ai-je été ? Qu'ai-je fait ? Qu'aurois-je dû faire ?

Ainsi, après une vie sainte, lorsque ton corps retournera aux éléments, tu deviendras immortel et incorruptible : tu ne pourras plus mourir [1].

Tel est à peu près tout ce qu'on peut recueillir de cette antique sagesse des temps, si fameuse. Là, Dieu est représenté comme quelque chose d'obscur; sans doute, mais à force de lumière : des ténèbres couvrent la vue lorsqu'on cherche à contempler le soleil. Ici, l'homme sans ami est déclaré infâme; ce législateur a donc déclaré infâme presque tous les infortunés? Plus loin, le suicide devient loi; enfin, quelques-uns de ces sages semblent oublier entièrement un Être suprême. Et que de choses vagues, incohérentes, communes, dans la plupart de ces sentences! Les sages du Portique et de l'Académie énoncent tour à tour des maximes si contradic-

---

[1] On pourroit ajouter à cette table un extrait de la *République* de Platon, ou plutôt des douze livres de ses lois, qui sont, à notre avis, son meilleur ouvrage, tant par le beau tableau des trois vieillards qui discourent en allant à la fontaine, que par la raison qui règne dans ce dialogue. Mais ces préceptes n'ont point été mis en pratique; ainsi nous nous abstiendrons d'en parler.

Quant au Coran, ce qui s'y trouve de saint et de juste est emprunté presque mot pour mot de nos livres sacrés; le reste est une compilation rabbinique.

toires, qu'on peut souvent prouver par le même livre que son auteur croyoit et ne croyoit point en Dieu, qu'il reconnoissoit et ne reconnoissoit point une vertu positive, que la liberté est le premier des biens, et le despotisme le meilleur des gouvernements.

Si, au milieu de tant de perplexités, on voyoit paroître un code de lois morales, sans contradictions, sans erreurs, qui fit cesser nos incertitudes, qui nous apprît ce que nous devons croire de Dieu, et quels sont nos véritables rapports avec les hommes ; si ce code s'annonçoit avec une assurance de ton et une simplicité de langage inconnues jusqu'alors, ne faudroit-il pas en conclure que ces lois ne peuvent émaner que du ciel? Nous les avons, ces préceptes divins : et quels préceptes pour le sage! et quel tableau pour le poëte!

Voyez cet homme qui descend de ces hauteurs brûlantes. Ses mains soutiennent une table de pierre sur sa poitrine, son front est orné de deux rayons de feu, son visage resplendit des gloires du Seigneur, la terreur de Jéhovah le précède : à l'horizon se déploie la chaîne du Liban avec ses éternelles neiges et ses cèdres fuyant dans le ciel. Prosternée au pied de la montagne, la postérité de Jacob se voile la tête dans la crainte de voir Dieu et de mourir. Cependant les tonnerres se taisent, et voici venir une voix :

Écoute, ô toi Israël, moi Jéhovah, *tes Dieux*[1],

[1] On donne le Décalogue mot à mot de l'hébreu, à cause de cette

qui t'ai tiré de la terre de Mitzraïm, de la maison de servitude.

1 Il ne sera point à toi d'autres Dieux devant ma face.

2 Tu ne te feras point d'idole par tes mains, ni aucune image de ce qui est dans les *étonnantes eaux supérieures*, ni sur la terre au-dessous, ni dans les eaux sous la terre. Tu ne t'inclineras point devant les images, et tu ne les serviras point, car moi, je suis Jéhovah, *tes Dieux*, le Dieu fort, le Dieu jaloux, poursuivant l'iniquité des pères, l'iniquité de ceux qui me haïssent, sur les fils de la troisième et de la quatrième génération, et je fais mille fois grâce à ceux qui m'aiment et qui gardent mes commandements.

3 Tu ne prendras point le nom de Jéhovah, *tes Dieux*, en vain; car il ne déclarera point innocent celui qui prendra son nom en vain.

4 Souviens-toi du jour du sabbat pour le sanctifier. Six jours tu travailleras, et tu feras ton ouvrage, et le jour septième de Jéhovah, *tes Dieux*, tu ne feras aucun ouvrage, ni toi, ni ton fils, ni ta fille, ni ton serviteur, ni ta servante, ni ton chameau, ni ton hôte, *devant tes portes;* car en six jours Jéhovah fit les *merveilleuses eaux supérieures* [1], la terre et la mer,

---

expression, *tes Dieux*, qu'aucune version n'a rendue. Voyez la note E, à la fin du volume.

[1] Cette traduction est loin de donner une idée de la magnificence

et tout ce qui est en elles, et se reposa le septième : or Jéhovah le bénit et le sanctifia.

5 Honore ton père et ta mère, afin que tes jours soient longs sur la terre, et *par-delà* la terre que Jéhovah, *tes Dieux,* t'a donnée.

6 Tu ne tueras point.

7 Tu ne seras point adultère.

8 Tu ne voleras point.

9 Tu ne porteras point contre ton voisin un faux témoignage.

10 Tu ne désireras point la maison de ton voisin, ni la femme de ton voisin, ni son serviteur, ni sa servante, ni son bœuf, ni son âne, ni rien de ce qui est à ton voisin.

Voilà les lois que l'Éternel a gravées, non-seulement sur la pierre de Sinaï, mais encore dans le cœur de l'homme. On est frappé d'abord du caractère d'universalité qui distingue cette table divine des tables humaines qui la précèdent. C'est ici la loi de tous les peuples, de tous les climats, de tous les temps. Pythagore et Zoroastre s'adressent à des Grecs et à des Mèdes; Jéhovah parle à tous les hommes : on reconnoît ce père tout-puissant qui veille sur la création, et qui laisse également tomber de sa main le grain de blé qui nourrit l'insecte et le soleil qui l'éclaire.

du texte. *Shamajim* est une sorte de cri d'admiration, comme la voix d'un peuple qui, en regardant le firmament, s'écrieroit : *Voyez ces eaux miraculeuses suspendues en voûtes sur nos têtes! ces dômes de cristal et de diamant!* On ne peut rendre en françois, dans la traduction d'une loi, cette poésie qu'exprime un seul mot.

Rien n'est ensuite plus admirable, dans leur simplicité pleine de justice, que ces lois morales des Hébreux. Les païens ont recommandé d'honorer les auteurs de nos jours : Solon décerne la mort au mauvais fils. Que fait Dieu ? il promet la vie à la piété filiale. Ce commandement est pris à la source même de la nature. Dieu fait un précepte de l'amour filial ; il n'en fait pas un de l'amour paternel ; il savoit que le fils, en qui viennent se réunir les souvenirs et les espérances du père, ne seroit souvent que trop aimé de ce dernier : mais au fils il commande d'aimer, car il connoissoit l'inconstance et l'orgueil de la jeunesse.

A la force du sens interne se joignent, dans le Décalogue, comme dans les autres œuvres du Tout-Puissant, la majesté et la grâce des formes. Le Brachmane exprime lentement les trois présences de Dieu ; le nom de *Jéhovah* les énonce en un seul mot ; ce sont les trois temps du verbe *être*, unis par une combinaison sublime : *havah*, il fut ; *hovah*, étant, ou il est ; et *je*, qui, lorsqu'il se trouve placé devant les trois lettres radicales d'un verbe, indique le futur, en hébreu, *il sera*.

Enfin, les législateurs antiques ont marqué dans leurs codes les époques des fêtes des nations ; mais le jour du repos d'Israël est le jour même du repos de Dieu. L'Hébreu, et son héritier le Gentil, dans les heures de son obscur travail, n'a rien moins devant les yeux que la création successive de l'univers. La Grèce, pourtant si poétique, n'a jamais songé à rapporter les soins du laboureur ou de l'artisan à ces fameux instants où Dieu créa la lumière, traça la route au soleil, et anima le cœur de l'homme.

Lois de Dieu, que vous ressemblez peu à celles des hommes! Éternelles comme le principe dont vous êtes émanées, c'est en vain que les siècles s'écoulent; vous résistez aux siècles, à la persécution, et à la corruption même des peuples. Cette législation religieuse, organisée au sein des législations politiques (et néanmoins indépendante de leurs destinées), est un grand prodige. Tandis que les formes des royaumes passent et se modifient, que le pouvoir roule de main en main au gré du sort, quelques chrétiens, restés fidèles au milieu des inconstances de la fortune, continuent d'adorer le même Dieu, de se soumettre aux mêmes lois, sans se croire dégagés de leurs liens par les révolutions, le malheur et l'exemple. Quelle religion dans l'antiquité n'a pas perdu son influence morale en perdant ses prêtres et ses sacrifices? Où sont les mystères de l'antre de Trophonius et les secrets de Cérès-Éleusine? Apollon n'est-il pas tombé avec Delphes, Baal avec Babylone, Sérapis avec Thèbes, Jupiter avec le Capitole? Le christianisme seul a souvent vu s'écrouler les édifices où se célébroient ses pompes sans être ébranlé de la chute. Jésus-Christ n'a pas toujours eu des temples, mais tout est temple au Dieu vivant, et la maison des morts, et la caverne de la montagne, et surtout le cœur du juste; Jésus-Christ n'a pas toujours eu des autels de porphyre, des chaires de cèdre et d'ivoire, et des heureux pour serviteurs : mais une pierre au désert suffit pour y célébrer ses mystères, un arbre pour y prêcher ses lois, et un lit d'épines pour y pratiquer ses vertus.

LIVRE TROISIÈME.

VÉRITÉS DES ÉCRITURES; CHUTE DE L'HOMME.

CHAPITRE PREMIER.

SUPÉRIORITÉ DE LA TRADITION DE MOÏSE SUR TOUTES LES AUTRES COSMOGONIES.

Il y a des vérités que personne ne conteste, quoiqu'on n'en puisse fournir des preuves immédiates : la rebellion et la chute de l'esprit d'orgueil, la création du monde, le bonheur primitif et le péché de l'homme, sont au nombre de ces vérités. Il est impossible de croire qu'un mensonge absurde devienne une tradition universelle. Ouvrez les livres du second Zoroastre, les dialogues de Platon et ceux de Lucien, les traités moraux de Plutarque, les fastes des Chinois, la Bible des Hébreux, les Edda des Scandinaves; transportez-vous chez les Nègres de l'Afrique[1], ou chez les savants prêtres de l'Inde : tous vous feront le récit des crimes du dieu du mal; tous vous peindront les temps trop courts du bonheur de l'homme, et les longues calamités qui suivirent la perte de son innocence.

[1] *Voyez* la note F, à la fin du volume.

Voltaire avance quelque part que nous avons la plus mauvaise copie de toutes les TRADITIONS sur l'origine du monde et sur les éléments physiques et moraux qui le composent. Préfère-t-il donc la cosmogonie des Égyptiens, le grand œuf ailé des prêtres de Thèbes [1]? Voici ce que débite gravement le plus ancien des historiens après Moïse :

« Le principe de l'univers étoit un air sombre et tempêteux, un vent fait d'un air sombre et d'un turbulent chaos. Ce principe étoit sans bornes, et n'avoit eu, pendant long-temps, ni limite ni figure. Mais quand ce vent devint amoureux de ses propres principes, il en résulta une mixtion, et cette mixtion fut appelée désir ou amour.

« Cette mixtion, étant complète, devint le commencement de toutes choses ; mais le vent ne connoissoit point son propre ouvrage, la mixtion. Celle-ci engendra à son tour, avec le vent son père, *môt* ou le *limon,* et de celui-ci sortirent toutes les générations de l'univers [2]. »

Si nous passons aux philosophes grecs, Thalès, fondateur de la secte Ionique, reconnoissoit l'eau comme principe universel [3]. Platon prétendoit que la Divinité avoit arrangé le monde, mais qu'elle n'avoit pu le créer [4]. Dieu, dit-il, a formé l'univers d'après le modèle existant de toute éternité

---

[1] HEROD., lib. II; DIOD. SIC.

[2] SANCH. ap. EUSEB., *Præpar. Evang.*, lib. I, cap. X.

[3] CIC., *de Nat. Deor.*, lib. I, n° 25.

[4] *Tim.*, p. 28; DIOG. LAERT., lib. III; PLUT., *de Gen. Anim.*, p. 78.

en lui-même [1]. Les objets visibles ne sont que les ombres des idées de Dieu, seules véritables substances [2]. Dieu fit en outre couler un souffle de sa vie dans les êtres. Il en composa un troisième principe à la fois esprit et matière, et ce principe est appelé *l'âme du monde* [3].

Aristote raisonnoit comme Platon sur l'origine de l'univers; mais il imagina le beau système de la chaîne des êtres; et remontant d'action en action, il prouva qu'il existe quelque part un premier mobile [4].

Zénon soutenoit que le monde s'arrangea par sa propre énergie, que la nature est ce tout qui comprend tout; que ce tout se compose de deux principes, l'un actif, l'autre passif, non existant séparés, mais unis ensemble; que ces deux principes sont soumis à un troisième, *la fatalité;* que Dieu, la matière, la fatalité, ne font qu'un; qu'ils composent à la fois les roues, le mouvement, les lois de la machine, et obéissent comme *parties* aux lois qu'ils dictent comme *tout* [5].

Selon la philosophie d'Épicure, l'univers existe de toute éternité. Il n'y a que deux choses dans la nature, le corps et le vide [6].

---

[1] Plat., *Tim.*, pag. 29.   [2] *Id.*, *Rep.*, lib. vii, pag. 516.

[3] *Id. Tim.*, pag. 34.

[4] Arist., *de Gen. An.*, lib. ii, c. iii; *Met.*, lib. xi, c. v; *de Cœl.*, lib. xi, cap. iii, etc.

[5] Laert., l. v; Stob., *Eccl. Phys.*, c. xiv; Senec., *Consol.*, c. xxix; Cic., *de Nat. Deor.;* Anton., lib. vii.

[6] Lucret., lib. ii; Laert., lib. x.

Les corps se composent de l'agrégation de parties de matière infiniment petites, les atomes, qui ont un mouvement interne, la gravité : leur révolution se feroit dans le plan vertical, si, par une loi particulière, ils ne décrivoient une ellipse dans le vide [1].

Épicure supposa ce mouvement de déclinaison, pour éviter le système des fatalistes, qui se reproduiroit par le mouvement perpendiculaire de l'atome. Mais l'hypothèse est absurde ; car, si la déclinaison de l'atome est une loi, elle est de nécessité, et comment une cause obligée produira-t-elle un effet libre ?

La terre, le ciel, les planètes, les étoiles, les plantes, les minéraux, les animaux, en y comprenant l'homme, naquirent du concours fortuit de ces atomes ; et lorsque la vertu productive du globe se fut évaporée, les races vivantes se perpétuèrent par la génération.

Les membres des animaux, formés au hasard, n'avoient aucune destination particulière ; l'oreille concave n'étoit point creusée pour entendre, l'œil convexe arrondi pour voir ; mais ces organes se trouvant propres à ces différents usages, les animaux s'en servirent machinalement et de préférence à un autre sens [3].

Après l'exposition de ces cosmogonies philosophiques, il seroit inutile de parler de celles des

---

[1] *Loc. cit.*
[2] Lucret., lib. x-v ; Cic., *de Nat. Deor.*, lib. i, cap. viii-ix.
[3] Lucret., lib. iv-v.

poëtes. Qui ne connoît Deucalion et Pyrrha, l'âge d'or et l'âge de fer? Quant aux traditions répandues chez les autres peuples de la terre : dans l'Inde un éléphant soutient le globe; le soleil a tout fait au Pérou; au Canada *le grand lièvre* est le père du monde; au Groënland l'homme est sorti d'un coquillage[1]; enfin la Scandinavie a vu naître Arkus et Emla; Odin leur donna l'âme, Hœnerus la raison, et Lœdur le sang et la beauté :

Askum et Emlam, omni conatu destitutos,
Animam nec possidebant, rationem nec habebant,
Nec sanguinem, nec sermonem, nec faciem venustam :
Animam dedit Odinus, rationem dedit Hœnerus;
Lœdur sanguinem addidit et faciem venustam[2].

Dans ces diverses cosmogonies, on est placé entre des contes d'enfants et des abstractions de philosophes : si l'on étoit obligé de choisir, mieux vaudroit encore se décider pour les premiers.

Pour découvrir l'original d'un tableau au milieu d'une foule de copies, il faut chercher celui qui, dans son unité ou la perfection de ses parties, décèle le génie du maître. C'est ce que nous trouvons dans la Genèse, original de ces peintures reproduites dans les traditions des peuples. Quoi de plus naturel, et cependant de plus magnifique, quoi de plus facile à concevoir et de plus d'accord avec la raison de l'homme, que le Créateur des-

---

[1] *Vid.* HESIOD.; OVID.; *Hist. of Hindost.*; HERRERA, *Hist. de las Ind.*; CHARLEVOIX, *Hist. de la Nouv. France;* P. LAFIT., *Mœurs des Indiens; Travel. in Greeland by a Mission.*

[2] BARTHOL., *Ant. Dan.*

cendant dans la nuit antique pour faire la lumière avec une parole? Le soleil, à l'instant, se suspend dans les cieux, au centre d'une immense voûte d'azur; de ses invisibles réseaux il enveloppe les planètes, et les retient autour de lui comme sa proie; les mers et les forêts commencent leurs balancements sur le globe, et leurs premières voix s'élèvent pour annoncer à l'univers ce mariage de qui Dieu sera le prêtre, la terre le lit nuptial, et le genre humain la postérité[1].

CHAPITRE II.

CHUTE DE L'HOMME; LE SERPENT; UN MOT HÉBREU.

On est saisi d'admiration à cette autre vérité marquée dans les Écritures: *L'homme mourant pour s'être empoisonné avec le fruit de vie;* l'homme perdu pour avoir goûté au fruit de science, pour avoir su trop connoître le bien et le mal, pour avoir cessé d'être semblable à l'enfant de l'Évan-

---

[1] Les Mémoires de la Société de Calcutta confirment les vérités de la Genèse. Ils nous montrent la mythologie partagée en trois branches, dont l'une s'étendoit aux Indes, l'autre en Grèce et la troisième chez les Sauvages de l'Amérique septentrionale; enfin cette mythologie venant se rattacher à une plus ancienne tradition, qui est celle même de Moïse. Les voyageurs modernes aux Indes trouvent partout des traces des faits rapportés dans l'Écriture; après en avoir long-temps contesté l'authenticité, on est obligé de la reconnoître.

gile. Qu'on suppose toute autre défense de Dieu, relative à un penchant quelconque de l'âme : que deviennent la sagesse et la profondeur de l'ordre du Très-Haut ? Ce n'est plus qu'un caprice indigne de la Divinité, et aucune moralité ne résulte de la désobéissance d'Adam. Toute l'histoire du monde, au contraire, découle de la loi imposée à notre premier père. Dieu a mis la science à sa portée : il ne pouvoit la lui refuser, puisque l'homme étoit né intelligent et libre; mais il lui prédit que, s'il veut trop savoir, *la connoissance des choses* sera sa mort et celle de sa postérité. Le secret de l'existence politique et morale des peuples, les mystères les plus profonds du cœur humain sont renfermés dans la tradition de cet arbre admirable et funeste.

Or, voici une suite très merveilleuse à cette défense de la sagesse. L'homme tombe, et c'est le démon de l'orgueil qui cause sa chute. L'orgueil emprunte la voix de l'amour pour le séduire, et c'est pour une femme qu'Adam cherche à s'égaler à Dieu : profond développement des deux premières passions du cœur, la vanité et l'amour.

Bossuet, dans ses *Élévations à Dieu*, où l'on retrouve souvent l'auteur des *Oraisons funèbres*, dit, en parlant du mystère du serpent, que « les anges conversoient avec l'homme, en telle forme que Dieu permettoit, et sous la figure des animaux. Ève donc ne fut point surprise d'entendre parler le serpent, comme elle ne le fut pas de voir Dieu même paroître sous une forme sensible. » Bossuet ajoute : « Pourquoi Dieu détermina-t-il l'ange superbe à paroître sous cette forme plutôt que sous une autre ? Quoiqu'il ne soit pas nécessaire de le savoir, l'Écriture nous l'insinue, en disant que le serpent étoit le plus fin de tous les animaux, c'est-à-dire celui qui représentoit mieux le démon dans sa malice, dans ses embûches, et ensuite dans son supplice. »

Notre siècle rejette avec hauteur tout ce qui tient de la merveille; mais le serpent a souvent été l'objet de nos observations, et, si nous osons le dire, nous avons cru reconnoître en lui cet esprit pernicieux et cette subtilité que lui attribue l'Écriture. Tout est mystérieux, caché, étonnant dans cet incompréhensible reptile. Ses mouvements diffèrent de ceux de tous les autres animaux; on ne sauroit dire où gît le principe de son déplacement, car il n'a ni nageoires, ni pieds, ni ailes, et cependant il fuit comme une ombre, il s'évanouit magiquement, il reparoît, et disparoît ensuite, semblable à une petite fumée d'azur, et aux éclairs d'un glaive dans les ténèbres. Tantôt il se forme en cercle, et darde une langue de feu; tantôt, debout sur l'extrémité de sa queue, il marche dans une attitude perpendiculaire, comme par enchantement. Il se jette en orbe, monte et s'abaisse en spirale, roule ses anneaux comme une onde, circule sur les branches des arbres, glisse sous l'herbe des prairies, ou sur la surface des eaux. Ses couleurs sont aussi peu déterminées que sa marche : elles changent aux divers aspects de la lumière, et, comme ses mouvements, elles ont le faux brillant et les variétés trompeuses de la séduction.

Plus étonnant encore dans le reste de ses mœurs, il sait, ainsi qu'un homme souillé de meurtre, jeter à l'écart sa robe tachée de sang, dans la crainte d'être reconnu. Par une étrange faculté, il peut faire rentrer dans son sein les petits monstres que l'amour en a fait sortir. Il sommeille des mois entiers, fréquente des tombeaux, habite des lieux inconnus, compose des poisons qui glacent, brûlent ou tachent le corps de sa victime des couleurs dont il est lui-même marqué. Là, il lève deux têtes menaçantes; ici, il fait entendre une sonnette : il siffle comme un aigle de montagne; il mugit comme un taureau. Il s'associe naturellement aux idées morales ou religieuses, comme par une suite de l'influence qu'il eut sur nos destinées : objet d'horreur ou d'admiration, les hommes ont pour lui une haine implacable, ou tombent devant son génie; le mensonge l'appelle, la prudence le réclame, l'envie le porte dans son cœur, et l'éloquence à son caducée. Aux enfers, il arme les fouets des furies; au ciel, l'éternité en fait son symbole. Il possède encore l'art de séduire l'innocence; ses regards enchantent les oiseaux dans les airs; et sous la fougère de la crèche, la brebis lui abandonne son lait. Mais il se laisse lui-même charmer par de doux sons, et, pour le dompter, le berger n'a besoin que de sa flûte.

Au mois de juillet 1791, nous voyagions dans le Haut-Canada, avec quelques familles sauvages de la nation des Onontagués. Un jour que nous étions arrêtés dans une grande plaine, au bord de la rivière : Génésie, un serpent à sonnette entra dans notre camp. Il y avoit parmi nous un Canadien qui jouoit de la flûte ; il voulut nous divertir, et s'avança contre le serpent avec son arme d'une nouvelle espèce. A l'approche de son ennemi, le reptile se forme en spirale, aplatit sa tête, enfle ses joues, contracte ses lèvres, découvre ses dents empoisonnées et sa gueule sanglante ; il brandit sa double langue comme deux flammes ; ses yeux sont deux charbons ardents ; son corps gonflé de rage s'abaisse et s'élève comme les soufflets d'une forge ; sa peau dilatée devient terne et écailleuse ; et sa queue, dont il sort un bruit sinistre, oscille avec tant de rapidité, qu'elle ressemble à une légère vapeur.

Alors le Canadien commence à jouer sur sa flûte ; le serpent fait un mouvement de surprise, et retire la tête en arrière. A mesure qu'il est frappé de l'effet magique, ses yeux perdent leur âpreté, les vibrations de sa queue se ralentissent, et le bruit qu'elle fait entendre s'affoiblit et meurt peu à peu. Moins perpendiculaires sur leur ligne spirale, les orbes du serpent charmé s'élargissent, et viennent tour à tour se poser sur la terre, en cercles concentriques. Les nuances d'azur, de vert, de blanc et d'or reprennent leur éclat sur sa peau frémissante ; et, tournant légèrement la tête, il demeure immobile dans l'attitude de l'attention et du plaisir.

Dans ce moment le Canadien marche quelques pas, en tirant de sa flûte des sons doux et monotones ; le reptile baisse son cou nuancé, entr'ouvre avec sa tête les herbes fines, et se met à ramper sur les traces du musicien qui l'entraîne, s'arrêtant lorsqu'il s'arrête, et recommençant à le suivre quand il commence à s'éloigner. Il fut ainsi conduit hors de notre camp, au milieu d'une foule de spectateurs, tant sauvages qu'européens, qui en croyoient à peine leurs yeux : à cette merveille de la mélodie, il n'y eut qu'une seule voix dans l'assemblée, pour qu'on laissât le merveilleux serpent s'échapper.

A cette sorte d'induction, tirée des mœurs du serpent, en faveur des vérités de l'Écriture, nous en ajouterions une autre, empruntée d'un mot hébreu. N'est-il pas fort extraordinaire, et en même temps bien philosophique, que le nom générique de l'homme, en hébreu, signifie la *fièvre* ou la *douleur ? Enosh, homme,* vient, par sa racine, du verbe *anash, être dangereusement malade.* Dieu n'avoit point donné ce nom à notre premier père ; il l'appeloit simplement Adam, *terre rouge* ou *limon.* Ce ne fut qu'après le péché, que la postérité d'Adam prit ce nom d'*Enosh* ou d'*homme,* qui convenait si parfaitement à ses misères, et qui rappeloit d'une manière bien éloquente et la faute et le châtiment. Peut-être, dans un mouvement d'angoisse, Adam, témoin des labeurs de son épouse, et recevant dans ses bras Caïn, son premier né, l'éleva vers le ciel, en s'écriant : *Enosh ! ô douleur !* Triste exclamation, par laquelle on aura, dans la suite, désigné la race humaine.

CHAPITRE III.

CONSTITUTION PRIMITIVE DE L'HOMME.

NOUVELLE PREUVE DU PÉCHÉ ORIGINEL.

Nous avons rappelé, au sujet du Baptême et de la Rédemption, quelques preuves morales du péché originel. Il ne faut pas glisser trop légèrement sur une matière aussi importante. « Le nœud de notre condition, dit Pascal, prend ses retours et ses replis dans cet abîme; de sorte que l'homme est plus inconcevable sans ce mystère, que ce mystère n'est inconcevable à l'homme [1]. »

Il nous semble qu'on peut tirer de l'ordre de l'univers une preuve nouvelle de notre dégénération primitive.

Si l'on jette un regard sur le monde, on remarquera que, par une loi générale et en même temps particulière, les parties intégrantes, les mouvements intérieurs ou extérieurs, et les qualités des êtres, sont en un rapport parfait. Ainsi, les corps célestes accomplissent leurs révolutions dans une admirable unité, et chaque corps, sans se contrarier soi-même, décrit en particulier la courbe qui lui est propre. Un seul globe nous donne la lumière et la chaleur : ces deux accidents ne sont point répartis

---

[1] *Pensées de* PASCAL, ch. III, pens. 8.

entre deux sphères : le soleil les confond dans son orbe, comme Dieu, dont il est l'image, unit au principe qui féconde le principe qui éclaire.

Dans les animaux, même loi : leurs *idées*, si on peut les appeler ainsi, sont toujours d'accord avec leurs *sentiments*, leur *raison* avec leurs *passions*. C'est pourquoi il n'y a chez eux ni accroissement, ni diminution d'intelligence. Il sera aisé de suivre cette règle des accords dans les plantes et dans les minéraux.

Par quelle incompréhensible destinée l'homme seul est-il excepté de cette loi, si nécessaire à l'ordre, à la conservation, à la paix, au bonheur des êtres ? Autant l'harmonie des qualités et des mouvements est visible dans le reste de la nature, autant leur désunion est frappante dans l'homme. Un choc perpétuel existe entre son entendement et son désir, entre sa raison et son cœur. Quand il atteint au plus haut degré de civilisation, il est au dernier échelon de la morale : s'il est libre, il est grossier; s'il polit ses mœurs, il se forge des chaînes. Brille-t-il par les sciences, son imagination s'éteint; devient-il poëte, il perd sa pensée : son cœur profite aux dépens de sa tête, et sa tête aux dépens de son cœur. Il s'appauvrit en idées à mesure qu'il s'enrichit en sentiments; il se resserre en sentiments à mesure qu'il s'étend en idées. La force le rend sec et dur; la foiblesse lui amène les grâces. Toujours une vertu lui conduit un vice, et toujours, en se retirant, un vice lui dérobe une vertu. Les nations, considérées dans leurs ensemble, présentent les mêmes vicissitudes : elles perdent et recouvrent tour à tour la lumière. On diroit que le génie de l'homme, un flambeau à la main, vole incessamment autour de ce globe, au milieu de la nuit qui nous couvre; il se montre aux quatre parties de la terre, comme cet astre nocturne qui, croissant et décroissant sans cesse, diminue à chaque pas pour un peuple la clarté qu'il augmente pour un autre.

Il est donc raisonnable de soupçonner que l'homme, dans sa constitution primitive, ressembloit au reste de la création, et que cette constitution se formoit du parfait accord du sentiment et de la pensée, de l'imagination et de l'entendement. On en sera peut-être convaincu si l'on observe que cette réunion est encore nécessaire aujourd'hui pour goûter une ombre de cette félicité que nous avons perdue. Ainsi, par la seule chaîne du raisonnement et les probabilités de l'analogie, le péché originel est retrouvé, puisque l'homme, tel que nous le voyons, n'est vraisemblablement pas l'homme primitif. Il contredit la nature : déréglé quand tout est réglé, double quand tout est simple, mystérieux, changeant, inexplicable, il est visiblement dans l'état d'une chose qu'un accident a bouleversée : c'est un palais écroulé et rebâti avec ses ruines : on y voit des parties sublimes et des parties hideuses, de magnifiques péristyles qui n'aboutissent à rien, de hauts portiques et des voûtes abaissées, de fortes lumières et de profondes ténèbres : en un mot la confusion, le désordre de toutes parts, surtout au sanctuaire.

Or, si la constitution primitive de l'homme consistoit dans les accords, ainsi qu'ils sont établis dans les autres êtres, pour détruire un état dont la nature est l'harmonie, il suffit d'en altérer les contrepoids. La partie aimante et la partie pensante formoient en nous cette balance précieuse. Adam étoit à la fois le plus éclairé et le meilleur des hommes, le plus puissant en pensée et le plus puissant en amour. Mais tout ce qui est créé a nécessairement une marche progressive. Au lieu d'attendre de la révolution des siècles des *connoissances* nouvelles, qu'il n'auroit reçues qu'avec des *sentiments* nouveaux, Adam voulut tout connoître à la fois. Et remarquez une chose importante : l'homme pouvoit détruire l'harmonie de son être de deux manières, ou en voulant trop *aimer,* ou en voulant trop *savoir*. Il pécha seulement par la seconde : c'est qu'en effet nous avons beaucoup plus l'orgueil des sciences que l'orgueil de l'amour : celui-ci auroit été plus digne de pitié que de châtiment ; et si Adam s'étoit rendu coupable pour avoir voulu trop *sentir* plutôt que de trop *concevoir*, l'homme peut-être eût pu se racheter lui-même, et le Fils de l'Éternel n'eût point été obligé de s'immoler. Mais il en fut autrement : Adam chercha à comprendre l'univers, non avec le sentiment, mais avec la pensée ; et, touchant à l'arbre de science, il admit dans son entendement un rayon trop fort de lumière. A l'instant l'équilibre se rompt, la confusion s'empare de l'homme. Au lieu de la clarté qu'il s'étoit promise, d'épaisses ténèbres couvrent sa vue : son péché s'étend comme un voile entre lui et l'univers. Toute son âme se trouble et se soulève; les passions combattent le jugement, le jugement cherche à anéantir les passions; et dans cette tempête effrayante, l'écueil de la mort vit avec joie le premier naufrage.

Tel fut l'accident qui changea l'harmonieuse et immortelle constitution de l'homme. Depuis ce jour, les éléments de son être sont restés épars, et n'ont pu se réunir. L'habitude, nous dirions presque l'amour du tombeau, que la matière a contractée, détruit tout projet de réhabilitation dans ce monde, parce que nos années ne sont pas assez longues pour que nos efforts vers la perfection première puissent jamais nous y faire remonter [1].

Mais comment le monde auroit-il pu contenir toutes les races, si elles n'avoient point été sujettes à la mort? Ceci n'est plus qu'une affaire d'imagination; c'est demander à Dieu compte de ses moyens, qui sont infinis. Qui sait si les hommes eussent été aussi multipliés qu'ils le sont de nos jours? Qui sait si la plus grande partie des généra-

---

[1] Et c'est en ceci que le système de *perfectibilité* est tout-à-fait défectueux. On ne s'aperçoit pas que si l'esprit gagnoit toujours en lumières, et le cœur en sentiments ou en vertus morales, l'homme, dans un temps donné, se retrouvant au point d'où il est parti, seroit de nécessité immortel; car, tout principe de *division* venant à manquer en lui, tout principe de *mort* cesseroit. Il faut attribuer la longévité des patriarches, et le don de prophétie chez les Hébreux, à un rétablissement plus ou moins grand des équilibres de la nature humaine. Ainsi les matérialistes qui soutiennent le système de *perfectibilité* ne s'entendent pas eux-mêmes, puisqu'en effet cette doctrine, loin d'être celle du *matérialisme*, ramène aux idées les plus mystiques de la *spiritualité*.

tions ne fût point demeurée vierge[1], ou si ces millions d'astres qui roulent sur nos têtes ne nous étoient point réservés comme des retraites délicieuses où nous eussions été transportés par les anges? On pourroit même aller plus loin : il est impossible de calculer à quelle hauteur d'arts et de sciences l'homme parfait et toujours vivant sur la terre eût pu atteindre. S'il s'est rendu maître de bonne heure de trois éléments; si, malgré les plus grandes difficultés, il dispute aujourd'hui l'empire des airs aux oiseaux, que n'eût-il point tenté dans sa carrière immortelle? La nature de l'air, qui forme aujourd'hui un obstacle invincible au changement de planète, étoit peut-être différente avant le déluge. Quoi qu'il en soit, il n'est pas indigne de la puissance de Dieu et de la grandeur de l'homme de supposer que la race d'Adam fut destinée à parcourir les espaces, et à animer tous ces soleils qui, privés de leurs habitants par le péché, ne sont restés que d'éclatantes solitudes.

---

[1] C'est l'opinion de saint Chrysostôme. Il prétend que Dieu eût trouvé des moyens de génération qui nous sont inconnus. Il y a, dit-il, devant le trône de Dieu une multitude d'anges qui ne sont point nés par la voie des hommes. *De Virginit.*, lib. II.

LIVRE QUATRIÈME.

SUITE DES VÉRITÉS DE L'ÉCRITURE.

OBJECTIONS CONTRE LE SYSTÈME DE MOÏSE.

CHAPITRE PREMIER.

CHRONOLOGIE.

Depuis que quelques savants ont avancé que le monde portoit dans l'histoire de l'homme, ou dans celle de la nature, des marques d'une trop grande antiquité, pour avoir l'origine moderne que lui donne la Bible, on s'est mis à citer Sanchoniathon, Porphire, les livres sanscrits, etc. Ceux qui font valoir ces autorités les ont-ils toujours consultées dans leurs sources?

D'abord, il est un peu téméraire de vouloir nous persuader qu'Origène, Eusèbe, Bossuet, Pascal, Fénelon, Bacon, Newton, Leibnitz, Huet, et tant d'autres, étoient ou des ignorants, ou des simples, ou des pervers parlant contre leur conviction intime. Cependant ils ont cru à la vérité de l'histoire de Moïse, et l'on ne peut disconvenir que ces hommes n'eussent une doctrine auprès de laquelle notre érudition est bien peu de chose.

Mais, pour commencer par la chronologie, les savants modernes ont donc dévoré, en se jouant, les insurmontables difficultés qui ont fait pâlir Scaliger, Peteau, Usher, Grotius. Ils riroient de notre ignorance, si nous leur demandions quand ont commencé les olympiades; comment elles s'accordent avec les manières de compter par archontes, par éphores, par édiles, par consuls, par règnes, jeux pythiques, néméens, séculaires; comment se réunissent tous les calendriers des nations; de quelle manière il faut opérer pour faire tomber l'ancienne année de Romulus, de dix mois, et de 354 jours, avec l'année de Numa, de 355 jours, et celle de Jules-César, de 365; par quel moyen on évitera les erreurs, en rapportant ces mêmes années à la commune année attique de 354 jours, et à l'année embolismique de 384 jours?

Et pourtant ce ne sont pas là les seules perplexités touchant les années. L'ancienne année juive n'avoit que 354 jours; on ajoutoit quelquefois douze jours à la fin de l'an, et quelquefois un mois de trente jours après le mois Adar, afin d'avoir l'année solaire. L'année juive moderne compte douze mois, et prend sept années de treize mois en dix-neuf ans. L'année syriaque varie également, et se forme de 365 jours. L'année turque ou arabe reconnoît 354 jours, et reçoit onze mois intercalaires, en vingt-neuf ans. L'année égyptienne se divise en douze mois de trente jours, et ajoute cinq jours au dernier; l'année persane, nommée yezdegerdic, lui ressemble [1].

[1] La seconde année persane, appelée gélaléan, et qui commença l'an du monde 1089, est la plus exacte des années civiles, en ce

Outre ces mille manières de mesurer les temps, toutes ces années n'ont ni les mêmes commencements, ni les mêmes heures, ni les mêmes jours, ni les mêmes divisions. L'année civile des Juifs (ainsi que toutes celles des Orientaux) s'ouvre à la nouvelle lune de septembre, et leur année ecclésiastique à la nouvelle lune de mars. Les Grecs comptent le premier mois de leur année, de la nouvelle lune qui suit le solstice d'été. C'est à notre mois de juin que correspond le premier mois de l'année des Perses, et la Chine et l'Inde partent de la première lune de mars. Nous voyons ensuite des mois astronomiques et civils qui se subdivisent en lunaires et solaires, en synodiques et périodiques; nous voyons des sections de mois en kalendes, ides, décades, semaines; nous voyons des jours de deux espèces, artificiels et naturels, et qui commencent, ceux-ci au soleil levant, comme chez les anciens Babyloniens, Syriens, Perses; ceux-là au soleil couchant, ainsi qu'en Chine, dans l'Italie moderne, et comme autrefois chez les Athéniens, les Juifs, et les Barbares du Nord. Les Arabes commencent leur jour à midi, et la France actuelle à minuit, de même que l'Angleterre, l'Allemagne, l'Espagne et le Portugal. Enfin, il n'y a pas jusqu'aux heures qui ne soient embarrassantes en chronologie, en se distinguant en babyloniennes, italiennes et astronomiques; et si l'on vouloit insister davantage, nous

qu'elle ramène les solstices et les équinoxes précisément aux mêmes jours. Elle se compose au moyen d'une intercalation répétée six ou sept fois dans quatre, et ensuite une fois dans cinq ans.

ne verrions plus soixante minutes dans une heure européenne, mais mille quatre-vingts scrupules dans l'heure chaldéenne et arabe.

On a dit que la chronologie est le flambeau de l'histoire[1] : plût à Dieu que nous n'eussions que celui-là pour nous éclairer sur les crimes des hommes ! Que seroit-ce si, pour surcroît de perplexité, nous allions nous engager dans les périodes, les ères ou les époques ? La période victorienne, qui parcourt cinq cent trente-deux années, est formée de la multiplication des cycles du soleil et de la lune. Les mêmes cycles, multipliés par celui d'indication, produisent les sept mille neuf cent quatre-vingts années de la période julienne. La période de Constantinople, à son tour, renferme un égal nombre d'années à celui de la période julienne, mais ne commence pas à la même époque. Quant aux ères, ici on compte par l'année de la création[2], là par olympiade[3], par la fondation de Rome[4], par la naissance de Jésus-Christ, par l'époque d'Eusèbe, par celle des Séleucides[5], celle de Nabonassar[6], celle des martyrs[7]. Les Turcs ont leur hégire[8], les Persans leur yezdegerdic[9]. On compute encore par

---

[1] Voyez la note G, à la fin du volume.

[2] Cette époque se subdivise en grecque, juive, alexandrine, etc.

[3] Les historiens grecs.   [4] Les historiens latins.

[5] L'historien Josèphe.   [6] Ptolémée et quelques autres.

[7] Les premiers chrétiens jusqu'en 532, A. D., et de nos jours par les chrétiens d'Abyssinie et d'Égypte.

[8] Les Orientaux ne la placent pas comme nous.

[9] Nom d'un roi de Perse tué dans une bataille contre les Sarrasins, l'an de notre ère 632.

les ères julienne, grégorienne, ibérienne[1] et actienne[2]. Nous ne parlerons point des marbres d'Arundel, des médailles et des monuments de toutes les sortes, qui introduisent de nouveaux désordres dans la chronologie. Est-il un homme de bonne foi qui, en jetant seulement un coup d'œil sur ces pages, ne convienne que tant de manières indécises de calculer les temps suffisent pour faire de l'histoire un épouvantable chaos? Les annales des Juifs, de l'aveu même des savants, sont les seules dont la chronologie soit simple, régulière et lumineuse. Pourquoi donc aller, par un zèle ardent d'impiété, se consumer l'esprit sur des chicanes de temps, aussi arides qu'indéchiffrables, lorsque nous avons le fil le plus certain pour nous guider dans l'histoire ? Nouvelle évidence en faveur des Écritures.

CHAPITRE II.

LOGOGRAPHIE ET FAITS HISTORIQUES.

Après les objections chronologiques contre la Bible viennent celles qu'on prétend tirer des faits même de l'histoire. On rapporte la tradition des

---

[1] Suivie dans les conciles et sur les vieux monuments de l'Espagne.

[2] Qui tire son nom de la bataille d'Actium, et dont se sont servis Ptolémée, Josèphe, Eusèbe et Censorinus.

prêtres de Thèbes, qui donnoit dix-huit mille ans au royaume d'Égypte, et l'on cite la liste des dynasties de ces rois, qui existe encore.

Plutarque, qu'on ne soupçonnera pas de *christianisme*, se chargea d'une partie de la réponse. « Encore, dit-il en parlant des Égyptiens, que leur année ait été de quatre mois, selon quelques auteurs, elle n'étoit d'abord composée que d'un seul, et ne contenoit que le cours d'une seule lune. Et ainsi, faisant d'un seul mois une année, cela est cause que le temps qui s'est écoulé depuis leur origine paroît extrêmement long, et que, bien qu'ils habitent nouvellement leur pays, ils passent pour les plus anciens des peuples [1]. » Nous savons d'ailleurs, par Hérodote [2], Diodore de Sicile [3], Justin [4], Jablonsky [5], Strabon [6], que les Égyptiens mettent leur orgueil à égarer leur origine dans les temps, et, pour ainsi dire, à cacher leur berceau sous les siècles.

Le nombre de leurs règnes ne peut guère embarrasser. On sait que les dynasties égyptiennes sont composées de rois contemporains; d'ailleurs, le même mot, dans les langues orientales, se lit de cinq ou six manières différentes, et notre ignorance a souvent fait de la même personne cinq ou six personnages divers [7]. Et c'est aussi ce qui est

---

[1] Plut., *in Num.*, 30.   [2] Herod., lib. II.   [3] Diod., lib. I.
[4] Just., lib. I.   [5] Jablonsk., *Panth. Égypt.*, lib. II.
[6] Strab., lib. XVII.
[7] Pour citer un exemple entre mille, le monogramme de *Fo-hi*, divinité des Chinois, est exactement le même que celui de *Menès*,

8.

arrivé par rapport aux traductions d'un seul nom. L'*Athoth* des Égyptiens est traduit, dans Ératosthène, par Ἑρμογενής, ce qui signifie en grec le *lettré*, comme *Athoth* l'exprime en égyptien : on n'a pas manqué de faire deux rois d'*Athoth* et d'*Hermès*, ou *Hermogènes*. Mais l'Athoth de Manethon se multiplie encore; il devient *Thoth* dans Platon, et le texte de Sanchoniathon prouve en effet que c'est le nom primitif. La lettre *A* est une de ces lettres qu'on retranche et qu'on ajoute à volonté dans les langues orientales : ainsi l'historien Josèphe traduit par *Apachnas* le nom du même homme qu'Africanus appelle *Pachnas*. Voici donc *Thoth*, *Athoth*, *Hermès*, ou *Hermogènes*, ou *Mercure*, cinq hommes fameux qui vont composer entre eux près de deux siècles; et cependant ces cinq rois n'étoient qu'un *seul* Égyptien qui n'a peut-être pas vécu soixante ans [1].

---

divinité de l'Égypte; et il est assez prouvé d'ailleurs que les caractères orientaux ne sont que des signes généraux d'idées, que chacun traduit dans sa langue, comme le chiffre arabe parmi nous. Ainsi, par exemple, l'Italien prononce *duodecimo*, le même nombre que l'Anglois exprime par le mot *twelve*, et que le François rend par celui de *douze*.

[1] Des personnes, qui pouvoient d'ailleurs être fort instruites, ont accusé les Juifs d'avoir corrompu les noms historiques. Comment ne savent-elles pas que ce sont les Grecs, au contraire, qui ont défiguré tous les noms d'hommes et de lieux, et en particulier ceux d'Orient*? Les Grecs, à cet égard comme à beaucoup d'autres, ressembloient fort aux François. Croit-on que si *Livius* revenoit au monde il se reconnût sous le nom de *Tite-Live?* Il y a

* *Vid.* Boch., Geog., Sac., Cumb. ou Sanch.; Saur., *sur la Bible*; Danet, Bayle, etc., etc.

Après tout, qu'est-il besoin de s'appesantir sur des disputes logographiques, lorsqu'il suffit d'ouvrir l'histoire pour se convaincre de l'origine moderne des hommes? On a beau former des complots avec des siècles *inventés* dont le temps n'est point le père; on a beau multiplier et *supposer* la

plus : *Tyr* porte encore aujourd'hui, parmi les Orientaux, le nom d'*Asur*, de *Sour* ou de *Sur*. Les Athéniens eux-mêmes devoient prononcer *Tur* ou *Tour;* puisque cette lettre qu'il nous plait d'appeler *y grec,* et de faire siffler comme un *i*, n'est autre que l'*upsilon* ou l'*u parvum* des Grecs.

Il n'est pas plus difficile de retrouver *Darius* dans *Assuerus.* L'A initial n'est d'abord, comme nous l'avons dit, qu'une de ces lettres mobiles, tantôt souscrites, tantôt supprimées. Reste donc *Suerus.* Or, le *delta* ou le D majuscule des Grecs se rapproche du *sameck* ou de l'S majuscule des Hébreux. Le premier est un triangle, et le second un parallélogramme obtusangle, souvent même un parallélogramme curviligne. Le *delta*, dans les vieux manuscrits, sur les médailles et sur les monuments, n'est presque jamais fermé dans ses angles. L'S hébraïque s'est donc transformée en D chez les Grecs; changement de lettre si commun dans toute l'antiquité.

Si vous joignez à ces erreurs de figures les erreurs de prononciation, vous aurez une grande probabilité de plus. Supposons qu'un François, entendant le mot *through* (*à travers*) dans la bouche d'un Anglois, voulût le prononcer et l'écrire sans connoître la puissance et la forme du *th*, il écriroit nécessairement ou *zrou*, ou *dsrou*, ou simplement *trou*. Il en est ainsi du *sameck* ou de l'S en hébreu. Le son de cette lettre, en suivant les points massorétiques, est mixte et participe fortement du D. Les Grecs, qui avoient le *th* comme les Anglois, mais non pas l'S, comme les Israélites, ont dû prononcer et écrire *Duerus* au lieu de *Suerus*. De *Duerus* à *Darius* la conversion est facile; car on sait que les voyelles sont à peu près nulles en étymologie, puisqu'il est vrai que chaque peuple en varie les sons à l'infini. Lorsqu'on veut être plaisant aux dépens de la religion, de la morale universelle, du repos des nations et du bonheur général des hommes, avant de se livrer à une gaîté si funeste, il faudroit au moins être bien sûr de ne pas tomber soi-même dans de grandes ignorances.

mort pour en emprunter des ombres, tout cela n'empêche pas que le genre humain ne soit que d'hier. Les noms des inventeurs des arts nous sont aussi familiers que ceux d'un frère ou d'un aïeul. C'est *Hypsuranius* qui bâtit ces huttes de roseaux où logea la primitive innocence; *Usoüs* couvrit sa nudité de peaux de bêtes, et affronta la mer sur un tronc d'arbre [1]. Tubalcaïn mit le fer dans la main des hommes [2]; Noé ou Bacchus planta la vigne, Caïn ou Triptolème courba la charrue, Agrotès [3] ou Cérès recueillit la première moisson. L'histoire, la médecine, la géométrie, les beaux-arts, les lois, ne sont pas plus anciennement au monde, et nous les devons à Hérodote, Hippocrate, Thalès, Homère, Dédale, Minos. Quant à l'origine des rois et des villes, l'histoire nous en a été conservée par Moïse, Platon, Justin et quelques autres, et nous savons quand et pourquoi les diverses formes de gouvernement se sont établies chez les peuples.

Que si pourtant on est étonné de trouver tant de grandeur et de magnificence dans les premières cités de l'Asie, cette difficulté cède sans peine à une observation tirée du génie des Orientaux. Dans tous les âges, ces peuples ont bâti des villes immenses, sans qu'on en puisse rien conclure en faveur de leur civilisation, et conséquemment de leur

---

[1] Sanch. *ap.* Eus., *Præparat. Evang.*, lib. I, cap. x.
[2] *Gen.*, cap. IV, v. 22.   [3] Sanch., *loc. cit.*
[3] *Vid.* Moys., *Pent.;* Plat., *de Leg. et Tim.;* Just., lib. II; Herod.; Plut., *in Thes. Num., Lycurg., Solon*, etc., etc.

antiquité. L'Arabe, échappé des sables brûlants où il s'estimoit heureux d'enfermer une ou deux toises d'ombre sous une tente de peaux de brebis, cet Arabe a élevé, presque sous nos yeux, des cités gigantesques, vastes métropoles où ce citoyen des déserts semble avoir voulu enclore la solitude. Les Chinois, si peu avancés dans les arts, ont aussi les plus grandes villes du globe, avec des jardins, des murailles, des palais, des lacs, des canaux artificiels, comme ceux de l'ancienne Babylone [1]. Nous-mêmes enfin, ne sommes-nous pas un exemple frappant de la rapidité avec laquelle les peuples se civilisent? Il n'y a guère plus de douze siècles que nos ancêtres étoient aussi barbares que les Hottentots, et nous surpassons aujourd'hui la Grèce dans les raffinements du goût, du luxe et des arts.

La logique générale des langues ne peut fournir aucune raison valide en faveur de l'ancienneté des hommes. Les idiomes du primitif Orient, loin d'annoncer des peuples vieillis en société, décèlent au contraire des hommes fort près de la nature. Le mécanisme en est d'une extrême simplicité : l'hyperbole, l'image, les figures poétiques; s'y reproduisent sans cesse, tandis qu'on y trouve à peine quelques mots pour la métaphysique des idées. Il seroit impossible d'énoncer clairement en hébreu la théologie des dogmes chrétiens [2]. Ce n'est que

---

[1] *Vid.* le P. DU HALD, *Hist. de la Ch.*; *Lettres édif.*; lord MAC., *Amb. to Ch.*, etc.

[2] On s'en peut assurer en lisant les Pères qui ont écrit en syriaque, tels que saint Éphrem, diacre d'Édesse.

chez les Grecs et chez les Arabes modernes qu'on rencontre les termes composés propres au développement des abstractions de la pensée. Tout le monde sait qu'Aristote est le premier philosophe qui ait inventé des catégories, où les idées viennent se ranger de force, quelle que soit leur classe ou leur nature [1].

Enfin l'on prétend qu'avant que les Égyptiens eussent bâti ces temples dont il nous reste de si belles ruines, les peuples pasteurs gardoient déjà leurs troupeaux sur d'autres ruines laissées par une nation inconnue : ce qui supposeroit une très grande antiquité.

Pour décider cette question, il faudroit savoir au juste qui étoient et d'où venoient les peuples pasteurs. M. Bruce, qui voyoit tout en Éthiopie, les fait sortir de ce pays. Et cependant les Éthiopiens, loin de pouvoir répandre au loin des colonies, étoient eux-mêmes, à cette époque, un peuple nouvellement établi. *Æthiopes*, dit Eusèbe, *ab Indo flumine consurgentes, juxta Ægyptum consederunt.*

---

[1] Si les langues demandent tant de temps pour leur entière confection, pourquoi les Sauvages du Canada ont-ils des dialectes si subtils et si compliqués? Les verbes de la langue huronne ont toutes les inflexions des verbes grecs. Ils se distinguent, comme les derniers, par la caractéristique, l'augment, etc.; ils ont trois modes, trois genres, trois nombres, et par-dessus tout cela un certain dérangement de lettres particulier aux verbes des langues orientales. Mais ce qu'ils ont de plus inconcevable, c'est un quatrième pronom personnel qui se place entre la seconde et la troisième personne, au singulier et au pluriel. Nous ne connoissons rien de pareil dans les langues mortes ou vivantes dont nous pouvons avoir quelque teinture.

Manéthon, dans sa sixième dynastie, appelle les pasteurs Φοινικες ξενοι, *Phéniciens étrangers*. Eusèbe place leur arrivée en Égypte sous le règne d'Aménophis; d'où il faut tirer ces deux conséquences : 1° que l'Égypte n'étoit pas alors barbare, puisque Inachus, Égyptien, portoit vers ce temps-là les lumières dans la Grèce; 2° que l'Égypte n'étoit pas couverte de ruines, puisque Thèbes étoit bâtie, puisque Aménophis étoit père de ce Sésostris, qui éleva la gloire des Égyptiens à son comble. Au rapport de l'historien Josèphe, ce fut Thetmosis qui contraignit les pasteurs à abandonner entièrement les bords du Nil [1].

Mais quels nouveaux arguments n'auroit-on point formés contre l'Écriture, si on avoit connu un autre prodige historique qui tient également à des ruines, hélas! comme toute l'histoire des hommes? On a découvert, depuis quelques années, dans l'Amérique septentrionale, des monuments extraordinaires sur les bords du Muskingum, du Miani, du Wabache, de l'Ohio, et surtout du Scioto [2], où ils occupent un espace de plus de vingt lieues en lon-

---

[1] Manet. ad Joseph. et Afric.; Herod., lib. ii, cap. c; Diod., lib. i, ps. 48; Euseb., *Chron.*, lib. i, pag. 13.

Au reste, l'invasion de ces peuples, rapportée par les auteurs profanes, nous explique ce qu'on lit dans la Genèse au sujet de Jacob et de ses fils : *Ut habitare possitis in terra Gessen, quia detestantur Ægyptii omnes pastores ovium* (Gen., cap. xlvi, v. 34.)

D'où l'on peut aussi deviner le nom grec du Pharaon sous lequel Israël entra en Égypte, et le nom du second Pharaon sous lequel il en sortit. L'Écriture, loin de contrarier les autres histoires, leur sert évidemment de preuve.

[2] Voyez la note H, à la fin du volume.

gueur. Ce sont des murs en terre avec des fossés, des glacis, des lunes, demi-lunes, et de grands cônes qui servent de sépulcres. On a demandé, mais sans succès, quel peuple a laissé de pareilles traces? L'homme est suspendu dans le présent, entre le passé et l'avenir, comme sur un rocher entre deux gouffres; derrière lui, devant lui, tout est ténèbres; à peine aperçoit-il quelques fantômes qui, remontant du fond des deux abîmes, surnagent un instant à leur surface, et s'y replongent.

Quelles que soient les conjectures sur ces ruines américaines, quand on y joindroit les visions d'un monde primitif, et les chimères d'une Atlantide, la nation civilisée qui a peut-être promené la charrue dans la plaine où l'Iroquois poursuit aujourd'hui les ours, n'a pas eu besoin, pour consommer ses destinées, d'un temps plus long que celui qui a dévoré les empires de Cyrus, d'Alexandre et de César. Heureux du moins ce peuple qui n'a point laissé de nom dans l'histoire, et dont l'héritage n'a été recueilli que par les chevreuils des bois et les oiseaux du ciel! Nul ne viendra renier le Créateur dans ces retraites sauvages, et, la balance à la main, peser la poudre des morts, pour prouver l'éternité de la race humaine.

Pour moi, amant solitaire de la nature, et simple confesseur de la Divinité, je me suis assis sur ces ruines. Voyageur sans renom, j'ai causé avec ces débris comme moi-même ignorés. Les souvenirs confus des hommes, et les vagues rêveries du désert se mêloient au fond de mon âme. La nuit étoit au milieu de sa course ; tout étoit muet, et la lune, et les bois, et les tombeaux. Seulement, à longs intervalles, on entendoit la chute de quelque arbre que la hache du temps abattoit dans la profondeur des forêts : ainsi tout tombe, tout s'anéantit.

Nous ne nous croyons pas obligé de parler sérieusement des *quatre jogues,* ou âges indiens, dont le premier a duré trois millions deux cent mille ans, le second un million d'années, le troisième seize cent mille ans, et le quatrième, ou l'âge actuel, qui durera quatre cent mille ans.

Si l'on joint à toutes ces difficultés de chronologie, de logographie et de faits, les erreurs qui naissent des passions de l'historien ou des hommes qui vivent dans ses fastes; si on y ajoute les fautes de copistes, et mille accidents de temps et de lieux, il faudra, de nécessité, convenir que toutes les raisons en faveur de l'antiquité du globe par l'histoire sont aussi peu satisfaisantes qu'inutiles à rechercher. Et certes, on ne peut nier que c'est assez mal établir la durée du monde, que d'en prendre la base dans la vie humaine. Quoi ! c'est par la succession rapide d'ombres d'un moment que l'on prétend nous démontrer la permanence et la réalité des choses ! c'est par des décombres qu'on veut nous prouver une société sans commencement et sans fin ! Faut-il donc beaucoup de jours pour amasser beaucoup de ruines ? Que le monde seroit vieux, si l'on comptoit ses années par ses débris !

CHAPITRE III.

ASTRONOMIE.

On cherche dans l'histoire du firmament les secondes preuves de l'antiquité du monde et des erreurs de l'Écriture. Ainsi, les *cieux qui racontent la gloire du Très-Haut* à tous les hommes, et dont le *langage est entendu de tous les peuples*[1], ne disent rien à l'incrédule. Heureusement ce ne sont pas les astres qui sont muets, ce sont les athées qui sont sourds.

L'astronomie doit sa naissance à des pasteurs. Dans les déserts de la création nouvelle, les premiers humains voyoient se jouer autour d'eux leurs familles et leurs troupeaux. Heureux jusqu'au fond de l'âme, une prévoyance inutile ne détruisoit point leur bonheur. Dans le départ des oiseaux de l'automne ils ne remarquoient point la fuite des années, et la chute des feuilles ne les avertissoit que du retour des frimas. Lorsque le coteau prochain avoit donné toutes ses herbes à leurs brebis, montés sur leurs chariots couverts de peaux, avec leurs fils et leurs épouses, ils alloient à travers les bois chercher quelque fleuve ignoré, où la fraîcheur des ombrages et la beauté des solitudes les invitoient à se fixer de nouveau.

[1] Ps. xviii. v. 1-3.

Mais il falloit une boussole pour se conduire dans ces forêts sans chemins, et le long de ces fleuves sans navigateurs; on se confia naturellement à la foi des étoiles : on se dirigea sur leurs cours. Législateurs et guides, ils réglèrent la tonte des brebis et les migrations lointaines. Chaque famille s'attacha aux pas d'une constellation; chaque astre marchoit à la tête d'un troupeau. A mesure que les pasteurs se livroient à ces études, ils découvroient de nouvelles lois. En ce temps-là, Dieu se plaisoit à dévoiler les routes du soleil aux habitants des cabanes, et la fable raconta qu'Apollon étoit descendu chez les bergers.

De petites colonnes de briques servoient à conserver le souvenir des observations : jamais plus grand empire n'eut une histoire plus simple. Avec le même instrument dont il avoit percé sa flûte, au pied du même autel où il avoit immolé le chevreau premier-né, le pâtre gravoit sur un rocher ses immortelles découvertes. Il plaçoit ailleurs d'autres témoins de cette pastorale astronomie; il échangeoit d'annales avec le firmament; et, de même qu'il avoit écrit les fastes des étoiles parmi ses troupeaux, il écrivoit les fastes de ses troupeaux parmi les étoiles. Le soleil, en voyageant, ne se reposa plus que dans les bergeries; le taureau annonça par ses mugissements le passage du Père du jour, et le bélier l'attendit pour le saluer au nom de son maître. On vit au ciel des vierges, des enfants, des épis de blé, des instruments de labourage, des agneaux, et jusqu'au chien du berger; la sphère entière devint comme une grande maison rustique habitée par le pasteur des hommes.

Ces beaux jours s'évanouirent ; les hommes en gardèrent une mémoire confuse dans ces histoires de l'âge d'or, où l'on trouve le règne des astres mêlé à celui des troupeaux. L'Inde est encore aujourd'hui astronome et pastorale, comme l'Égypte l'étoit autrefois. Cependant, avec la corruption naquit la propriété, et, avec la propriété, la mensuration, second âge de l'astronomie. Mais, par une destinée assez remarquable, ce furent encore les peuples les plus simples qui connurent le mieux le système céleste : le pasteur du Gange tomba dans des erreurs moins grossières que le savant d'Athènes ; on eût dit que la muse de l'astronomie avoit retenu un secret penchant pour les bergers, ses premières amours.

Durant les longues calamités qui accompagnèrent et qui suivirent la chute de l'empire romain, les sciences n'eurent d'autre retraite que le sanctuaire de cette Église qu'elles profanent aujourd'hui avec tant d'ingratitude. Recueillies dans le silence des cloîtres, elles durent leur salut à ces mêmes solitaires qu'elles affectent maintenant de mépriser. Un moine Bacon, un évêque Albert, un cardinal Cusa, ressuscitoient dans leurs veilles le génie d'Eudoxe, de Timocharis, d'Hipparque, de Ptolémée. Protégées par les papes, qui donnoient l'exemple aux rois, les sciences s'envolèrent enfin de ces lieux sacrés où la religion les avoit réchauffées sous ses ailes. L'astronomie renaît de toutes parts : Grégoire XIII réforme le calendrier; Copernic rétablit le système du monde; Tycho-Brahé, au haut de sa tour, rappelle la mémoire des antiques observateurs babyloniens; Képler détermine la forme des orbites planétaires. Mais Dieu confond encore l'orgueil de l'homme, en accordant aux jeux de l'innocence ce qu'il refuse aux recherches de la philosophie : des enfants découvrent le télescope. Galilée perfectionne l'instrument nouveau; alors les chemins de l'immensité s'abrègent, le génie de l'homme abaisse la hauteur des cieux, et les astres descendent pour se faire mesurer.

Tant de découvertes en annonçoient de plus grandes encore, et l'on étoit trop près du sanctuaire de la nature pour qu'on fût long-temps sans y pénétrer. Il ne manquoit plus que des méthodes propres à décharger l'esprit des calculs énormes dont il étoit écrasé. Bientôt Descartes osa transporter au grand Tout les lois physiques de notre globe; et, par un de ces traits de génie dont on compte à peine quatre ou cinq dans l'histoire, il força l'algèbre à s'unir à la géométrie, comme la parole à la pensée. Newton n'eut plus qu'à mettre à l'œuvre les matériaux que tant de mains lui avoient préparés, mais il le fit en artiste sublime; et des divers plans sur lesquels il pouvoit relever l'édifice des globes, il choisit peut-être le dessin de Dieu. L'esprit connut l'ordre que l'œil admiroit; les balances d'or, qu'Homère et l'Écriture donnent au souverain Arbitre, lui furent rendues; la comète se soumit; à travers l'immensité la planète attira la planète; la mer sentit la pression de deux vastes vaisseaux qui flottent à des millions de lieues de sa surface ; depuis le soleil jusqu'au moindre atome, tout se maintint dans un admirable équilibre : il n'y eut plus que le cœur de l'homme qui manqua de contre-poids dans la nature.

Qui l'auroit pu penser ? le moment où l'on découvrit tant de nouvelles preuves de la grandeur et de la sagesse de la Providence fut celui-là même où l'on ferma davantage les yeux sur la lumière : non toutefois que ces hommes immortels, Copernic, Tycho-Brahé, Képler, Leibnitz, Newton, fussent des athées ; mais leurs successeurs, par une fatalité inexplicable, s'imaginèrent tenir Dieu dans leurs creusets et dans leurs télescopes, parce qu'ils y voyoient quelques-uns des éléments sur lesquels l'Intelligence universelle a fondé les mondes. Lorsqu'on a été témoin des jours de notre révolution ; lorsqu'on songe que c'est à la vanité du savoir que nous devons presque tous nos malheurs, n'est-on pas tenté de croire que l'homme a été sur le point de périr de nouveau pour avoir porté une seconde fois la main sur le fruit de la science ? Et que ceci nous soit matière de réflexion sur la faute originelle : *les siècles savants* ont toujours touché aux *siècles de destruction*.

Il nous semble pourtant bien infortuné, l'astronome qui passe les nuits à lire dans les astres sans y découvrir le nom de Dieu. Quoi ! dans des figures si variées, dans une si grande diversité de *caractères*, on ne peut trouver les *lettres* qui suffisent à son nom ! Le problème de la divinité n'est-il point résolu dans le calcul mystérieux de tant de soleils ? une algèbre aussi brillante ne peut-elle servir à dégager la grande *Inconnue ?*

La première objection astronomique que l'on fait au système de Moïse se tire de la sphère céleste : « Comment le monde est-il si nouveau ! s'écrie-t-on. La seule composition de la sphère suppose des millions d'années. »

Aussi est-il vrai que l'astronomie est une des premières sciences que les hommes aient cultivées. M. Bailly prouve que les patriarches avant Noé connoissoient la période de six cents ans, l'année de 365 jours 5 heures 51 minutes 36 secondes ; enfin, qu'ils avoient nommé les six jours de la création d'après l'ordre planétaire [1]. Puisque les races primitives étoient déjà si savantes dans l'histoire du ciel, n'est-il pas très probable que les temps écoulés depuis le déluge ont été plus que suffisants pour nous donner le système astronomique tel que nous l'avons aujourd'hui ? il est impossible, d'ailleurs, de rien prononcer de certain sur le temps nécessaire au développement d'une science. Depuis Copernic jusqu'à Newton, l'astronomie a plus fait de progrès en moins d'un siècle qu'elle n'en avoit fait auparavant dans le cours de trois mille ans. On peut comparer les sciences à des régions coupées de plaines et de montagnes : on avance à grands pas dans les premières ; mais quand on est parvenu au pied des secondes, on perd un temps infini

---

[1] Bail., *Hist. de l'Astr. anc.*

à découvrir les sentiers et à franchir les sommets d'où l'on descend dans l'autre plaine. Il ne faut donc pas conclure que, puisque l'astronomie est restée quatre mille ans dans son âge moyen, elle a dû être des myriades de siècles dans son berceau : cela contredit tout ce qu'on sait de l'histoire et de la marche de l'esprit humain.

La seconde objection se déduit des époques historiques liées aux observations astronomiques des peuples, et en particulier de celles des Chaldéens et des Indiens.

Nous répondons, à l'égard des premières, qu'on sait que les sept cent vingt mille ans dont ils se vantoient se réduisent à mille neuf cent trois ans [1].

Quant aux observations des Indiens, celles qui sont appuyées sur des faits incontestables ne remontent qu'à l'an 3102 avant notre ère. Cette antiquité est sans doute fort grande, mais enfin elle rentre dans des bornes connues. C'est à cette époque que commence la quatrième *jogue*, ou âge indien. M. Bailly, en dépouillant les trois premiers âges et les réunissant au quatrième, démontre que toute la chronologie des brames se renferme dans un intervalle d'environ soixante-dix siècles [2], ce qui s'accorde parfaitement avec la chronologie des Septante. Il prouve jusqu'à l'évidence que les fastes des Égyptiens, des Chaldéens, des Chinois, des

---

[1] Les tables de ces observations, faites à Babylone avant l'arrivée d'Alexandre, furent envoyées par Callisthène à Aristote. Voyez BAILLY.

[2] Voyez la note I, à la fin du volume.

Perses, des Indiens, se rangent avec une exactitude singulière sous les époques de l'Ecriture [1]. Nous citons d'autant plus volontiers M. Bailly, que ce savant est mort victime des principes que nous avons entrepris de combattre. Lorsque cet homme infortuné écrivoit, à propos d'*Hypatia,* jeune femme astronome, massacrée par les habitants d'Alexandrie, que *les modernes épargnent au moins la vie, en déchirant la réputation,* il ne se doutoit guère qu'il seroit lui-même une preuve lamentable de la fausseté de son assertion, et qu'il renouvelleroit l'histoire d'*Hypatia!*

Au reste, tous ces calculs infinis de générations et de siècles, que l'on retrouve chez plusieurs peuples, ont leur source dans une foiblesse naturelle au cœur humain. Les hommes qui sentent en eux-mêmes un principe d'immortalité sont comme tout honteux de la brièveté de leur existence; il leur semble qu'en entassant tombeaux sur tombeaux ils cacheront ce vice capital de leur nature, qui est de durer peu, et qu'en ajoutant du néant à du néant ils parviendront à faire une éternité. Mais ils se trahissent eux-mêmes, et découvrent ce qu'ils prétendent dérober; car plus la pyramide funèbre est élevée, plus la statue vivante placée au sommet diminue, et la vie paroît encore bien plus petite quand l'énorme fantôme de la mort l'exhausse dans ses bras.

---

[1] Bail., *Astr. Ind.,* Discours préliminaire, part. xi, p. 126, etc.

CHAPITRE IV.

SUITE DU PRÉCÉDENT.

HISTOIRE NATURELLE; DÉLUGE.

L'astronomie n'étant donc pas suffisante pour détruire la chronologie de l'Écriture[1], on revient à l'attaquer par l'histoire naturelle : les uns nous parlent de certaines époques où l'univers entier se rajeunit ; les autres nient les grandes catastrophes du globe, telles que le déluge universel ; ils disent : « Les pluies ne sont que les vapeurs des mers ; or, toutes les mers ne suffiroient pas pour couvrir la terre à la hauteur dont parlent les Écritures. » Nous pourrions répondre que raisonner ainsi, c'est aller contre ces mêmes lumières dont on fait tant de bruit, puisque la chimie moderne nous apprend que l'air peut être transmué en eau : alors quel effroyable déluge ! Mais nous renonçons volontiers à ces raisons, empruntées des sciences qui rendent compte de tout à l'esprit, sans rendre compte de rien au cœur. Nous nous contenterons de répondre que pour noyer la partie terrestre du globe il suffit

---

[1] On rit de Josué qui commande au soleil de s'arrêter. Nous n'aurions pas cru être obligé d'apprendre à notre siècle que *le soleil n'est pas immobile,* quoique *centre.* On a excusé Josué en disant qu'il parloit exprès comme le vulgaire ; il eût été aussi simple de dire qu'il parloit comme Newton. Si vous vouliez arrêter une montre, vous ne briseriez pas une petite roue, mais le grand ressort, dont le repos fixeroit subitement le système.

que l'Océan franchisse ses rivages, en entraînant l'eau de ses gouffres. D'ailleurs, hommes présomptueux, avez-vous pénétré dans *les trésors de la grêle*[1], et connoissez-vous les réservoirs de cet abîme où le Seigneur a puisé la mort au jour de ses vengeances?

Soit que Dieu, soulevant le bassin des mers, ait versé sur les continents l'Océan troublé, soit que, détournant le soleil de sa route, il lui ait commandé de se lever sur le pôle avec des signes funestes, il est certain qu'un affreux déluge a ravagé la terre.

En ce temps-là la race humaine fut presque anéantie; toutes les querelles des nations finirent, toutes les révolutions cessèrent. Rois, peuples, armées ennemies suspendirent leurs haines sanglantes, et s'embrassèrent, saisis d'une mortelle frayeur. Les temples se remplirent de suppliants, qui avoient peut-être renié la Divinité toute leur vie; mais la Divinité les renia à son tour, et bientôt on annonça que l'Océan tout entier étoit aussi à la porte des temples. En vain les mères se sauvèrent avec leurs enfants sur le sommet des montagnes: en vain l'amant crut trouver un abri pour sa maîtresse dans la même grotte où il avoit trouvé un asile pour ses plaisirs; en vain les amis disputèrent aux ours effrayés la cime des chênes; l'oiseau même, chassé de branche en branche par le flot toujours croissant, fatigua inutilement ses ailes sur des plaines d'eau sans rivages. Le soleil, qui

---

[1] Job, cap. XXXVIII, v. 22.

n'éclairoit plus que la mort au travers des nues livides, se montroit terne et violet comme un énorme cadavre noyé dans les cieux; les volcans s'éteignirent, en vomissant de tumultueuses fumées, et l'un des quatre éléments, le feu, périt avec la lumière.

Ce fut alors que le monde se couvrit d'horribles ombres, d'où sortoient d'effrayantes clameurs; ce fut alors qu'au milieu des humides ténèbres le reste des êtres vivants, le tigre et l'agneau, l'aigle et la colombe, le reptile et l'insecte, l'homme et la femme, gagnèrent tous ensemble la roche la plus escarpée du globe : l'Océan les y suivit, et, soulevant autour d'eux sa menaçante immensité, fit disparoître sous ses solitudes orageuses le dernier point de la terre.

Dieu, ayant accompli sa vengeance, dit aux mers de rentrer dans l'abîme; mais il voulut imprimer sur ce globe des traces éternelles de son courroux; les dépouilles de l'éléphant des Indes s'entassèrent dans les régions de la Sibérie; les coquillages magellaniques vinrent s'enfouir dans les carrières de la France; des bancs entiers de corps marins s'arrêtèrent au sommet des Alpes, du Taurus et des Cordilières, et ces montagnes elles-mêmes furent les monuments que Dieu laissa dans les trois mondes pour marquer son triomphe sur les impies, comme un monarque plante un trophée dans le champ où il a défait ses ennemis.

Dieu ne se contenta pas de ces attestations générales de sa colère passée : sachant combien l'homme perd aisément la mémoire du malheur, il en multiplia les souvenirs dans sa demeure. Le soleil n'eut plus pour trône au matin, et pour lit au soir, que l'élément humide, où il sembla s'éteindre tous les jours, ainsi qu'au temps du déluge. Souvent les nuages du ciel imitèrent des vagues amoncelées, des sables ou des écueils blanchissants. Sur la terre, les rochers laissèrent tomber des cataractes : la lumière de la lune, les vapeurs blanches du soir, couvrirent quelquefois les vallées des apparences d'une nappe d'eau ; il naquit dans les lieux les plus arides des arbres dont les branches affaissées pendirent pesamment vers la terre, comme si elles sortoient encore toutes trempées du sein des ondes ; deux fois par jour la mer reçut ordre de se lever de nouveau dans son lit, et d'envahir ses grèves ; les antres des montagnes conservèrent de sourds bourdonnements et des voix lugubres ; la cime des bois présenta l'image d'une mer roulante, et l'Océan sembla avoir laissé ses bruits dans la profondeur des forêts.

CHAPITRE V.

JEUNESSE ET VIEILLESSE DE LA TERRE.

Nous touchons à la dernière objection sur l'origine moderne du globe. On dit : « La terre est une vieille nourrice dont tout annonce la caducité. Examinez ses fossiles, ses marbres, ses granits, ses laves, et vous y lirez ses années innombrables[1] marquées par cercle, par couche ou par branche, comme celles du serpent à sa sonnette, du cheval à sa dent, ou du cerf à ses rameaux. »

Cette difficulté a été cent fois résolue par cette réponse : *Dieu a dû créer et a sans doute créé le monde avec toutes les marques de vétusté et de complément que nous lui voyons.*

En effet, il est vraisemblable que l'auteur de la nature planta d'abord de vieilles forêts et de jeunes taillis; que les animaux naquirent, les uns remplis de jours, les autres parés des grâces de l'enfance. Les chênes, en perçant le sol fécondé, portèrent sans doute à la fois les vieux nids des corbeaux et la nouvelle postérité des colombes. Ver, crysalide et papillon, l'insecte rampa sur l'herbe, suspendit son œuf d'or aux forêts, ou trembla dans le vague des airs. L'abeille, qui pourtant n'avoit vécu qu'un matin, comptoit déjà son ambroisie par générations

[1] Voyez la note K, à la fin du volume.

de fleurs. Il faut croire que la brebis n'étoit pas sans son agneau, la fauvette sans ses petits; que les buissons cachoient des rossignols étonnés de chanter leurs premiers airs, en échauffant les fragiles espérances de leurs premières voluptés.

Si le monde n'eût été à la fois jeune et vieux, le grand, le sérieux, le moral, disparoissoient de la nature, car ces sentiments tiennent par essence aux choses antiques. Chaque site eût perdu ses merveilles. Le rocher en ruine n'eût plus pendu sur l'abîme avec ses longues graminées; les bois, dépouillés de leurs accidents, n'auroient point montré ce touchant désordre d'arbres inclinés sur leurs tiges, de troncs penchés sur le cours des fleuves. Les pensées inspirées, les bruits vénérables, les voix magiques, la sainte horreur des forêts, se fussent évanouis avec les voûtes qui leur servent de retraites, et les solitudes de la terre et du ciel seroient demeurées nues et désenchantées en perdant ces colonnes de chênes qui les unissent. Le jour même où l'Océan épandit ses premières vagues sur ses rives, il baigna, n'en doutons point, des écueils déjà rongés par les flots, des grèves semées de débris de coquillages, et des caps décharnés qui soutenoient, contre les eaux, les rivages croulants de la terre.

Sans cette vieillesse originaire, il n'y auroit eu ni pompe ni majesté dans l'ouvrage de l'Éternel; et, ce qui ne sauroit être, la nature, dans son innocence, eût été moins belle qu'elle ne l'est aujourd'hui dans sa corruption. Une insipide enfance de plantes, d'animaux, d'éléments, eût couronné une terre sans poésie. Mais Dieu ne fut pas un si méchant dessinateur des bocages d'Éden que les incrédules le prétendent. L'homme-roi naquit lui-même à trente années, afin de s'accorder par sa majesté avec les antiques grandeurs de son nouvel empire, de même que sa compagne compta sans doute seize printemps, qu'elle n'avoit pourtant point vécu, pour être en harmonie avec les fleurs, les oiseaux, l'innocence, les amours, et toute la jeune partie de l'univers.

LIVRE CINQUIÈME.

EXISTENCE DE DIEU PROUVÉE PAR LES MERVEILLES DE LA NATURE.

CHAPITRE PREMIER.

OBJET DE CE LIVRE.

Un des principaux dogmes chrétiens nous reste encore à examiner : *l'état des peines et des récompenses dans l'autre vie*. Mais on ne peut traiter cet important sujet sans parler d'abord des deux colonnes qui soutiennent l'édifice de toutes les religions, *l'existence de Dieu* et *l'immortalité de l'ame*.

Nous sommes, d'ailleurs, appelés à cette étude par le développement naturel de notre matière, puisque ce n'est qu'après avoir suivi la foi ici-bas qu'on peut l'accompagner à ces tabernacles où elle s'envole en quittant la terre. Toujours fidèle à notre plan, nous écarterons des preuves de l'existence de Dieu et de l'immortalité de l'ame les idées abstraites, pour n'employer que les raisons poétiques et les raisons de sentiment, c'est-à-dire les merveilles de la nature et les évidences morales. Platon et Cicéron chez les anciens, Clarke et Leibnitz chez les modernes, ont prouvé métaphysiquement, et presque géométriquement, l'existence du souverain Être[1]; les plus grands génies, dans tous les siècles, ont admis ce dogme consolateur. Que s'il est rejeté par quelques sophistes, Dieu peut bien exister sans leur suffrage. La mort seule, à quoi les athées veulent tout réduire, a besoin qu'on écrive en faveur de ses droits, car elle a peu de réalité pour l'homme. Laissons-lui donc ses déplorables partisans, qui, d'ailleurs, ne s'entendent pas même entre eux; car si les hommes qui croient à la Providence s'accordent sur les chefs principaux de leur doctrine, ceux, au contraire, qui nient le Créateur ne cessent de se disputer sur les bases de leur néant; ils ont devant eux un abîme; pour le combler, il leur manque la pierre du fond, mais ils ne savent où la prendre. De plus, il y a dans l'erreur un certain vice de nature qui fait que, quand cette erreur n'est pas la nôtre, elle nous choque et nous révolte à l'instant : de là les querelles interminables des athées.

[1] Voyez la note L, à la fin du volume.

CHAPITRE II.

SPECTACLE GÉNÉRAL DE L'UNIVERS.

Il est un Dieu ; les herbes de la vallée et les cèdres de la montagne le bénissent, l'insecte bourdonne ses louanges, l'éléphant le salue au lever du jour, l'oiseau le chante dans le feuillage, la foudre fait éclater sa puissance, et l'Océan déclare son immensité. L'homme seul a dit : Il n'y a point de Dieu.

Il n'a donc jamais, celui-là, dans ses infortunes, levé les yeux vers le ciel, ou, dans son bonheur, abaissé ses regards vers la terre ? La nature est-elle si loin de lui qu'il ne l'ait pu contempler, ou la croit-il le simple résultat du hasard ? Mais quel hasard a pu contraindre une matière désordonnée et rebelle à s'arranger dans un ordre si parfait ?

On pourroit dire que l'homme est *la pensée manifestée de Dieu*, et que l'univers est *son imagination rendue sensible*. Ceux qui ont admis la beauté de la nature comme preuve d'une intelligence supérieure auroient dû faire remarquer une chose qui agrandit prodigieusement la sphère des merveilles : c'est que le mouvement et le repos, les ténèbres et la lumière, les saisons, la marche des astres, qui varient les décorations du monde, ne sont pourtant successifs qu'en apparence, et sont permanents en réalité. La scène qui s'efface pour nous se colore pour un autre peuple, ce n'est pas le spectacle, c'est le spectateur qui change. Ainsi Dieu a su réunir dans son ouvrage la durée *absolue* et la durée *progressive :* la première est placée dans le *temps,* la seconde dans l'*étendue :* par celle-là, les grâces de l'univers sont unes, infinies, toujours les mêmes; par celle-ci, elles sont multiples, finies et renouvelées : sans l'une, il n'y eût point eu de grandeur dans la création; sans l'autre, il y eût eu monotonie.

Ici le temps se montre à nous sous un rapport nouveau; la moindre de ses fractions devient un *tout complet,* qui comprend tout, et dans lequel toutes choses se modifient, depuis la mort d'un insecte jusqu'à la naissance d'un monde : chaque minute est en soi une petite éternité. Réunissez donc en un même moment, par la pensée, les plus beaux accidents de la nature; supposez que vous voyez à la fois toutes les heures du jour et toutes les saisons, un matin de printemps et un matin d'automne, une nuit semée d'étoiles et une nuit couverte de nuages, des prairies émaillées de fleurs, des forêts dépouillées par les frimas, des champs dorés par les moissons : vous aurez alors une idée juste du spectacle de l'univers. Tandis que vous admirez ce soleil qui se plonge sous les voûtes de l'occident, un autre observateur le regarde sortir des régions de l'aurore. Par quelle inconcevable magie ce vieil astre qui s'endort fatigué et brûlant dans la poudre du soir, est-il en ce moment même ce jeune astre qui s'éveille humide de rosée dans les voiles blanchissants de l'aube? A chaque moment de la journée le soleil se lève, brille à son zénith, et se couche sur le monde; ou plutôt nos sens nous abusent, et il n'y a ni orient, ni midi, ni occident vrai. Tout se réduit à un point fixe d'où le flambeau du jour fait éclater à la fois trois lumières en une seule substance. Cette triple splendeur est peut-être ce que la nature a de plus beau; car, en nous donnant l'idée de la perpétuelle magnificence et de la toute-puissance de Dieu, elle nous montre aussi une image éclatante de sa glorieuse Trinité.

Conçoit-on bien ce que seroit une scène de la nature, si elle étoit abandonnée au seul mouvement de la matière? Les nuages, obéissant aux lois de la pesanteur, tomberoient perpendiculairement sur la terre, ou monteroient en pyramides dans les airs; l'instant d'après, l'atmosphère seroit trop épaisse ou trop raréfiée pour les organes de la respiration. La lune, trop près ou trop loin de nous, tour à tour seroit invisible, tour à tour se montreroit sanglante, couverte de taches énormes, ou remplissant seule de son orbe démesuré le dôme céleste. Saisie comme d'une étrange folie, elle marcheroit d'éclipses en éclipses, ou, se roulant d'un flanc sur l'autre, elle découvriroit enfin cette autre face que la terre ne connoît pas. Les étoiles sembleroient frappées du même vertige; ce ne seroit plus qu'une suite de conjonctions effrayantes : tout à coup un signe d'été seroit atteint par un signe d'hiver; le Bouvier conduiroit les Pléiades, et le Lion rugiroit dans le Verseau; là des astres passeroient avec la rapidité de l'éclair; ici ils pendroient immobiles; quelquefois, se pressant en groupes, ils formeroient une nouvelle voie lactée; puis, disparoissant tous ensemble, et déchirant le rideau des mondes, selon l'expression de Tertullien, ils laisseroient apercevoir les abîmes de l'éternité.

Mais de pareils spectacles n'épouvanteront point les hommes avant le jour où Dieu, lâchant les rênes de l'univers, n'aura besoin, pour le détruire, que de l'abandonner.

CHAPITRE III.

ORGANISATION DES ANIMAUX ET DES PLANTES.

Descendons de ces notions générales à des idées particulières; voyons si nous pouvons découvrir dans les parties de l'ouvrage cette même sagesse si bien exprimée dans le tout. Nous nous servirons d'abord du témoignage d'une classe d'hommes que les sciences et l'humanité réclament également; nous voulons parler des médecins.

Le docteur Nieuwentyt, dans son *Traité de l'Existence de Dieu*[1], s'est attaché à démontrer la réalité des causes finales. Sans le suivre dans toutes ses ob-

---

[1] Dans tout ce que nous citons ici du Traité de Nieuwentyt, nous avons pris la liberté de refondre et d'animer un peu son sujet. Le docteur est savant, sage, judicieux, mais sec. Nous avons aussi mêlé quelques observations aux siennes.

servations, nous nous contenterons d'en rapporter quelques-unes.

En parlant des quatre éléments qu'il considère dans leurs harmonies avec l'homme et la création en général, il fait voir, par rapport à l'air, comment nos corps sont miraculeusement conservés sous une colonne atmosphérique égale dans sa pression à un poids de vingt mille livres. Il prouve qu'une seule qualité changée, soit en raréfaction, soit en densité, dans l'élément qu'on respire, suffiroit pour détruire les êtres vivants. C'est l'air qui fait monter les fumées, c'est l'air qui retient les liquides dans les vaisseaux; par ses mouvements il épure les cieux, et porte aux continents les nuages de la mer.

Nieuwentyt démontre ensuite la nécessité de l'eau par une foule d'expériences. Qui n'admireroit le prodige de cet élément, en ascension, contre les lois de la pesanteur, dans un élément plus léger que lui, afin de nous donner les pluies et les rosées? La disposition des montagnes pour faire circuler les fleuves, la topographie de ces montagnes dans les îles et sur les continents, les ouvertures des golfes, des baies, des méditerranées, les innombrables utilités des mers, rien n'échappe à la sagacité de ce bon et savant homme. C'est de la même manière qu'il découvre l'excellence de la terre comme élément, et ses belles lois comme planète. Il décrit les avantages du feu, et le secours qu'en a su tirer l'industrie humaine [1].

---

[1] La physique moderne pourra relever ici quelques erreurs; mais

Quand il passe aux animaux, il observe que ceux que nous appelons domestiques naissent précisément avec le degré d'instinct nécessaire pour s'apprivoiser, tandis que les animaux inutiles à l'homme retiennent toujours leur naturel sauvage. Est-ce donc le hasard qui inspire aux bêtes douces et utiles la résolution de vivre en société au milieu de nos champs, et aux bêtes malfaisantes celle d'errer solitaires dans les lieux infréquentés ? Pourquoi ne voit-on pas des troupeaux de tigres conduits au son d'une musette par un pasteur ? Et pourquoi les lions ne se jouent-ils pas dans nos parcs parmi le *thym et la rosée*, comme ces légers animaux chantés par Jean La Fontaine ? Ces animaux féroces n'ont jamais pu servir qu'à traîner le char de quelque triomphateur aussi cruel qu'eux, ou à dévorer des chrétiens dans un amphithéâtre[1] : les tigres ne se civilisent pas à l'école des hommes, mais les hommes se font quelquefois sauvages à l'école des tigres.

Les oiseaux ne présentent pas à notre naturaliste un sujet d'observation moins intéressant. Leurs ailes, convexes en dessus et creusées en dessous, sont des rames parfaitement taillées pour l'élément qu'elles doivent fendre. Le roitelet, qui se plaît dans ces haies de ronces et d'arbousiers, qui sont pour lui de grandes solitudes, est pourvu d'une double paupière, afin de préserver ses yeux de tout acci-

---

les progrès de cette science, loin de renverser les causes finales, fournissent de nouvelles preuves de la bonté de la Providence.

[1] On connoît ce fameux cri de la populace romaine : *Les chrétiens aux lions!* Voyez TERT., *Apolog.*

dent. Mais, admirables fins de la nature! cette paupière est transparente, et le chantre des chaumières peut abaisser ce voile diaphane, sans être privé de la vue. La Providence n'a pas voulu qu'il s'égarât en portant une goutte d'eau ou le grain de mil à son nid, et qu'il y eût sous le buisson une petite famille qui se plaignît d'elle.

Et quels ingénieux ressorts font mouvoir les pieds de l'oiseau! Ce n'est point par un jeu de muscles que détermine sa volonté, qu'il se tient ferme sur la branche : son pied est construit de sorte que, lorsqu'il vient à être pressé dans le centre ou le talon, les doigts se referment naturellement sur le corps qui le presse[1]. Il résulte de ce mécanisme que les serres de l'oiseau se collent plus ou moins à l'objet sur lequel il repose, en raison des mouvements plus ou moins rapides de cet objet; car, dans le balancement du rameau, ou c'est le rameau qui repousse le pied, ou c'est le pied qui repousse le rameau : ce qui, dans les deux cas, oblige les doigts du volatile à se contracter plus fortement. Ainsi, quand nous voyons à l'entrée de la nuit, pendant l'hiver, des corbeaux perchés sur la cime dépouillée de quelque chêne, nous supposons que toujours veillants, attentifs, ils ne se maintiennent qu'avec des fatigues inouïes au milieu des tourbillons et des nuages; et cependant, insouciants du péril et appelant la tempête, tous les vents leur apportent le sommeil : l'aquilon les attache lui-même à la

---

[1] On en peut faire l'essai sur un oiseau mort.

branche d'où nous croyons qu'il va les précipiter ; et, comme de vieux nochers de qui la couche mobile est suspendue aux mâts agités d'un vaisseau, plus ils sont bercés par les orages, plus ils dorment profondément.

Quant à l'organisation des poissons, leur seule existence dans l'élément de l'eau, le changement relatif de leur pesanteur, changement par lequel ils flottent dans une eau plus légère comme dans une eau plus pesante, et descendent de la surface de l'abîme au plus profond de ses gouffres, sont des miracles perpétuels ; vraie machine hydrostatique, le poisson fait voir mille phénomènes au moyen d'une simple vessie, qu'il vide ou remplit d'air à volonté.

Les prodiges de la floraison dans les plantes, l'usage des feuilles et des racines, sont examinés curieusement par Nieuwentyt. Il fait cette belle observation, que les semences des plantes sont tellement disposées par leurs figures et leurs poids, qu'elles tombent toujours sur le sol dans la position où elles doivent germer.

Or, si tout étoit le produit du hasard, les causes finales ne seroient-elles pas quelquefois altérées ? Pourquoi n'y auroit-il pas des poissons qui manqueroient de la vessie qui les fait flotter ? Et pourquoi l'aiglon, qui n'a pas encore besoin d'armes, ne briseroit-il pas la coquille de son berceau avec le bec d'une colombe ? Jamais une méprise, jamais un accident de cette espèce dans *l'aveugle* nature ! De quelque manière que vous jetiez les dés, ils amèneront toujours les mêmes points ? Voilà une étrange *fortune!* nous soupçonnons qu'avant de tirer les mondes de l'urne de l'éternité, elle a *secrètement* arrangé les SORTS.

Cependant il y a des monstres dans la nature, et ces monstres ne sont que des êtres privés de quelques-unes de leurs causes finales. Il est digne de remarque que ces êtres nous font horreur : tant l'instinct de Dieu est fort chez les hommes! tant ils sont effrayés aussitôt qu'ils n'aperçoivent pas la marque de l'Intelligence suprême! On a voulu faire naître de ces désordres une objection contre la Providence : nous les regardons, au contraire, comme une preuve manifeste de cette même Providence. Il nous semble que Dieu a permis ces productions de la matière pour nous apprendre ce que c'est que la création *sans lui :* c'est l'ombre qui fait ressortir la lumière; c'est un échantillon de ces lois du hasard, qui, selon les athées, doivent avoir enfanté l'univers.

CHAPITRE IV.

INSTINCT DES ANIMAUX.

Après avoir reconnu dans l'organisation des êtres un plan régulier, qu'on ne peut attribuer au hasard, et qui suppose un ordonnateur, il nous reste à examiner d'autres causes finales, qui ne sont ni moins fécondes ni moins merveilleuses que les premières. Ici nous ne suivrons personne. Nous avions consacré à l'histoire naturelle des études que nous n'eussions jamais suspendues, si la Providence ne nous eût appelé à d'autres travaux. Nous voulions opposer une *Histoire Naturelle Religieuse* à ces livres scientifiques modernes, où l'on ne voit que la *matière*. Pour qu'on ne nous reprochât pas dédaigneusement notre ignorance, nous avions pris le parti de voyager et de voir tout par nous-mêmes. Nous rapporterons donc quelques-unes de nos observations sur les instincts des animaux et des plantes, sur leurs habitudes, leurs migrations, leurs amours, etc. : le champ de la nature ne peut s'épuiser, et l'on y trouve toujours des moissons nouvelles. Ce n'est point dans une ménagerie où l'on tient en cage les secrets de Dieu, qu'on apprend à connoître la sagesse divine : il faut l'avoir surprise, cette sagesse, dans les déserts, pour ne plus douter de son existence; on ne revient point impie des royaumes de la solitude, *regna solitudinis* : malheur au voyageur qui auroit fait le tour du globe, et qui rentreroit athée sous le toit de ses pères!

Nous l'avons visitée au milieu de la nuit, la vallée solitaire habitée par des castors, ombragée par des sapins, et rendue toute silencieuse par la présence d'un astre aussi paisible que le peuple dont elle éclairoit les travaux. Et je n'aurois vu dans cette vallée aucune trace de l'Intelligence divine! Qui donc auroit mis l'équerre et le niveau dans l'œil de cet animal qui sait bâtir une digue en talus du côté des eaux, et perpendiculaire sur le flanc opposé? Savez-vous le nom du physicien qui a enseigné à ce singulier ingénieur les lois de l'hydraulique, qui l'a rendu si habile avec ses deux dents incisives et sa queue aplatie? Réaumur n'a jamais prédit les vicissitudes des saisons avec l'exactitude de ce castor, dont les magasins, plus ou moins abondants, indiquent au mois de juin le plus ou le moins de durée des glaces de janvier. A force de disputer à Dieu ses miracles, on est parvenu à frapper de stérilité l'œuvre entière du Tout-Puissant : les athées ont prétendu allumer le feu de la nature à leur haleine glacée, et ils n'ont fait que l'éteindre; en soufflant sur le flambeau de la création, ils ont versé sur lui les ténèbres de leur sein.

D'autres instincts plus communs, et que nous pouvons observer chaque jour, n'en sont pas moins merveilleux. La poule si timide, par exemple, devient aussi courageuse qu'un aigle quand il faut défendre ses poussins. Rien n'est plus intéressant que ses alarmes, lorsque, trompée par les trésors d'un autre nid, de petits étrangers lui échappent et courent se jouer dans une eau voisine. La mère effrayée rôde autour du bassin, bat des ailes, rappelle l'imprudente couvée; elle marche précipitamment, s'arrête, tourne la tête avec inquiétude, et ne cesse de s'agiter qu'elle n'ait recueilli dans son sein la famille boiteuse et mouillée qui va bientôt la désoler encore.

Entre ces divers instincts que le Maître du monde a répartis dans la nature, un des plus étonnants sans doute, c'est celui qui amène chaque année les poissons du pôle aux douces latitudes de nos climats : ils viennent, sans s'égarer dans la solitude de l'Océan, trouver à jour nommé le fleuve où doit se célébrer leur hymen. Le printemps prépare sur nos bords la pompe nuptiale; il couronne les saules de verdure; il étend des lits de mousse dans les grottes, et déploie les feuilles du nénuphar sur les ondes, pour servir de rideaux à ces couches de cristal. A peine ces préparatifs sont-ils achevés, qu'on voit paroître les légions émaillées. Ces navigateurs étrangers animent tous nos rivages : les uns, comme de légères bulles d'air, remontent perpendiculairement du fond des eaux; les autres se balancent mollement sur les vagues, ou divergent d'un centre commun, comme d'innombrables traits d'or : ceux-ci dardent obliquement leurs formes glissantes, à travers l'azur fluide; ceux-là dorment dans un rayon de soleil qui pénètre la gaze argentée des flots. Tous s'égarent, reviennent, nagent, plongent, circulent, se forment en escadron, se séparent, se réunissent encore; et l'habitant des mers, inspiré par un souffle de vie, suit en bondissant la trace de feu que sa compagne a laissée pour lui dans les ondes.

CHAPITRE V.

CHANT DES OISEAUX; QU'IL EST FAIT POUR L'HOMME. LOI RELATIVE AUX CRIS DES ANIMAUX.

La nature a ses temps de solennité, pour lesquels elle convoque des musiciens des différentes régions du globe. On voit accourir de savants artistes avec des sonates merveilleuses, de vagabonds troubadours qui ne savent chanter que des ballades à refrain, des pèlerins qui répètent mille fois les couplets de leurs longs cantiques. Le loriot siffle, l'hirondelle gazouille, le ramier gémit : le premier, perché sur la plus haute branche d'un ormeau, défie notre merle, qui ne le cède en rien à cet étranger; la seconde, sous un toit hospitalier, fait entendre son ramage confus ainsi qu'au temps d'Évandre; le troisième, caché dans le feuillage d'un chêne, prolonge ses roucoulements, semblables aux sons onduleux d'un cor dans les bois; enfin le rouge-gorge répète sa petite chanson sur la porte de la grange où il a placé son gros nid de mousse. Mais le rossignol dédaigne de perdre sa voix au milieu de cette symphonie : il attend l'heure du recueillement et du repos, et se charge de cette partie de la fête qui se doit célébrer dans les ombres.

Lorsque les premiers silences de la nuit et les derniers murmures du jour luttent sur les coteaux, au bord des fleuves, dans les bois et dans les vallées ; lorsque les forêts se taisent par degré, que pas une feuille, pas une mousse ne soupire, que la lune est dans le ciel, que l'oreille de l'homme est attentive, le premier chantre de la création entonne ses hymnes à l'Éternel. D'abord il frappe l'écho des brillants éclats du plaisir : le désordre est dans ses chants; il saute du grave à l'aigu, du doux au fort; il fait des pauses; il est lent, il est vif : c'est un cœur que la joie enivre, un cœur qui palpite sous le poids de l'amour. Mais tout à coup la voix tombe, l'oiseau se tait. Il recommence! Que ses accents sont changés! quelle tendre mélodie! Tantôt ce sont des modulations languissantes, quoique variées ; tantôt c'est un air un peu monotone, comme celui de ces vieilles romances françoises, chefs-d'œuvre de simplicité et de mélancolie. Le chant est aussi souvent la marque de tristesse que de la joie : l'oiseau qui a perdu ses petits chante encore; c'est encore l'air du temps du bonheur, qu'il redit, car il n'en sait qu'un; mais, par un coup de son art, le musicien n'a fait que changer la clef, et la cantate du plaisir est devenue la complainte de la douleur.

Ceux qui cherchent à déshériter l'homme, à lui arracher l'empire de la nature, voudroient bien prouver que rien n'est fait pour nous. Or, le chant des oiseaux, par exemple, est tellement commandé pour notre oreille, qu'on a beau persécuter les hôtes des bois, ravir leurs nids, les poursuivre, les blesser avec des armes ou dans des piéges, on peut les remplir de douleur, mais on ne peut les forcer au silence. En dépit de nous, il faut qu'ils nous charment, il faut qu'ils accomplissent l'ordre de la Providence. Esclaves dans nos maisons, ils multiplient leurs accords : il y a sans doute quelque harmonie cachée dans le malheur, car tous les infortunés sont enclins au chant. Enfin que des oiseleurs, par un raffinement barbare, crèvent les yeux à un rossignol, sa voix n'en devient que plus harmonieuse. Cet Homère des oiseaux gagne sa vie à chanter, et compose ses plus beaux airs après avoir perdu la vue. « Démodocus, dit le poëte de Chio, en se peignant sous les traits du chantre des Phéaciens, étoit le favori de la muse ; mais elle avoit mêlé pour lui le bien et le mal, et l'avoit rendu aveugle en lui donnant la douceur des chants. »

Τὸν περὶ μοῦσ' ἐφίλησε, δίδου δ' ἀγατόν τε, κακόν τε.
Ὀφθαλμῶν μὲν ἄμηρσε δίδου δ' ἡδεῖαν ἀοιδήν.

L'oiseau semble le véritable emblème du chrétien ici-bas ; il préfère, comme le fidèle, la solitude au monde, le ciel à la terre, et sa voix bénit sans cesse les merveilles du Créateur.

Il y a quelques lois relatives aux cris des animaux, qui, ce nous semble, n'ont point encore été observées, et qui mériteroient bien de l'être. Le divers langage des hôtes du désert nous paroît calculé sur la grandeur ou le charme du lieu où ils vivent et sur l'heure du jour à laquelle ils se montrent. Le rugissement du lion, fort, sec, âpre, est en harmonie avec les sables embrasés où il se fait entendre; tandis que le mugissement de nos bœufs charme les échos champêtres de nos vallées : la chèvre a quelque chose de tremblant et de sauvage dans la voix, comme les rochers et les ruines où elle aime à se suspendre : le cheval belliqueux imite les sons grêles du clairon; et, comme s'il sentoit qu'il n'est point fait pour les soins rustiques, il se tait sous l'aiguillon du laboureur, et hennit sous le frein du guerrier. La nuit, tour à tour charmante ou sinistre, a le rossignol et le hibou : l'un chante pour le zéphyr, les bocages, la lune, les amants; l'autre pour les vents, les vieilles forêts, les ténèbres et les morts. Enfin, presque tous les animaux qui vivent de sang ont un cri particulier qui ressemble à celui de leurs victimes : l'épervier glapit comme le lapin et miaule comme les jeunes chats; le chat lui-même a une espèce de murmure semblable à celui des petits oiseaux de nos jardins; le loup bêle, mugit ou aboie; le renard glousse ou crie; le tigre a le mugissement du taureau, et l'ours marin une sorte d'affreux râlement tel que le bruit des rescifs battus de vagues où il cherche sa proie. Cette loi est fort étonnante, et cache peut-être un secret terrible. Observons que les monstres parmi les hommes suivent la loi des bêtes carnassières : plusieurs tyrans ont eu des traces de sensibilité sur le visage et dans la voix, et ils affectoient au dehors le langage des malheureux qu'ils songeoient intérieurement à déchirer : néanmoins la Providence n'a pas voulu qu'on s'y méprît tout-à-fait; et, pour peu qu'on examine de près les hommes féroces, on trouve sous leurs feintes douceurs un air faux et dévorant, mille fois plus hideux que leur furie.

CHAPITRE VI.

NIDS DES OISEAUX.

Une admirable Providence se fait remarquer dans les nids des oiseaux. On ne peut contempler sans être attendri cette bonté divine qui donne l'industrie au foible, et la prévoyance à l'insouciant.

Aussitôt que les arbres ont développé leurs fleurs, mille ouvriers commencent leurs travaux. Ceux-ci portent de longues pailles dans le trou d'un vieux mur, ceux-là maçonnent des bâtiments aux fenêtres d'une église; d'autres dérobent un crin à une cavale, ou le brin de laine que la brebis a laissé suspendu à la ronce. Il y a des bûcherons qui croisent des branches dans la cime d'un arbre; il y a des filandières qui recueillent la soie sur un chardon. Mille palais s'élèvent, et chaque palais est un nid; chaque nid voit des métamorphoses charmantes : un œuf brillant, ensuite un petit couvert de duvet. Ce nourrisson prend des plumes; sa mère lui apprend à se soulever sur sa couche. Bientôt il va jusqu'à se pencher sur le bord de son berceau, d'où il jette un premier coup d'œil sur la nature. Effrayé et ravi, il se précipite parmi ses frères, qui n'ont point encore vu ce spectacle; mais rappelé par la voix de ses parents, il sort une seconde fois de sa couche, et ce jeune roi des airs, qui porte encore la couronne de l'enfance autour de sa tête, ose déjà contempler le vaste ciel, la cime ondoyante des pins et les abîmes de verdure au-dessous du chêne paternel. Et pourtant, tandis que les forêts se réjouissent en recevant leur nouvel hôte, un vieil oiseau, qui se sent abandonné de ses ailes, vient s'abattre auprès d'un courant d'eau : là, résigné et solitaire, il attend tranquillement la mort au bord du même fleuve où il chanta ses amours, et dont les arbres portent encore son nid et sa postérité harmonieuse.

C'est ici le lieu de remarquer une autre loi de la nature. Dans la classe des petits oiseaux, les œufs sont ordinairement peints d'une des couleurs dominantes du mâle. Le bouvreuil niche dans les aubépines, dans les groseilliers et dans les buissons de nos jardins : ses œufs sont ardoisés comme la chape de son dos. Nous nous rappelons avoir trouvé une fois un de ces nids dans un rosier; il ressembloit à une conque de nacre, contenant quatre perles bleues : une rose pendoit au-dessus, tout humide : le bouvreuil mâle se tenoit immobile sur un arbuste voisin, comme une fleur de pourpre et d'azur. Ces objets étoient répétés dans l'eau d'un étang avec l'ombrage d'un noyer, qui servoit de fond à la scène, et derrière lequel on voyoit se lever l'aurore. Dieu nous donna dans ce petit tableau une idée des grâces dont il a paré la nature.

Parmi les grands volatiles, la loi de la couleur des œufs varie. Nous soupçonnons qu'en général l'œuf est blanc chez les oiseaux où le mâle a plusieurs femelles, ou chez ceux dont le plumage n'a point de couleur fixe pour l'espèce. Dans les classes aquatiques et forestières, qui font leurs nids les unes sur les mers, les autres dans la cime des arbres, l'œuf est communément d'un vert bleuâtre, et pour ainsi dire teint des éléments dont il est environné. Certains oiseaux qui se cantonnent au haut des tours et dans les clochers ont des œufs verts comme les lierres [1], ou rougeâtres comme les maçonneries qu'ils habitent [2]. C'est donc une loi qui peut passer pour constante, que l'oiseau étale sur son œuf la livrée de ses amours et le symbole de ses mœurs et de ses destinées. On peut, au seul aspect de ce monument fragile, dire à peu près quel étoit le peuple auquel il a appartenu, quels étoient son costume, ses habitudes, ses goûts, s'il passoit des jours de danger sur les mers, ou si, plus heureux, il menoit une vie pastorale; s'il étoit civilisé ou sauvage, habitant de la montagne ou de la vallée. L'antiquaire des forêts s'appuie sur une science moins équivoque que celle de l'antiquaire des cités : un chêne exfolié ou chargé de mousse annonce bien mieux celui qui lui donna la crois-

---

[1] Le choucas, etc.   [2] La grande chevêche, etc.

sance, qu'une colonne en ruine ne dit quel fut l'architecte qui l'éleva. Les tombeaux, parmi les hommes, sont les feuillets de leur histoire; la nature, au contraire, n'imprime que sur la vie : il ne lui faut ni granit, ni marbre, pour éterniser ce qu'elle écrit. Le temps a rongé les fastes des rois de Memphis sur leurs pyramides funèbres; et il n'a pu effacer une seule lettre de l'histoire que l'ibis égyptien porte gravée sur la coquille de son œuf.

CHAPITRE VII.

MIGRATION DES OISEAUX.

OISEAUX AQUATIQUES; LEURS MOEURS. BONTÉ DE LA PROVIDENCE.

On connoît ces vers charmants de Racine le fils sur les migrations des oiseaux :

> Ceux qui, de nos hivers redoutant le courroux,
> Vont se réfugier dans des climats plus doux,
> Ne laisseront jamais la saison rigoureuse
> Surprendre parmi nous leur troupe paresseuse.
> Dans un sage conseil par les chefs assemblé,
> Du départ général le grand jour est réglé;
> Il arrive; tout part : le plus jeune peut-être
> Demande, en regardant les lieux qui l'ont vu naître,
> Quand viendra ce printemps par qui tant d'exilés
> Dans les champs paternels se verront rappelés.

Nous avons vu quelques infortunés à qui ce dernier trait faisoit venir les larmes aux yeux. Il n'en est pas des exils que la nature prescrit, comme des exils commandés par des hommes. L'oiseau n'est banni un moment que pour son bonheur; il part avec ses voisins, avec son père et sa mère, avec ses sœurs et ses frères; il ne laisse rien après lui : il emporte tout son cœur. La solitude lui a préparé le vivre et le couvert; les bois ne sont point armés contre lui; il retourne enfin mourir aux bords qui l'ont vu naître : il y retrouve le fleuve, l'arbre, le nid, le soleil paternel. Mais le mortel chassé de ses foyers y rentre-t-il jamais? Hélas! l'homme ne peut dire en naissant quel coin de l'univers gardera ses cendres, ni de quel côté le souffle de l'adversité les portera. Encore si on le laissoit mourir tranquille! Mais, aussitôt qu'il est malheureux, tout le persécute; l'injustice particulière dont il est l'objet devient une injustice générale. Il ne trouve pas, ainsi que l'oisiveté, l'hospitalité sur la route : il frappe, et l'on n'ouvre pas; il n'a, pour appuyer ses os fatigués, que la colonne du chemin public, ou la borne de quelque héritage. Souvent même on lui dispute ce lieu de repos, qui, placé entre deux champs, sembloit n'appartenir à personne : on le force à continuer sa route vers de nouveaux déserts : le ban qui l'a mis hors de son pays semble l'avoir mis hors du monde. Il meurt, et il n'a personne pour l'ensevelir. Son corps gît délaissé sur un grabat, d'où le juge est obligé de le faire enlever, non comme le corps d'un homme, mais comme une immondice dangereuse aux vivants. Ah! plus heureux lorsqu'il expire dans quelque fossé au bord d'une grande route, et que la charité du Samaritain jette en passant un peu de terre étrangère sur ce cadavre ! N'espérons donc que dans le ciel, et nous ne craindrons plus l'exil : il y a dans la religion toute une patrie.

Tandis qu'une partie de la création publie chaque jour aux mêmes lieux les louanges du Créateur, une autre partie voyage pour raconter ses merveilles. Des courriers traversent les airs, se glissent dans les eaux, franchissent les monts et les vallées. Ceux-ci arrivent sur les ailes du printemps, et bientôt, disparoissant avec les zéphyrs, suivent de climats en climats leur mobile patrie ; ceux-là s'arrêtent à l'habitation de l'homme : voyageurs lointains, ils réclament l'antique hospitalité. Chacun suit son inclination dans le choix d'un hôte : le rouge-gorge s'adresse aux cabanes ; l'hirondelle frappe aux palais : cette fille de roi semble encore aimer les grandeurs, mais les grandeurs tristes, comme sa destinée ; elle passe l'été aux ruines de Versailles, et l'hiver à celles de Thèbes.

A peine a-t-elle disparu, qu'on voit s'avancer sur les vents du nord une colonie qui vient remplacer les voyageurs du midi, afin qu'il ne reste aucun vide dans nos campagnes. Par un temps grisâtre d'automne, lorsque la bise souffle sur les champs, que les bois perdent leurs dernières feuilles, une troupe de canards sauvages, tous rangés à la file, traversent en silence un ciel mélancolique. S'ils aperçoivent du haut des airs quelque manoir gothique environné d'étangs et de forêts, c'est là qu'ils se préparent à descendre : ils attendent la nuit, et font des évolutions au-dessus des bois. Aussitôt que la vapeur du soir enveloppe la vallée, le cou tendu et l'aile sifflante, ils s'abattent tout à coup sur les eaux, qui retentissent. Un cri général, suivi d'un profond silence, s'élève dans les marais. Guidés par une petite lumière, qui peut-être brille à l'étroite fenêtre d'une tour, les voyageurs s'approchent des murs à la faveur des roseaux et des ombres. Là, battant des ailes et poussant des cris par intervalles, au milieu du murmure des vents et des pluies, ils saluent l'habitation de l'homme.

Un des plus jolis habitants de ces retraites, mais dont les pèlerinages sont moins lointains, c'est la poule d'eau. Elle se montre au bord des joncs, s'enfonce dans leur labyrinthe, reparoît et disparoît encore en poussant un petit cri sauvage : elle se promène dans les fossés du château; elle aime à se percher sur les armoiries sculptées dans les murs. Quand elle s'y tient immobile, on la prendroit, avec son plumage noir et le cachet blanc de sa tête, pour un oiseau en blason tombé de l'écu d'un ancien chevalier. Aux approches du printemps, elle se retire à des sources écartées. Une racine de saule minée par les eaux lui offre un asile; elle s'y dérobe à tous les yeux. Le convolvulus, les mousses, les capillaires d'eau, suspendent devant son nid des draperies de verdure; le cresson et la lentille lui fournissent une nourriture délicate; l'eau murmure doucement à son oreille; de beaux insectes occupent ses regards; et les naïades du ruisseau, pour mieux cacher cette jeune mère, plantent autour d'elle leurs quenouilles de roseaux, chargées d'une laine empourprée.

Parmi ces passagers de l'aquilon, il s'en trouve qui s'habituent à nos mœurs, et refusent de retourner dans leur patrie : les uns, comme les compagnons d'Ulysse, sont captivés par la douceur de quelques fruits; les autres, comme les déserteurs du vaisseau de Cook, sont séduits par des enchanteresses qui les retiennent dans leurs îles. Mais la plupart nous quittent après un séjour de quelques mois : ils s'attachent aux vents et aux tempêtes qui ternissent l'éclat des flots, et leur livrent la proie qui leur échapperoit dans des eaux transparentes; ils n'aiment que les retraites ignorées, et font le tour de la terre par un cercle de solitudes.

Ce n'est pas toujours en troupes que ces oiseaux visitent nos demeures. Quelquefois deux beaux étrangers, aussi blancs que la neige, arrivent avec les frimas : ils descendent au milieu des bruyères, dans un lieu découvert, et dont on ne peut approcher sans être aperçu; après quelques heures de repos, ils remontent sur les nuages. Vous courez à l'endroit d'où ils sont partis, et vous n'y trouvez que quelques plumes, seules marques de leur passage, que le vent a déjà dispersées : heureux le favori des muses qui, comme le cygne, a quitté la terre sans y laisser d'autres débris et d'autres souvenirs que quelques plumes de ses ailes!

Des convenances pour les scènes de la nature, ou des rapports d'utilité pour l'homme, déterminent les différentes migrations des animaux. Les oiseaux qui paroissent dans les mois des tempêtes ont des voix tristes et des mœurs sauvages comme la saison qui les amène ; ils ne viennent point pour se faire entendre, mais pour écouter : il y a dans le sourd mugissement des bois quelque chose qui charme les oreilles. Les arbres qui balancent tristement leurs cimes dépouillées ne portent que de noires légions qui se sont associées pour passer l'hiver : elles ont leurs sentinelles et leurs gardes avancées ; souvent une corneille centenaire, antique sibylle du désert, se tient seule perchée sur un chêne avec lequel elle a vieilli : là, tandis que ses sœurs font silence, immobile et comme pleine de pensées, elle abandonne aux vents des monosyllabes prophétiques.

Il est remarquable que les sarcelles, les canards, les oies, les bécasses, les pluviers, les vanneaux, qui servent à notre nourriture, arrivent quand la terre est dépouillée : tandis que les oiseaux étrangers qui nous viennent dans la saison des fruits n'ont avec nous que des relations de plaisirs : ce sont des musiciens envoyés pour charmer nos banquets. Il en faut excepter quelques-uns, tels que la caille et le ramier, dont toutefois la chasse n'a lieu qu'après la récolte, et qui s'engraissent dans nos blés pour servir à notre table. Ainsi, les oiseaux du nord sont la manne des aquilons ; comme les rossignols sont les dons des zéphyrs : de quelque point de l'horizon que le vent souffle, il nous apporte un présent de la Providence.

CHAPITRE VIII.

OISEAUX DES MERS; COMMENT UTILES A L'HOMME.

QUE LES MIGRATIONS DES OISEAUX SERVOIENT DE CALENDRIER AUX LABOUREURS DANS LES ANCIENS JOURS.

Les oies, les sarcelles, les canards, étant de race domestique, habitent partout où il peut y avoir des hommes. Les navigateurs ont trouvé des bataillons innombrables de ces oiseaux jusque sous le pôle antarctique et sur les côtes de la Nouvelle-Zélande. Nous en avons rencontré nous-même des milliers depuis le golfe Saint-Laurent jusqu'à la pointe de l'isthme de la Floride. Nous vîmes un jour aux Açores une compagnie de sarcelles bleues, que la lassitude contraignit de s'abattre sur un figuier. Cet arbre n'avoit point de feuilles; mais il portoit des fruits rouges enchaînés deux à deux comme des cristaux. Quand il fut couvert de cette nuée d'oiseaux, qui laissoient pendre leurs ailes fatiguées, il offrit un spectacle singulier : les fruits paroissoient d'une pourpre éclatante sur les rameaux ombragés, tandis que l'arbre, par un prodige, sembloit avoir poussé tout à coup un feuillage d'azur.

Les oiseaux de mer ont des lieux de rendez-vous, où ils semblent délibérer en commun des affaires de leur république : c'est ordinairement un écueil au milieu des flots. Nous allions souvent nous asscoir, dans l'île Saint-Pierre [1], sur la côte opposée à une petite île que les habitants ont appelée *le Colombier*, parce qu'elle en a la forme, et qu'on y vient chercher des œufs au printemps.

La multitude des oiseaux rassemblés sur ce rocher étoit si grande, que souvent nous distinguions leurs cris pendant le mugissement des tempêtes. Ces oiseaux avoient des voix extraordinaires, comme celles qui sortoient des mers; si l'Océan a sa Flore, il a aussi sa Philomèle : lorsqu'au coucher du soleil, le courlis siffle sur la pointe d'un rocher, et que le bruit sourd des vagues l'accompagne, c'est une des harmonies les plus plaintives qu'on puisse entendre; jamais l'épouse de Céix n'a rempli de tant de douleurs les rivages témoins de ses infortunes.

Une parfaite intelligence régnoit dans la république du *Colombier*. Aussitôt qu'un citoyen étoit né, sa mère le précipitoit dans les vagues, comme ces peuples barbares qui plongeoient leurs enfants dans les fleuves, pour les endurcir contre les fatigues de la vie. Des courriers partoient sans cesse de cette Tyr avec des gardes nombreuses qui, par ordre de la Providence, se dispersoient sur les mers pour secourir les vaisseaux. Les uns se placent à quarante ou cinquante lieues d'une terre inconnue, et deviennent un indice certain pour le pilote qui les découvre flottants sur l'onde comme les bouées d'une ancre; d'autres se cantonnent sur un rescif, et, sentinelles vigilantes, élèvent pendant

---

[1] Ile à l'entrée du golfe Saint-Laurent, sur la côte de Terre-Neuve.

la nuit une voix lugubre, pour écarter les navigateurs ; d'autres encore, par la blancheur de leur plumage, sont de véritables phares sur la noirceur des rochers. Nous présumons que c'est pour la même raison que la bonté de Dieu a rendu l'écume des flots phosphorique, et toujours plus éclatante parmi les brisants, en raison de la violence de la tempête : beaucoup de vaisseaux périroient dans les ténèbres sans ces fanaux miraculeux allumés par la Providence sur les écueils.

Tous les accidents des mers, le flux et le reflux, le calme et l'orage, sont prédits par les oiseaux. La mauve descend sur une grève, retire son cou dans sa plume, cache une pate dans son duvet, et, se tenant immobile sur l'autre, avertit le pêcheur de l'instant où les vagues se lèvent ; l'alouette marine, qui court le long du flot en poussant un cri doux et triste, annonce au contraire le moment du reflux ; enfin, les procellaria s'établissent au milieu de l'Océan. Compagnes des mariniers, elles suivent la course des navires et prophétisent la tempête. Le matelot leur attribue quelque chose de sacré, et leur donne religieusement l'hospitalité quand le vent les jette à bord ; c'est de même que le laboureur respecte le rouge-gorge, qui lui prédit les beaux jours, et c'est ainsi qu'il les reçoit sous son toit de chaume pendant les rigueurs de l'hiver. Ces hommes malheureux, placés dans les deux conditions les plus dures de la vie, ont des amis que leur a préparés la Providence ; ils trouvent dans un être foible le conseil ou l'espérance, qu'ils chercheroient souvent en vain chez leurs semblables. Ce commerce de bienfaits entre de petits oiseaux et des hommes infortunés, est un de ces traits touchants qui abondent dans les œuvres de Dieu. Entre le rouge-gorge et le laboureur, entre la procellaria et le matelot, il y a une ressemblance de mœurs et de destinées tout-à-fait attendrissantes. Oh! que la nature est sèche, expliquée par des sophistes! mais combien elle paroît pleine et fertile aux cœurs simples qui n'en recherchent les merveilles que pour glorifier le Créateur!

Si le temps et le lieu nous le permettoient, nous aurions bien d'autres migrations à peindre, bien d'autres secrets de la Providence à révéler. Nous parlerions des grues des Florides, dont les ailes rendent des sons si harmonieux, et qui font de si beaux voyages au-dessus des lacs, des savanes, des cyprières, et des bocages d'orangers et de palmiers; nous montrerions le pélican des bois, visitant les morts de la solitude, ne s'arrêtant qu'aux cimetières indiens, et aux *monts* des tombeaux; nous rapporterions les raisons de ces migrations toujours relatives à l'homme; nous dirions les vents, les saisons que les oiseaux choisissent pour changer de climats, les aventures qu'ils éprouvent, les obstacles qu'ils ont à surmonter, les naufrages qu'ils font; comment ils abordent quelquefois, loin du pays qu'ils cherchent, sur des côtes inconnues; comment ils périssent en passant sur des forêts embrasées par la foudre, ou sur des plaines où les Sauvages ont mis le feu.

Dans les premiers âges du monde, c'étoit sur la floraison des plantes, sur la chute des feuilles, sur le départ et l'arrivée des oiseaux, que les laboureurs et les bergers régloient leurs travaux. De là l'art de la divination chez certains peuples : on supposa que des animaux qui prédisoient les saisons et les tempêtes ne pouvoient être que les interprètes de la Divinité. Les anciens naturalistes et les poëtes (à qui nous sommes redevables du peu de simplicité qui reste encore parmi nous) nous montrent combien étoit merveilleuse cette manière de compter par les fastes de la nature, et quel charme elle répandoit sur la vie. Dieu est un profond secret; l'homme, créé à son image, est pareillement incompréhensible : c'étoit donc une ineffable harmonie de voir les périodes de ses jours réglées par des horloges aussi mystérieuses que lui-même.

Sous les tentes de Jacob ou de Booz, l'arrivée d'un oiseau mettoit tout en mouvement; le patriarche faisoit le tour de son champ, à la tête de ses serviteurs armés de faucilles. Si le bruit se répandoit que les petits de l'alouette avoient été vus voltigeant, à cette grande nouvelle, tout un peuple, sur la foi de Dieu, commençoit avec joie la moisson. Ces aimables signes, en dirigeant les soins de la saison présente, avoient l'avantage de prédire les vicissitudes de la saison prochaine. Les oies et les sarcelles arrivoient-elles en abondance, on savoit que l'hiver seroit long. La corneille commençoit-elle à bâtir son nid au mois de janvier, les pasteurs espéroient en avril les roses de mai. Le mariage d'une jeune fille, au bord d'une fontaine, avoit tel rapport avec l'épanouissement d'une plante ; et les vieillards, qui meurent ordinairement en automne, tomboient avec les glands et les fruits mûrs. Tandis que le philosophe, tronquant ou allongeant l'année, promenoit l'hiver sur le gazon du printemps, le laboureur ne craignoit point que l'astronome qui lui venoit du ciel se trompât. Il savoit que le rossignol ne prendroit point le mois des frimas pour celui des fleurs, et ne feroit point entendre au solstice d'hiver les chansons de l'été. Aussi les soins, les jeux, les plaisirs de l'homme champêtre étoient déterminés non par le calendrier incertain d'un savant, mais par les calculs infaillibles de celui qui a tracé la route du soleil. Ce souverain Régulateur voulut lui-même que les fêtes de son culte fussent assujetties aux simples époques empruntées de ses propres ouvrages ; et, dans ces jours d'innocence, selon les saisons et les travaux, c'étoit la voix du zéphyr ou de la tempête, de l'aigle ou de la colombe, qui appeloit l'homme au temple du Dieu de la nature.

Nos paysans se servent encore quelquefois de ces tables charmantes, où sont gravés les temps des travaux rustiques. Les peuples de l'Inde en font le même usage, et les Nègres et les Sauvages américains gardent cette manière de compter. Un Siminole de la Floride vous dit : « La fille s'est mariée à l'arrivée du *colibri*. — L'enfant est mort quand la *non-pareille* a mué. — Cette mère a autant de fils qu'il y a d'œufs dans le nid du *pélican.* »

Les Sauvages du Canada marquent la sixième heure du soir par le moment où les ramiers boivent aux sources, et les Sauvages de la Louisiane par celui où l'*éphémère* sort des eaux. Le passage des divers oiseaux règle la saison des chasses ; et le temps des récoltes du maïs, du sucre d'érable, de la folle-avoine, est annoncé par certains animaux qui ne manquent jamais d'accourir à l'heure du banquet.

CHAPITRE IX.

SUITE DES MIGRATIONS.

QUADRUPÈDES.

Les migrations sont plus fréquentes dans la classe des poissons et des oiseaux que dans celle des quadrupèdes, à cause de la multiplicité des premiers, et de la facilité de leurs voyages, à travers deux éléments qui enveloppent la terre ; il n'y a d'étonnant que la manière dont ils abordent, sans s'égarer, aux rivages qu'ils cherchent. On conçoit qu'un animal, chassé par la faim, abandonne le pays qu'il habite, en quête de nourriture et d'abri ; mais conçoit-on que la *matière* le fasse aller *ici* plutôt que *là*, et le conduise, avec une exactitude miraculeuse, précisément au lieu où se trouvent cette nourriture et cet abri ? Pourquoi connoît-il les vents et les marées, les équinoxes et les solstices? Nous ne doutons point que, si les races voyageuses étoient un seul moment abandonnées à leur *propre instinct*, elles ne périssent presque toutes. Celles-ci, en voulant passer dans les latitudes froides, arriveroient sous les tropiques ; celles-là, en comptant se rendre à la ligne, se trouveroient sous le pôle. Nos rouges-gorges, au lieu de traverser l'Alsace et la Germanie, en cherchant de petits insectes, deviendroient eux-mêmes en Afrique la proie de quelque énorme scarabée ; le Groënlandois entendroit une plainte sortir des rochers, et verroit un oiseau grisâtre chanter et mourir : ce seroit la pauvre Philomèle.

Dieu ne permet pas de pareilles méprises. Tout a ses convenances et ses rapports dans la nature : aux fleurs les zéphyrs, aux hivers les tempêtes, au cœur de l'homme la douleur. Les plus habiles pilotes manqueront long-temps le port désiré, avant que le poisson se trompe sur la longitude du moindre des écueils de l'abîme : la Providence est son étoile polaire ; et, quelque part qu'il se dirige, il aperçoit toujours cet astre qui ne se couche jamais.

L'univers est comme une immense hôtellerie, où tout est sans cesse en mouvement. On en voit sortir, on y voit entrer une multitude de voyageurs. Il n'y a peut-être rien de plus beau, dans les migrations des quadrupèdes, que les voyages des bisons à travers les savanes de la Louisiane et du Nouveau-Mexique. Quand le temps de changer de climat est venu, pour aller porter l'abondance à des peuples sauvages, quelque buffle, conducteur des troupeaux du désert, appelle autour de lui ses fils et ses filles. Le rendez-vous est au bord du Meschacebé ; l'instant de la marche est fixé vers la fin du jour. La troupe s'assemble, le moment arrive. Le chef, secouant sa crinière, qui pend de toutes parts sur ses yeux et ses cornes recourbées, salue le soleil couchant en baissant la tête, et en élevant son dos comme une montagne; un bruit sourd, signal du départ, sort en même temps de sa profonde poitrine, et tout à coup il plonge dans les vagues écumantes, suivi de la multitude des génisses et des taureaux qui mugissent d'amour après lui.

Tandis que cette puissante famille de quadrupèdes traverse à grand bruit les fleuves et les forêts, une flotte paisible, sur un lac solitaire, vogue en silence à la faveur des zéphyrs, et à la clarté des étoiles. De petits écureuils noirs, après avoir dépouillé les noyers du voisinage, se sont résolus à chercher fortune, et à s'embarquer pour une autre forêt. Aussitôt, élevant leurs queues, et déployant au vent cette voile de soie, la race hardie tente fièrement l'inconstance des ondes, pirates imprudents, que l'amour des richesses transporte. La tempête se lève, la flotte va périr. Elle essaie de gagner le havre prochain ; mais quelquefois une armée de castors s'oppose à la descente, dans la crainte que ces étrangers ne viennent piller les moissons. En vain les légers escadrons débarqués sur la rive se sauvent en montant sur les arbres, et insultent du haut de ces remparts à la marche pesante des ennemis. Le génie l'emporte sur la ruse : des sapeurs s'avancent, minent le chêne, et le font tomber avec tous ses écureuils, comme une tour chargée de soldats, abattue par le bélier antique.

Il arrive bien d'autres malheurs à nos aventuriers, qui s'en consolent avec quelques fruits et quelques jeux : Athènes, prise par les Lacédémoniens, n'en fut ni moins aimable ni moins frivole. En remontant la rivière du nord, sur le paquebot de New-York à Albany, nous vîmes un de ces infortunés qui essayoit inutilement de traverser le fleuve. On le retira de l'eau demi-noyé ; il étoit charmant, d'un noir d'ébène, et sa queue avoit deux fois la longueur de son corps ; il fut rendu à la vie, mais il perdit la liberté : une jeune passagère en fit son esclave.

Les rennes du nord de l'Europe, les caribous et les originaux de l'Amérique septentrionale ont leur temps de migrations, toujours correspondant aux besoins de l'homme. Il n'y a pas jusqu'aux ours blancs de Terre-Neuve, dont la fourrure est si nécessaire aux Esquimaux, qui ne soient envoyés à ces Sauvages par une Providence miraculeuse. Ces monstres marins abordent aux côtes du Labrador, sur des glaces flottantes, ou sur des débris de navires, où ils se tiennent comme de forts matelots sauvés du naufrage.

Les éléphants voyagent aussi en Asie ; la terre tremble sous leurs pas ; et cependant il n'y a rien à craindre : chaste, intelligent, sensible, Béhmot est doux, parce qu'il est fort, paisible, parce qu'il est puissant. Premier serviteur de l'homme, et non son esclave, il tient le second rang dans l'ordre de la création : après la chute originelle, les animaux s'éloignèrent du toit de l'homme; mais on pourroit croire que les éléphants, naturellement généreux, se retirèrent avec le plus de regret, car ils sont toujours restés aux environs du berceau du monde. Ils sortent de temps en temps de leur désert, et s'avancent vers un pays habité, afin de remplacer leurs compagnons morts, sans se reproduire, au service des fils d'Adam [1].

---

[1] Les plumes éloquentes qui ont décrit les mœurs de ces animaux nous dispensent de nous étendre sur ce sujet. Nous dirons seulement que les éléphants ne nous paroissent d'une structure si étrange que parce que nous les voyons séparés des végétaux, des sites, des eaux, des montagnes, des couleurs, de la lumière, des ombres et des cieux qui leur sont propres. Les productions de nos latitudes, mesurées sur une petite échelle, les formes généralement rondes des objets, la finesse de nos herbes, la dentelure légère de nos feuillages, l'élégance du port de nos arbres, nos jours trop pâles, nos nuits trop fraîches, les teintes trop fuyardes de nos verdures, enfin la couleur même, le vêtement, l'architecture de l'Européen, n'ont aucune concordance avec l'éléphant. Si les voyageurs observoient plus exactement, nous saurions comment ce quadrupède se marie à la nature qui le produit. Pour nous, nous croyons entrevoir quelques-unes de ces relations. La trompe de l'éléphant, par exemple, a des rapports marqués avec les cierges, les aloès, les lianes, les rotins, et, dans le règne animal, avec les longs serpents des Indes; ses oreilles sont taillées comme les feuilles du figuier oriental; sa peau est écailleuse, molle, et pourtant rigide comme la bourre qui enveloppe une partie du tronc du palmier, ou plutôt comme la filasse ligneuse du coco; beaucoup de plantes grasses des tropiques s'appuient sur la terre comme ses pieds, et en ont la forme lourde et carrée; son cri est à la fois grêle et fort comme celui du Cafre, ou comme le cri de guerre du Cipaye. Lorsque, couvert de riches tapis, chargé d'une tour, semblable aux minarets d'une pagode, l'éléphant apporte quelque pieux monarque aux débris de ces temples qu'on

CHAPITRE X.

AMPHIBIES ET REPTILES.

On trouve au pied des monts Apalaches, dans les Florides, des fontaines qu'on appelle *puits naturels*. Chaque puits est creusé au centre d'un monticule planté d'orangers, de chênes-verts et de catalpas. Ce monticule s'ouvre en forme de croissant, du côté de la savane, et un courant d'eau sort du puits par cette ouverture. Les arbres, en s'inclinant sur la fontaine, rendent sa surface toute noire au-dessous; mais à l'endroit où le courant d'eau s'échappe de la base du cône, un rayon du jour, pénétrant par le lit du canal, tombe sur un seul point du miroir de la fontaine, qui imite l'effet de la glace dans la *chambre obscure* du peintre. Cette charmante retraite est ordinairement habitée par un énorme crocodile qui se tient immobile au milieu du bassin[1] : à son écaille verdoyante, à ses larges naseaux qui lancent les ondes en deux ellipses colorées, vous le prendriez pour un dragon de bronze dans quelque grotte des bosquets de Versailles.

trouve dans la presqu'île des Indes, la colonne de ses pieds, sa figure irrégulière, sa pompe barbare, s'allient avec cette architecture colossale formée de quartiers de roches entassés les uns sur les autres : la bête et le monument en ruine semblent être deux restes du temps des géants.

[1] Voyez BARTRAM, *Voyage dans les Carolines et dans les Florides*.

Les crocodiles ou caïmans des Florides ne vivent pas toujours solitaires. Dans certain temps de l'année, ils s'assemblent en troupes et se mettent en embuscade pour attaquer des voyageurs qui doivent arriver de l'Océan. Lorsque ceux-ci ont remonté les fleuves, que l'eau manque à leur multitude, qu'ils meurent échoués sur les rivages et menacent de répandre la peste dans l'air, la Providence les livre tout à coup à une armée de quatre ou cinq mille crocodiles. Les monstres, poussant un cri et faisant claquer leurs mâchoires, fondent sur les étrangers. Bondissant de toutes parts, les combattants se joignent, se saisissent, s'entrelacent. Ils se plongent au fond des gouffres, se roulent dans les limons, remontent à la surface de l'eau. Le fleuve taché de sang se couvre de corps mutilés et d'entrailles fumantes. Rien ne peut donner une idée de ces scènes extraordinaires, décrites par les voyageurs, et que le lecteur est toujours tenté à prendre pour de vaines exagérations [1].

Rompues, dispersées, pleines d'épouvante, les légions étrangères, poursuivies jusqu'à l'Océan, sont forcées de rentrer dans les abîmes, afin que, désormais utiles à nos besoins, elles nous servent sans nous nuire [2].

Ces espèces de monstres ont quelquefois révolté la sagesse de l'athée; ils sont pourtant nécessaires dans le plan général. Ils n'habitent que les déserts

---

[1] Voyez Bartram, au *Voyage* cité.

[2] Les immenses avantages que l'homme tire des migrations des poissons sont si connus que nous ne nous y arrêtons pas.

où l'absence de l'homme commande leur présence ; ils y sont placés pour détruire, jusqu'à l'arrivée du grand destructeur. Aussitôt que nous apparoissons sur une côte, ils nous cèdent l'empire, certains qu'un seul de nous fera plus de ravages que dix mille d'entre eux[1].

Et pourquoi Dieu fait-il des êtres superflus qui obligent ensuite à des destructions ? Par la raison que Dieu n'agit pas comme nous d'une manière bornée ; il se contente de dire : *Croissez et multipliez* ; et l'infini est dans ces deux mots. Dorénavant, pour être sage, il faudra peut-être que la Divinité soit médiocre ; l'infini sera un attribut que nous lui retrancherons : tout ce qui sera immense sera rejeté. Nous dirons : « Cela est de trop dans la nature ; » parce que notre esprit ne pourra le comprendre. Et que si Dieu s'avise de placer plus d'un certain nombre de soleils dans la voûte céleste, nous tiendrons l'excédant comme non avenu ; et, en conséquence de cette prodigalité d'univers, nous déclarerons le Créateur convaincu de folie et d'impuissance.

Considérés en eux-mêmes, quelle que soit la difformité de ces êtres que nous appelons des monstres, on peut encore reconnoître, sous leurs horribles traits, quelques marques de la bonté divine. Un crocodile, un serpent, ne sont pas moins tendres pour leurs petits qu'un rossignol, une

---

[1] On a observé que dans les Carolines, où les caïmans ont été détruits, les rivières sont souvent infectées par la multitude des poissons qui remontent de l'Océan, et qui meurent, faute d'eau, pendant les jours caniculaires.

colombe. C'est d'abord un contraste miraculeux et touchant de voir un crocodile bâtir un nid et pondre un œuf comme une poule, et un petit monstre sortir d'une coquille comme un poussin. La femelle du crocodile montre ensuite pour sa famille la plus tendre sollicitude. Elle se promène entre les nids de ses sœurs, qui forment des cônes d'œufs et d'argile, et qui sont rangés comme les tentes d'un camp au bord d'un fleuve. L'amazone fait une garde vigilante, et laisse agir les feux du jour; car, si la délicate affection de la mère est comme représentée par l'œuf du crocodile, la force et les mœurs de ce puissant animal se peignent, pour ainsi dire, dans le soleil qui couve cet œuf et dans le limon qui lui sert de levain. Aussitôt qu'une des meules a germé, la femelle prend sous sa protection les monstres naissants : ce ne sont pas toujours ses propres fils; mais elle fait, par ce moyen, l'apprentissage de la maternité, et rend son habileté égale à ce que sera sa tendresse. Quand enfin sa famille vient à éclore, elle la conduit au fleuve, la lave dans une eau pure, lui apprend à nager, pêche pour elle de petits poissons, et la protége contre les mâles, qui veulent souvent la dévorer.

Un Espagnol des Florides nous a conté qu'ayant enlevé la couvée d'un crocodile, et la faisant emporter dans un panier par des Nègres, la femelle le suivit avec des cris pitoyables. On posa deux des petits à terre : la mère aussitôt se mit à les pousser avec ses mains et son museau, tantôt se tenant derrière eux pour les défendre, tantôt marchant à leur tête pour leur montrer le chemin. Les petits se traînoient, en gémissant, sur les traces de leur mère, et ce reptile énorme, qui naguère ébranloit le rivage de ses rugissements, faisoit alors entendre une sorte de bêlement aussi doux que celui d'une chèvre qui allaite ses chevreaux.

Le serpent à sonnettes le dispute au crocodile en affection maternelle : ce reptile, qui donne aux hommes des leçons de générosité[1], leur en donne encore de tendresse. Quand sa famille est poursuivie, il la reçoit dans sa gueule[2] : peu content des lieux où il la pourroit cacher, il la fait rentrer en lui, ne trouvant point pour des enfants d'asile plus sûr que le sein d'une mère. Exemple d'un dévouement sublime, il ne survit point à la perte de ses petits; car, pour les lui ravir, il faut les arracher de ses entrailles.

Parlerons-nous du poison de ce serpent, toujours plus violent au temps où il a une famille? Raconterons-nous la tendresse de l'ours, qui, semblable à la femme sauvage, pousse l'amour maternel jusqu'à allaiter ses enfants après leur mort[3]?

Qu'on suive ces prétendus monstres dans leurs instincts; qu'on étudie leurs formes, leurs armures; qu'on fasse attention à l'anneau qu'ils occupent dans la chaîne de la création; qu'on les examine dans leurs propres rapports et dans ceux qu'ils ont avec l'homme, nous osons assurer que les causes

[1] Il n'attaque jamais le premier.
[2] Voyez les *Voyages de Carver* (*Carver's Travels*) dans le Canada.
[3] Voyez les *Voyages de Cook*.

finales sont peut-être plus visibles dans cette classe d'êtres qu'elles ne le sont dans les espèces plus favorisées de la nature : de même que dans un ouvrage barbare les traits de génie brillent davantage au milieu des ombres qui les environnent.

L'objection que l'on fait contre les lieux que ces monstres habitent ne nous paroît pas mieux fondée. Les marais, tout nuisibles qu'ils semblent, ont cependant de grandes utilités. Ce sont les urnes des fleuves dans les pays de plaines, et les réservoirs des pluies dans les contrées éloignées de la mer. Leur limon et les cendres de leurs herbes fournissent des engrais aux laboureurs; leurs roseaux donnent le feu et le toit à de pauvres familles; frêle couverture, en harmonie avec la vie de l'homme, et qui ne dure pas plus que nos jours.

Ces lieux ont même une certaine beauté qui leur est propre : frontière de la terre et de l'eau; ils ont des végétaux, des sites et des habitants particuliers : tout y participe du mélange des deux éléments. Les glaïeuls tiennent le milieu entre l'herbe et l'arbuste, entre le poireau des mers et la plante terrestre; quelques-uns des insectes fluviatiles ressemblent à de petits oiseaux : quand la *demoiselle*, avec son corsage bleu et ses ailes transparentes, se repose sur la fleur du nénuphar blanc, on croiroit voir l'oiseau-mouche des Florides sur une rose de magnolia. En automne, ces marais sont plantés de joncs desséchés, qui donnent à la stérilité même l'air des plus opulentes moissons; au printemps, ils présentent des bataillons de lances verdoyantes. Un bouleau, un saule isolé où la brise a suspendu quelques flocons de plumes, domine ces mouvantes campagnes; le vent glissant sur ces roseaux incline tour à tour leurs cimes : l'une s'abaisse, tandis que l'autre se relève; puis soudain, toute la forêt venant à se courber à la fois, on découvre ou le butor doré, ou le héron blanc, qui se tient immobile sur une longue pate comme sur un épieu.

CHAPITRE XI.

DES PLANTES ET DE LEURS MIGRATIONS.

Nous entrons à présent dans ce règne où les merveilles de la nature prennent un caractère plus riant et plus doux. En s'élevant dans les airs et sur le sommet des monts, on diroit que les plantes empruntent quelque chose du ciel, dont elles se rapprochent. On voit souvent par un profond calme, au lever de l'aurore, les fleurs d'une vallée immobiles sur leurs tiges; elles se penchent de diverses manières, et regardent tous les points de l'horizon. Dans ce moment même où il semble que tout est tranquille, un mystère s'accomplit : la nature conçoit; et ces plantes sont autant de jeunes mères tournées vers la région mystérieuse d'où leur doit venir la fécondité. Les sylphes ont des sympathies moins aériennes, des communications moins invisibles : le narcisse livre aux ruisseaux sa race virginale, la violette confie aux zéphyrs sa modeste postérité, une abeille cueille du miel de fleurs en fleurs; et, sans le savoir, féconde toute une prairie : un papillon porte un peuple entier sur son aile. Cependant les amours des plantes ne sont pas également tranquilles; il en est d'orageuses comme celles des hommes : il faut des tempêtes pour marier sur des hauteurs inaccessibles le cèdre du Liban au cèdre du Sinaï, tandis qu'au bas de la montagne, le plus doux vent suffit pour établir entre les fleurs un commerce de volupté. N'est-ce pas ainsi que le souffle des passions agite les rois de la terre sur leurs trônes, tandis que les bergers vivent heureux à leurs pieds?

La fleur donne le miel : elle est la fille du matin, le charme du printemps, la source des parfums, la grâce des vierges, l'amour des poëtes : elle passe vite comme l'homme, mais elle rend doucement ses feuilles à la terre. Chez les anciens, elle couronnoit la coupe du banquet et les cheveux blancs du sage; les premiers chrétiens en couvroient les martyrs et l'autel des catacombes; aujourd'hui, et en mémoire de ces antiques jours, nous la mettons dans nos temples. Dans le monde, nous attribuons nos affections à ses couleurs : l'espérance à sa verdure, l'innocence à sa blancheur, la pudeur à ses teintes de rose : il y a des nations entières où elle est l'interprète des sentiments; livre charmant qui ne renferme aucune erreur dangereuse, et ne garde que l'histoire fugitive des révolutions du cœur!

En mettant les sexes sur des individus différents

dans plusieurs familles de plantes, la Providence a multiplié les mystères et les beautés de la nature. Par-là, la loi des migrations se reproduit dans un règne qui sembloit dépourvu de toute faculté de se mouvoir. Tantôt c'est la graine ou le fruit, tantôt c'est une portion de la plante ou même la plante entière qui voyage. Les cocotiers croissent souvent sur des rochers au milieu de la mer : quand la tempête survient, leurs fruits tombent, et les flots les roulent à des côtes habitées, où ils se transforment en beaux arbres ; symbole de la vertu qui s'élève sur des écueils exposés aux orages : plus elle est battue des vents, plus elle prodigue de trésors aux hommes.

On nous a montré au bord de l'*Yar*, petite rivière du comté de Suffolk en Angleterre, une espèce de cresson fort curieux : il change de place, et s'avance comme par bonds et par sauts. Il porte plusieurs chevelus dans ses cimes ; lorsque ceux qui se trouvent à l'une des extrémités de la masse sont assez longs pour atteindre au fond de l'eau, ils y prennent racine. Tirées par l'action de la plante qui s'abaisse sur son nouveau pied, les griffes du côté opposé lâchent prise, et la cressonnière, tournant sur son pivot, se déplace de toute la longueur de son banc. Le lendemain on cherche la plante dans l'endroit où on l'a laissée la veille, et on l'aperçoit plus haut ou plus bas sur le cours de l'onde, formant, avec le reste des familles fluviatiles, de nouveaux effets et de nouvelles harmonies. Nous n'avons vu ni la floraison ni la fructification de ce cresson singulier, que nous avons nommé MIGRATOR, *voyageur*, à cause de nos propres destinées.

Les plantes marines sont sujettes à changer de climat; elles semblent partager l'esprit d'aventure de ces peuples insulaires, que leur position géographique a rendus commerçants. Le *fucus giganteus* sort des antres du Nord, avec les tempêtes; il s'avance sur la mer, en enfermant dans ses bras des espaces immenses. Comme un filet tendu de l'un à l'autre rivage de l'Océan, il entraîne avec lui les moules, les phoques, les raies, les tortues qu'il prend sur sa route. Quelquefois, fatigué de nager sur les vagues, il allonge un pied au fond de l'abîme, et s'arrête debout; puis, recommençant sa navigation avec un vent favorable, après avoir flotté sous mille latitudes diverses, il vient tapisser les côtes du Canada des guirlandes enlevées aux rochers de la Norwège.

Les migrations des plantes marines, qui, au premier coup d'œil, ne paroissent que de simples jeux du hasard, ont cependant des relations touchantes avec l'homme.

En nous promenant un soir à Brest, au bord de la mer, nous aperçûmes une pauvre femme qui marchoit courbée entre des rochers; elle considéroit attentivement les débris d'un naufrage, et surtout les plantes attachées à ces débris, comme si elle eût cherché à deviner, par leur plus ou moins de vieillesse, l'époque certaine de son malheur Elle découvrit sous des galets une de ces boîtes de matelot qui servent à mettre des flacons. Peut-être l'avoit-elle remplie elle-même autrefois, pour son époux, de cordiaux achetés du fruit de ses épargnes : du moins nous le jugeâmes ainsi, car elle se prit à essuyer ses larmes avec le coin de son tablier. Des mousserons de mer remplaçoient maintenant ces présents de sa tendresse. Ainsi, tandis que le bruit du canon apprend aux grands le naufrage des grands du monde, la Providence, annonçant aux mêmes bords quelque deuil aux petits et aux foibles, leur dépêche secrètement quelques brins d'herbe et un débris.

CHAPITRE XII.

DEUX PERSPECTIVES DE LA NATURE.

Ce que nous venons de dire des animaux et des plantes nous mène à considérer les tableaux de la nature sous un rapport plus général. Tâchons de faire parler ensemble ces merveilles, qui, prises séparément, nous ont déjà dit tant de choses de la Providence.

Nous présenterons aux lecteurs deux perspectives de la nature, l'une marine et l'autre terrestre; l'une au milieu des mers Atlantiques, l'autre dans les forêts du Nouveau-Monde, afin qu'on ne puisse attribuer la majesté de ces scènes aux monuments des hommes.

Le vaisseau sur lequel nous passions en Amérique s'étant élevé au-dessus du gisement des terres, bientôt l'espace ne fut plus tendu que du double azur de la mer et du ciel, comme une toile préparée pour recevoir les futures créations de quelque grand peintre. La couleur des eaux devint semblable à celle du verre liquide. Une grosse houle venoit du couchant, bien que le vent soufflât de l'est; d'énormes ondulations s'étendoient du nord au midi, et ouvroient dans leurs vallées de longues échappées de vue sur les déserts de l'Océan. Ces mobiles paysages changeoient d'aspect à toute minute : tantôt une multitude de tertres verdoyants représentoient des sillons de tombeaux dans un cimetière immense; tantôt des lames, en faisant moutonner leurs cimes, imitoient des troupeaux blancs répandus sur des bruyères : souvent l'espace sembloit borné, faute de point de comparaison; mais si une vague venoit à se lever, un flot à se courber comme une côte lointaine, un escadron de chien de mer à passer à l'horizon, l'espace s'ouvroit subitement devant nous. On avoit surtout l'idée de l'étendue lorsqu'une brume légère rampoit à la surface de la mer, et sembloit accroître l'immensité même. Oh! qu'alors les aspects de l'Océan sont grands et tristes! Dans quelles rêveries ils vous plongent, soit que l'imagination s'enfonce sur les mers du Nord au milieu des frimas et des tempêtes, soit qu'elle aborde sur les mers du Midi à des îles de repos et de bonheur!

Il nous arrivoit souvent de nous lever au milieu de la nuit et d'aller nous asseoir sur le pont, où nous ne trouvions que l'officier de quart et quelques matelots qui fumoient leur pipe en silence.

Pour tout bruit on entendoit le froissement de la proue sur les flots, tandis que les étincelles de feu couroient avec une blanche écume le long des flancs du navire. Dieu des chrétiens! c'est surtout dans les eaux de l'abîme et dans les profondeurs des cieux que tu as gravé bien fortement les traits de ta toute-puissance! Des millions d'étoiles rayonnant dans le sombre azur du dôme céleste, la lune au milieu du firmament, une mer sans rivage, l'infini dans le ciel et sur les flots! Jamais tu ne m'as plus troublé de ta grandeur que dans ces nuits où, suspendu entre les astres et l'Océan, j'avois l'immensité sur ma tête et l'immensité sous mes pieds!

Je ne suis rien; je ne suis qu'un simple solitaire; j'ai souvent entendu les savants disputer sur le premier Être, et je ne les ai point compris : mais j'ai toujours remarqué que c'est à la vue des grandes scènes de la nature que cet Être inconnu se manifeste au cœur de l'homme. Un soir (il faisoit un profond calme) nous nous trouvions dans ces belles mers qui baignent les rivages de la Virginie; toutes les voiles étoient pliées; j'étois occupé sous le pont, lorsque j'entendis la cloche qui appeloit l'équipage à la prière : je me hâtai d'aller mêler mes vœux à ceux de mes compagnons de voyage. Les officiers étoient sur le château de poupe avec les passagers; l'aumônier, un livre à la main, se tenoit un peu en avant d'eux; les matelots étoient répandus pêle-mêle sur le tillac : nous étions tous debout, le visage tourné vers la proue du vaisseau, qui regardoit l'occident.

Le globe du soleil, prêt à se plonger dans les flots, apparoissoit entre les cordages du navire au milieu des espaces sans bornes. On eût dit, par les balancements de la poupe, que l'astre radieux changeoit à chaque instant d'horizon. Quelques nuages étoient jetés sans ordre dans l'orient, où la lune montoit avec lenteur; le reste du ciel étoit pur : vers le nord, formant un glorieux triangle avec l'astre du jour et celui de la nuit, une trombe, brillante des couleurs du prisme, s'élevoit de la mer comme un pilier de cristal supportant la voûte du ciel.

Il eût été bien à plaindre, celui qui, dans ce spectacle, n'eût point reconnu la beauté de Dieu. Des larmes coulèrent malgré moi de mes paupières, lorsque mes compagnons, ôtant leurs chapeaux goudronnés, vinrent à entonner d'une voix rauque leur simple cantique à *Notre-Dame-de-Bon-Secours*, patronne des mariniers. Qu'elle étoit touchante, la prière de ces hommes qui, sur une planche fragile, au milieu de l'Océan, contemploient le soleil couchant sur les flots! Comme elle alloit à l'âme, cette invocation du pauvre matelot à la Mère de Douleur! La conscience de notre petitesse à la vue de l'infini, nos chants s'étendant au loin sur les vagues, la nuit s'approchant avec ses embûches, la merveille de notre vaisseau au milieu de tant de merveilles, un équipage religieux saisi d'admiration et de crainte, un prêtre auguste en prières, Dieu penché sur l'abîme, d'une main retenant le soleil aux portes de l'occident, de l'autre élevant la lune dans l'orient, et prêtant, à travers l'immensité, une oreille attentive à la voix de sa créature : voilà ce qu'on ne sauroit peindre, et ce que tout le cœur de l'homme suffit à peine pour sentir.

Passons à la scène terrestre.

Un soir je m'étois égaré dans une forêt, à quelque distance de la cataracte de Niagara; bientôt je vis le jour s'éteindre autour de moi, et je goûtai, dans toute sa solitude, le beau spectacle d'une nuit dans les déserts du Nouveau-Monde.

Une heure après le coucher du soleil, la lune se montra au-dessus des arbres à l'horizon opposé. Une brise embaumée, que cette reine des nuits amenoit de l'orient avec elle, sembloit la précéder dans les forêts comme sa fraîche haleine. L'astre solitaire monta peu à peu dans le ciel : tantôt il suivoit paisiblement sa course azurée; tantôt il reposoit sur des groupes de nues qui ressembloient à la cime de hautes montagnes couronnées de neige. Ces nues, ployant et déployant leurs voiles, se dérouloient en zones diaphanes de satin blanc, se dispersoient en légers flocons d'écume, ou formoient dans les cieux des bancs d'une ouate éblouissante, si doux à l'œil, qu'on croyoit ressentir leur mollesse et leur élasticité.

La scène sur la terre n'étoit pas moins ravissante : le jour bleuâtre et velouté de la lune descendoit dans les intervalles des arbres, et poussoit des gerbes de lumière jusque dans l'épaisseur des plus profondes ténèbres. La rivière qui couloit à mes pieds tour à tour se perdoit dans le bois, tour à tour reparoissoit brillante des constellations de la nuit, qu'elle répétoit dans son sein. Dans une savane, de l'autre côté de la rivière, la clarté de la lune dormoit sans mouvement sur les gazons : des bouleaux agités par les brises et dispersés çà et là formoient des îles d'ombres flottantes sur cette mer immobile de lumière. Auprès, tout auroit été silence et repos, sans la chute de quelques feuilles, le passage d'un vent subit, le gémissement de la hulotte ; au loin, par intervalles, on entendoit les sourds mugissements de la cataracte du Niagara, qui, dans le calme de la nuit, se prolongeoient de désert en désert, et expiroient à travers les forêts solitaires.

La grandeur, l'étonnante mélancolie de ce tableau, ne sauroient s'exprimer dans les langues humaines ; les plus belles nuits en Europe ne peuvent en donner une idée. En vain dans nos champs cultivés l'imagination cherche à s'étendre ; elle rencontre de toutes parts les habitations des hommes : mais dans ces régions sauvages l'âme se plaît à s'enfoncer dans un océan de forêts, à planer sur le gouffre des cataractes, à méditer au bord des lacs et des fleuves, et, pour ainsi dire, à se trouver seule devant Dieu.

CHAPITRE XIII.

L'HOMME PHYSIQUE.

Pour achever ces vues des causes finales, ou des preuves de l'existence de Dieu, tirées des merveilles de la nature, il ne nous reste plus qu'à considérer l'homme *physique*. Nous laisserons parler les maîtres qui ont approfondi cette matière.

Cicéron décrit ainsi le corps de l'homme :

A l'égard des sens [1], par qui les objets extérieurs viennent à la connoissance de l'âme, leur structure répond merveilleusement à leur destination, et ils ont leur siége dans la tête comme dans un lieu fortifié. Les yeux, ainsi que des sentinelles, occupent la place la plus élevée, d'où ils peuvent, en découvrant les objets, faire leur charge. Un lieu éminent convenoit aux oreilles, parce qu'elles sont destinées à recevoir le son, qui monte naturellement. Les narines devoient être dans la même situation, parce que l'odeur monte aussi; et il les falloit près de la bouche, parce qu'elles nous aident beaucoup à juger du boire et du manger. Le goût, qui doit nous faire sentir la qualité de ce que nous prenons, réside dans cette partie de la bouche, par où la nature donne passage au solide et au liquide. Pour le tact, il est généralement répandu dans tout le corps, afin que nous ne puissions recevoir aucune impression, ni être attaqués du froid ou du chaud sans

---

[1] *De Nat. Deor.*, II, 56, 57 et 58, trad. de d'Olivet.

le sentir. Et comme un architecte ne mettra point sous les yeux ni sous le nez du maître les égouts d'une maison, de même la nature a éloigné de nos sens ce qu'il y a de semblable à cela dans le corps humain.

Mais quel autre ouvrier que la nature, dont l'adresse est incomparable, pourroit avoir si artistement formé nos sens? Elle a entouré les yeux de tuniques fort minces, transparentes en avant, afin que l'on pût voir à travers; fermes dans leur tissure, afin de tenir les yeux en état. Elle les a faits glissants et mobiles pour leur donner moyen d'éviter ce qui pourroit les offenser, et de porter aisément leurs regards où ils veulent. Là prunelle, où se réunit ce qui fait la force de la vision, est si petite, qu'elle se dérobe sans peine à ce qui seroit capable de lui faire mal. Les paupières, qui sont les couvertures des yeux, ont une surface polie et douce pour ne point les blesser. Soit que la peur de quelque accident oblige à les fermer, soit qu'on veuille les ouvrir, le paupières sont faites pour s'y prêter, et l'un ou l'autre de ces mouvements ne leur coûte qu'un instant; elles sont, pour ainsi dire, fortifiées d'une palissade de poils qui leur sert à repousser ce qui viendroit attaquer les yeux quand ils sont ouverts, et à les envelopper, afin qu'ils reposent paisiblement, quand le sommeil les ferme et nous les rend inutiles. Nos yeux ont, de plus, l'avantage d'être cachés et défendus par des éminences; car, d'un côté, pour arrêter la sueur qui coule de la tête et du front, ils ont le haut des sourcils; et de l'autre, pour se garantir par le bas, ils ont les joues, qui avancent un peu. Le nez est placé entre les deux comme un mur de séparation.

Quant à l'ouïe, elle demeure toujours ouverte, parce que nous en avons toujours besoin, même en dormant.

Si quelque son la frappe alors, nous en sommes réveillés. Elle a des conduits tortueux, de peur que, s'ils étoient droits et unis, quelque chose ne s'y glissât...

Mais nos mains, de quelle commodité ne sont-elles pas, et de quelle utilité dans les arts? Les doigts s'allongent ou se plient sans la moindre difficulté, tant leurs jointures sont flexibles. Avec leur secours, les mains usent du pinceau et du ciseau; elles jouent de la lyre, de la flûte : voilà pour l'agréable. Pour le nécessaire, elles cultivent les champs, bâtissent des maisons, font des étoffes, des habits, travaillent en cuivre, en fer. L'esprit invente, les sens examinent, la main exécute; tellement que si nous sommes logés, si nous sommes vêtus et à couvert, si nous avons des villes, des murs, des habitations, des temples, c'est aux mains que nous les devons, etc.

Il faut convenir que la matière seule n'a pas plus fait le corps de l'homme pour tant de fins admirables, que ce beau discours de l'orateur romain n'a été composé par un écrivain sans éloquence et sans art [1].

Plusieurs auteurs ont prouvé, et en particulier le médecin Nieuwentyt [2], que les bornes dans lesquelles nos sens sont renfermés sont les véritables

---

[1] Cicéron a pris dans Aristote ce qu'il dit du service de la main. En combattant la philosophie d'Anaxagore, le Stagyrite observe, avec sa sagacité accoutumée, que l'homme n'est pas supérieur aux animaux parce qu'il a une main, mais qu'il a une main parce qu'il est supérieur aux animaux. (*De Part. Anim.*, lib. III, cap. x.) Platon cite aussi la structure du corps humain comme une preuve de l'intelligence divine (*in Tim.*), et Job a quelques versets sublimes sur le même sujet.

[2] *Exist. de Dieu*, liv. I, ch. XIII, pag. 131.

limites qui leur conviennent, et que nous serions exposés à une foule d'inconvénients et de dangers si ces sens avoient plus ou moins d'étendue[1]. Galien, saisi d'admiration au milieu d'une analyse anatomique du corps humain, laisse échapper le scalpel et s'écrie :

O toi qui nous as faits! en composant un discours si saint, je crois chanter un véritable hymne à ta gloire! Je t'honore plus en découvrant la beauté de tes ouvrages qu'en te sacrifiant des hécatombes entières de taureaux, ou en faisant fumer tes temples de l'encens le plus précieux. La véritable piété consiste à me connoître moi-même, ensuite à enseigner aux autres quelle est la grandeur de ta bonté, de ton pouvoir, de ta sagesse. Ta bonté se montre dans l'égale distribution de tes présents, ayant réparti à chaque homme les organes qui lui sont nécessaires; ta sagesse se voit dans l'excellence de tes dons, et ta puissance dans l'exécution de tes desseins [2].

CHAPITRE XIV.

INSTINCT DE LA PATRIE.

De même que nous avons considéré les instincts des animaux, il nous faut dire quelque chose de ceux de l'homme *physique;* mais comme il réunit en lui les sentiments des diverses races de la créa-

[1] Voyez la note M, à la fin du volume.
[2] GAL., *de Usu part.*, lib. III, cap. x.

tion, tels que la tendresse paternelle, etc., il faut en choisir un qui lui soit particulier.

Or, cet instinct affecté à l'homme, le plus beau, le plus moral des instincts, c'est *l'amour de la patrie*. Si cette loi n'étoit soutenue par un miracle toujours subsistant, et auquel, comme à tant d'autres, nous ne faisons aucune attention, les hommes se précipiteroient dans les zones tempérées, en laissant le reste du globe désert. On peut se figurer quelles calamités résulteroient de cette réunion du genre humain sur un seul point de la terre. Afin d'éviter ces malheurs, la Providence a, pour ainsi dire, attaché les pieds de chaque homme à son sol natal par un aimant invincible : les glaces de l'Islande et les sables embrasés de l'Afrique ne manquent point d'habitants.

Il est même digne de remarque que plus le sol d'un pays est ingrat, plus le climat en est rude, ou, ce qui revient au même, plus on a souffert de persécutions dans ce pays, plus il a de charmes pour nous. Chose étrange et sublime, qu'on s'attache par le malheur, et que l'homme qui n'a perdu qu'une chaumière soit celui-là même qui regrette davantage le toit paternel ! La raison de ce phénomène, c'est que la prodigalité d'une terre trop fertile détruit, en nous enrichissant, la simplicité des liens naturels qui se forment de nos besoins ; quand on cesse d'aimer ses parents, parce qu'ils ne nous sont plus nécessaires, on cesse en effet d'aimer sa patrie.

Tout confirme la vérité de cette remarque. Un Sauvage tient plus à sa hutte qu'un prince à son palais, et le montagnard trouve plus de charme à sa montagne que l'habitant de la plaine à son sillon. Demandez à un berger écossois s'il voudroit changer son sort contre le premier potentat de la terre. Loin de sa tribu chérie, il en garde partout le souvenir; partout il redemande ses troupeaux, ses torrents, ses nuages. Il n'aspire qu'à manger du pain d'orge, à boire le lait de la chèvre, à chanter dans la vallée ces ballades que chantoient aussi ses aïeux. Il dépérit s'il ne retourne au lieu natal. C'est une plante de la montagne, il faut que sa racine soit dans le rocher; elle ne peut prospérer si elle n'est battue des vents et des pluies : la terre, les abris et le soleil de la plaine la font mourir.

Avec quelle joie il reverra son toit de bruyère! comme il visitera les saintes reliques de son indigence !

> Doux trésors! se dit-il, chers gages, qui jamais
> N'attirâtes sur vous l'envie et le mensonge,
> Je vous reprends : sortons de ces riches palais,
>   Comme l'on sortiroit d'un songe.

Qu'y a-t-il de plus heureux que l'Esquimaux dans son épouvantable patrie? Que lui font les fleurs de nos climats auprès des neiges du Labrador, nos palais auprès de son trou enfumé? Il s'embarque au printemps avec son épouse sur quelque glace flottante[1]. Entraîné par les courants, il s'avance en pleine mer sur ce trône du Dieu des tempêtes. La

---

[1] Voyez CHARLEVOIX, *Hist. de la Nouv. France.*

montagne balance sur les flots ses sommets lumineux et ses arbres de neige ; les loups marins se livrent à l'amour dans ses vallées, et les baleines accompagnent ses pas sur l'Océan. Le hardi Sauvage, dans les abris de son écueil mobile, presse sur son cœur la femme que Dieu lui a donnée, et trouve avec elle des joies inconnues dans ce mélange de volupté et de périls.

Ce Barbare a d'ailleurs de fort bonnes raisons pour préférer son pays et son état aux nôtres. Toute dégradée que nous paraisse sa nature, on reconnoît, soit en lui, soit dans les arts qu'il pratique, quelque chose qui décèle encore la dignité de l'homme. L'Européen se perd tous les jours sur un vaisseau, chef-d'œuvre de l'industrie humaine, au même bord où l'Esquimaux, flottant dans une peau de veau marin, se rit de tous les dangers. Tantôt il entend gronder l'Océan, qui le couvre, à cents pieds au-dessus de sa tête ; tantôt il assiége les cieux sur la cime des vagues : il se joue dans son outre au milieu des flots, comme un enfant se balance sur des branches unies, dans les paisibles profondeurs d'une forêt. En plaçant cet homme dans la région des orages, Dieu lui a mis une marque de royauté : « Va, lui a-t-il crié du milieu du tourbillon, je te jette nu sur la terre ; mais afin que, tout misérable que tu es, on ne puisse méconnoître tes destinées, tu dompteras les monstres de la mer avec un roseau, et tu mettras les tempêtes sous tes pieds. »

Ainsi, en nous attachant à la patrie, la Providence justifie toujours ses voies, et nous avons pour notre pays mille raisons d'amour. L'Arabe n'oublie point le puits du chameau, la gazelle, et surtout le cheval, compagnon de ses courses; le Nègre se rappelle toujours sa case, sa zagaie, son bananier, et le sentier du zèbre et de l'éléphant.

On raconte qu'un mousse anglois avait conçu un tel attachement pour un vaisseau à bord duquel il étoit né, qu'il ne pouvoit souffrir d'en être séparé un moment. Quand on vouloit le punir, on le menaçoit de l'envoyer à terre; il couroit alors se cacher à fond de cale, en poussant des cris. Qu'est-ce qui avoit donné à ce matelot cette tendresse pour une planche battue des vents? Certes, ce n'étoit pas des convenances purement locales et physiques. Étoit-ce quelques conformités morales entre les destinées de l'homme et celles du vaisseau? ou plutôt trouvoit-il un charme à concentrer ses joies et ses peines, pour ainsi dire, dans son berceau? Le cœur aime naturellement à se resserrer; moins il se montre au dehors, moins il offre de surface aux blessures : c'est pourquoi les hommes très sensibles, comme le sont en général les infortunés, se complaisent à habiter de petites retraites. Ce que le sentiment gagne en force, il le perd en étendue : quand la république romaine finissoit au mont Aventin, ses enfants mouroient avec joie pour elle; ils cessèrent de l'aimer lorsque ses limites atteignirent les Alpes et le Taurus. C'étoit sans doute quelque raison de cette espèce qui nourrissoit chez le mousse anglois cette prédilection pour son vaissčau paternel. Passager inconnu sur l'océan de la vie, il voyoit s'élever les mers entre lui et nos douleurs : heureux de n'apercevoir que de loin les tristes rivages du monde!

Chez les peuples civilisés l'amour de la patrie a fait des prodiges. Dans les desseins de Dieu il y a toujours une suite; il a fondé sur la nature l'affection pour le lieu natal, et l'animal partage en quelque degré cet instinct avec l'homme ; mais l'homme le pousse plus loin, et transforme en vertu ce qui n'étoit qu'un sentiment de convenance universelle : ainsi, les lois physiques et morales de l'univers se tiennent par une chaîne admirable. Nous doutons qu'il soit possible d'avoir une seule vraie vertu, un seul véritable talent, sans amour de la patrie. A la guerre, cette passion fait des prodiges : dans les lettres, elle a formé Homère et Virgile. Le poëte aveugle peint de préférence les mœurs de l'Ionie, où il reçut le jour, et le Cygne de Mantoue ne s'entretient que des souvenirs de son lieu natal. Né dans une cabane, et chassé de l'héritage de ses aïeux, ces deux circonstances semblent avoir singulièrement influé sur son génie : elles lui ont donné cette teinte de tristesse qui en fait un des principaux charmes; il rappelle sans cesse ces événements, et l'on voit qu'*il se souvient toujours de cet Argos,* où il passa sa jeunesse :

Et dulces moriens reminiscitur Argos [1].

[1] *Æn.*, lib. x, v. 782.

Mais la religion chrétienne est encore venue rendre à l'amour de la patrie sa véritable mesure. Ce sentiment a produit des crimes chez les anciens, parce qu'il étoit poussé à l'excès. Le christianisme en a fait un amour *principal*, et non pas un amour *exclusif* : avant tout, il nous ordonne d'être justes; il veut que nous chérissions la famille d'Adam, puisqu'elle est la nôtre, quoique nos concitoyens aient le premier droit à notre attachement. Cette morale étoit inconnue avant la mission du Législateur des chrétiens; c'est à tort qu'on a prétendu qu'il vouloit anéantir les passions : Dieu ne détruit point son ouvrage. L'Évangile n'est point la mort du cœur; il en est la règle. Il est à nos sentiments ce que le goût est aux arts; il en retranche ce qu'ils peuvent avoir d'exagéré, de faux, de commun, de trivial : il leur laisse ce qu'ils ont de beau, de vrai, de sage. La religion chrétienne bien entendue n'est que la nature primitive lavée de la tache originelle.

C'est lorsque nous sommes éloignés de notre pays que nous sentons surtout l'instinct qui nous y attache. Au défaut de réalité, on cherche à se repaître de songes; le cœur est expert en tromperies; quiconque a été nourri au sein de la femme a bu à la coupe des illusions. Tantôt c'est une cabane qu'on aura disposée comme le toit paternel; tantôt c'est un bois, un vallon, un coteau, à qui l'on fera porter quelques-unes de ces douces appellations de la patrie. Andromaque donne le nom de *Simoïs* à un ruisseau. Et quelle touchante vérité dans *ce petit ruisseau* qui retrace un *grand fleuve* de la terre natale! Loin des bords qui nous ont vus naître, la nature est comme diminuée, et ne nous paroît plus que l'ombre de celle que nous avons perdue.

Une autre ruse de l'instinct de la patrie, c'est de mettre un grand prix à un objet en lui-même de peu de valeur, mais qui vient de notre pays, et que nous avons emporté dans l'exil. L'âme semble se répandre jusque sur les choses inanimées qui ont partagé nos destins : une partie de notre vie reste attachée à la couche où reposa notre bonheur, et surtout à celle où veilla notre infortune.

Pour peindre cette langueur d'âme qu'on éprouve hors de sa patrie, le peuple dit : *Cet homme a le mal du pays*. C'est véritablement un mal, et qui ne peut se guérir que par le retour. Mais pour peu que l'absence ait été de quelques années, que retrouve-t-on aux lieux qui nous ont vus naître? Combien existe-t-il d'hommes, de ceux que nous y avons laissés pleins de vie? Là sont des tombeaux où étoient des palais; là, des palais où étoient des tombeaux; le champ paternel est livré aux ronces ou à une charrue étrangère; et l'arbre sous lequel on fut nourri est abattu.

Il y avoit à la Louisiane une Négresse et une Sauvage, esclaves chez deux colons voisins. Ces deux femmes avoient chacune un enfant : la Négresse une fille de deux ans, et l'Indienne un garçon du même âge : celui-ci vint à mourir. Les deux mères étant convenues d'un endroit au désert s'y rendirent pendant trois nuits de suite. L'une apportoit son enfant mort, l'autre son enfant vivant;

l'une son *Manitou*, l'autre sa *Fétiche*; elles ne s'étonnoient point de se trouver ainsi la même religion, étant toutes deux misérables. L'Indienne faisoit les honneurs de la solitude : « C'est l'arbre de mon pays, disoit-elle à son amie; assieds-toi pour pleurer. » Ensuite, selon l'usage des funérailles chez les Sauvages, elles suspendoient leurs enfants aux branches d'un érable ou d'un sassafras, et les balançoient en chantant des airs de leurs pays.

Ces jeux maternels, qui souvent endormoient l'innocence, ne pouvoient réveiller la mort! Ainsi se consoloient ces deux femmes, dont l'une avoit perdu son enfant et sa liberté, l'autre sa liberté et sa patrie : on se console par les larmes.

On dit qu'un François, obligé de fuir pendant la terreur, avoit acheté de quelques deniers qui lui restoient une barque sur le Rhin; il s'y étoit logé avec sa femme et ses deux enfants. N'ayant point d'argent, il n'y avoit point pour lui d'hospitalité. Quand on le chassoit d'un rivage, il passoit, sans se plaindre, à l'autre bord; souvent poursuivi sur les deux rives, il étoit obligé de jeter l'ancre au milieu du fleuve. Il pêchoit pour nourrir sa famille, mais les hommes lui disputoient encore les secours de la Providence. La nuit il alloit cueillir des herbes sèches pour faire un peu de feu, et sa femme demeuroit dans de mortelles angoisses jusqu'à son retour. Obligée de se faire sauvage entre quatre nations civilisées, cette famille n'avoit pas sur le globe un seul coin de terre où elle osât mettre le pied : toute sa consolation étoit, en errant dans le voisinage de la France, de respirer quelquefois un air qui avoit passé sur son pays.

Si l'on nous demandoit quelles sont donc ces fortes attaches par qui nous sommes enchaînés au lieu natal, nous aurions de la peine à répondre. C'est peut-être le souris d'une mère, d'un père, d'une sœur; c'est peut-être le souvenir du vieux précepteur qui nous éleva, des jeunes compagnons de notre enfance; c'est peut-être les soins que nous avons reçus d'une nourrice, d'un *domestique* âgé, partie si essentielle de la maison (*domûs*); enfin ce sont les circonstances les plus simples, si l'on veut même, les plus triviales : un chien qui aboyoit la nuit dans la campagne, un rossignol qui revenoit tous les ans dans le verger, le nid de l'hirondelle à la fenêtre, le clocher de l'église qu'on voyoit au-dessus des arbres, l'if du cimetière, le tombeau gothique : voilà tout; mais ces petits moyens démontrent d'autant mieux la réalité d'une Providence, qu'ils ne pourroient être la source de l'amour de la patrie et des grandes vertus que cet amour fait naître, si une volonté suprême ne l'avoit ordonné ainsi.

LIVRE SIXIÈME.

IMMORTALITÉ DE L'AME PROUVÉE PAR LA MORALE ET LE SENTIMENT.

CHAPITRE PREMIER.

DÉSIR DE BONHEUR DANS L'HOMME.

Quand il n'y auroit d'autres preuves de l'existence de Dieu que les merveilles de la nature, ces preuves sont si fortes qu'elles suffiroient pour convaincre tout homme qui ne cherche que la vérité. Mais si ceux qui nient la Providence ne peuvent expliquer sans elle les miracles de la création, ils sont encore plus embarrassés pour répondre aux objections de leur propre cœur. En renonçant à l'Être suprême ils sont obligés de renoncer à une autre vie, et cependant leur ame les agite; elle se présente pour ainsi dire devant eux, et les force, en dépit des sophistes, à confesser son existence et son immortalité.

Qu'on nous dise d'abord, si l'ame s'éteint au tombeau, d'où nous vient ce désir de bonheur qui nous tourmente. Nos passions ici-bas se peuvent aisément rassasier : l'amour, l'ambition, la colère, ont une plénitude assurée de jouissance; le besoin de félicité est le seul qui manque de satisfaction comme d'objet; car on ne sait ce que c'est que cette félicité qu'on désire. Il faut convenir que, si tout est *matière*, la *nature* s'est ici étrangement trompée : elle a fait un sentiment qui ne s'applique à rien.

Il est certain que notre âme demande éternellement, à peine a-t-elle obtenu l'objet de sa convoitise, qu'elle demande encore : l'univers entier ne la satisfait point. L'infini est le seul champ qui lui convienne : elle aime à se perdre dans les nombres, à concevoir les plus grandes comme les plus petites dimensions. Enfin, gonflée et non rassasiée de ce qu'elle a dévoré, elle se précipite dans le sein de Dieu, où viennent se réunir les idées de l'infini, en perfection, en temps et en espace; mais elle ne se plonge dans la Divinité que parce que cette Divinité est pleine de ténèbres, *Deus absconditus*[1]. Si elle en obtenoit une vue distincte, elle la dédaigneroit, comme tous les objets qu'elle mesure. On pourroit même dire que ce seroit avec quelque raison; car si l'âme s'expliquoit bien le principe éternel, elle seroit ou supérieure à ce principe, ou du moins son égale. Il n'en est pas de l'ordre des choses divines comme de l'ordre des choses humaines : un homme peut comprendre la puissance d'un roi sans être un roi; mais un homme qui comprendroit Dieu seroit Dieu.

Or les animaux ne sont point troublés par cette espérance que manifeste le cœur de l'homme; ils

---

[1] Is. xlv, 15.

atteignent sur-le-champ à leur suprême bonheur : un peu d'herbe satisfait l'agneau, un peu de sang rassasie le tigre. Si l'on soutenoit, d'après quelques philosophes, que la diverse conformation des organes fait la seule différence entre nous et la brute, on pourroit tout au plus admettre ce raisonnement pour les actes purement matériels; mais qu'importe ma main à ma pensée lorsque, dans le calme de la nuit, je m'élance dans les espaces pour y trouver l'Ordonnateur de tant de mondes ? Pourquoi le bœuf ne fait-il pas comme moi ? Ses yeux lui suffisent; et quand il auroit mes pieds ou mes bras, ils lui seroient pour cela fort inutiles. Il peut se coucher sur la verdure, lever la tête vers les cieux, et appeler par ses mugissements l'Être inconnu qui remplit cette immensité. Mais non : préférant le gazon qu'il foule, il n'interroge point, au haut du firmament, ces soleils qui sont la grande évidence de l'existence de Dieu. Il est insensible au spectacle de la nature, sans se douter qu'il est jeté lui-même sous l'arbre où il repose, comme une petite preuve de l'intelligence divine.

Donc la seule créature qui cherche au dehors, et qui n'est pas à soi-même son tout, c'est l'homme. On dit que le peuple n'a point cette inquiétude : il est sans doute moins malheureux que nous; car il est distrait de ses désirs par ses travaux, il éteint dans ses sueurs sa soif de félicité. Mais quand vous le voyez se consumer six jours de la semaine pour jouir de quelques plaisirs du septième; quand toujours espérant le repos et ne le trouvant jamais, il arrive à la mort sans cesser de désirer, direz-vous qu'il ne partage pas la secrète aspiration de tous les hommes à un bien-être inconnu ? Que si l'on prétend que ce souhait est du moins borné pour lui aux choses de la terre, cela n'est rien moins que certain : donnez à l'homme le plus pauvre les trésors du monde, suspendez ses travaux, satisfaites ses besoins, avant que quelques mois se soient écoulés il en sera encore aux ennuis et à l'espérance.

D'ailleurs est-il vrai que le peuple, même dans son état de misère, ne connoisse pas ce désir de bonheur qui s'étend au-delà de la vie ? D'où vient cet instinct mélancolique qu'on remarque dans l'homme champêtre ? Souvent le dimanche et les jours de fêtes, lorsque le village étoit allé prier ce Moissonneur qui sépare *le bon grain de l'ivraie*, nous avons vu quelque paysan resté seul à la porte de sa chaumière : il prêtoit l'oreille au son de la cloche, son attitude étoit pensive, il n'étoit distrait ni par les passereaux de l'aire voisine ni par les insectes qui bourdonnoient autour de lui. Cette noble figure de l'homme, plantée comme la statue d'un dieu sur le seuil d'une chaumière, ce front sublime, bien que chargé de soucis, ces épaules ombragées d'une noire chevelure, et qui sembloient encore s'élever comme pour soutenir le ciel, quoique courbées sous le fardeau de la vie, tout cet être si majestueux, bien que misérable, ne pensoit-il à rien, ou songeoit-il seulement aux choses d'ici-bas ? Ce n'étoit pas l'expression de ces lèvres entr'ouvertes, de ce corps immobile, de ce regard attaché à la terre : le souvenir de Dieu étoit là avec le son de la cloche religieuse.

S'il est impossible de nier que l'homme espère jusqu'au tombeau, s'il est certain que les biens de la terre, loin de combler nos souhaits, ne font que creuser l'âme et en augmenter le vide, il faut en conclure qu'il y a quelque chose au-delà du temps. *Vincula hujus mundi*, dit saint Augustin, *asperitatem habent veram, jucunditatem falsam, certum dolorem, incertam voluptatem, durum laborem, timidam quietem, rem plenam miseriæ, spem beatitudinis inanem.* « Le monde a des liens pleins d'une véritable âpreté et d'une fausse douceur, des douleurs certaines, des plaisirs incertains, un travail dur, un repos inquiet, des choses pleines de misère, et une espérance vide de bonheur[1]. » Loin de nous plaindre que le désir de félicité ait été placé dans ce monde et son but dans l'autre, admirons en cela la bonté de Dieu. Puisqu'il faut tôt ou tard sortir de la vie, la Providence a mis au-delà du terme un charme qui nous attire, afin de diminuer nos terreurs du tombeau : quand une mère veut faire franchir une barrière à son enfant, elle lui tend de l'autre côté un objet agréable, pour l'engager à passer.

[1] *Epist.* 30.

CHAPITRE II.

DU REMORDS ET DE LA CONSCIENCE.

La conscience fournit une seconde preuve de l'immortalité de notre âme. Chaque homme a au milieu du cœur un tribunal où il commence par se juger soi-même, en attendant que l'Arbitre souverain confirme la sentence. Si le vice n'est qu'une conséquence physique de notre organisation, d'où vient cette frayeur qui trouble les jours d'une prospérité coupable? Pourquoi le remords est-il si terrible, qu'on préfère de se soumettre à la pauvreté et à toute rigueur de la vertu, plutôt que d'acquérir des biens illégitimes? Pourquoi y a-t-il une voix dans le sang, une parole dans la pierre? Le tigre déchire sa proie, et dort; l'homme devient homicide, et veille. Il cherche les lieux déserts, et cependant la solitude l'effraie : il se traîne autour des tombeaux, et cependant il a peur des tombeaux. Son regard est mobile et inquiet; il n'ose regarder le mur de la salle du festin, dans la crainte d'y lire des caractères funestes. Ses sens semblent devenir meilleurs pour le tourmenter : il voit, au milieu de la nuit, des lueurs menaçantes; il est toujours environné de l'odeur du carnage; il découvre le goût du poison dans le mets qu'il a lui-même apprêté; son oreille, d'une étrange subtilité, trouve le bruit où tout le monde trouve le silence; et sous les vêtements de son ami, lorsqu'il l'embrasse, il croit sentir un poignard caché.

O conscience! ne serois-tu qu'un fantôme de l'imagination, ou la peur des châtiments des hommes? Je m'interroge; je me fais cette question : Si tu pouvois par un seul désir tuer un homme à la Chine et hériter de sa fortune en Europe, avec la conviction surnaturelle qu'on n'en sauroit jamais rien, consentirois-tu à former ce désir? J'ai beau m'exagérer mon indigence; j'ai beau vouloir atténuer cet homicide en supposant que, par mon souhait, le Chinois meurt tout à coup sans douleur, qu'il n'a point d'héritier, que même à sa mort ses biens seront perdus pour l'État; j'ai beau me figurer cet étranger comme accablé de maladies et de chagrins; j'ai beau me dire que la mort est un bien pour lui, qu'il l'appelle lui-même, qu'il n'a plus qu'un instant à vivre : malgré mes vains subterfuges, j'entends au fond de mon cœur une voix qui crie si fortement contre la seule pensée d'une telle supposition, que je ne puis douter un instant de la réalité de la conscience.

C'est donc une triste nécessité que d'être obligé de nier le remords pour nier l'immortalité de l'âme et l'existence d'un Dieu vengeur. Toutefois nous n'ignorons pas que l'athéisme, poussé à bout, a recours à cette dénégation honteuse. Le sophiste, dans le paroxysme de la goutte, s'écrioit : « O douleur! je n'avouerai jamais que tu sois un mal! » Et quand il seroit vrai qu'il se trouvât des hommes assez infortunés pour étouffer le cri du remords, qu'en résulteroit-il ? Ne jugeons point celui qui a l'usage de ses membres par le paralytique qui ne se sert plus des siens ; le crime, à son dernier degré, est un poison qui cautérise la conscience : en renversant la religion on a détruit le seul remède qui pouvoit rétablir la sensibilité dans les parties mortes du cœur. Cette étonnante religion du Christ étoit une sorte de supplément à ce qui manquoit aux hommes. Devenoit-on coupable *par excès*, par trop de prospérité, par violence de caractère, elle étoit là pour nous avertir de l'inconstance de la fortune et du danger des emportements. Étoit-ce, au contraire, *par défaut* qu'on étoit exposé, par indigence de biens, par indifférence d'âme, elle nous apprenoit à mépriser les richesses, en même temps qu'elle réchauffoit nos glaces, et nous donnoit, pour ainsi dire, des passions. Avec le criminel surtout, sa charité étoit inépuisable : il n'y avoit point d'homme si souillé qu'elle n'admît à repentir ; point de lépreux si dégoûtant qu'elle ne touchât de ses mains pures. Pour le passé, elle ne demandoit qu'un remords ; pour l'avenir, qu'une vertu : *Ubi autem abundavit delictum*, disoit-elle, *superabundavit gratia ;* « La grâce a surabondé où avoit abondé le crime[1]. » Toujours prêt à avertir le pécheur, le Fils de Dieu avoit établi sa religion comme une seconde conscience pour le coupable qui auroit eu le malheur de perdre la conscience naturelle, conscience évangélique, pleine de pitié et de douceur, et à laquelle

[1] *Rom.*, c. v, v. 20.

Jésus-Christ avoit accordé le droit de faire grace, que n'a pas la première.

Après avoir parlé du remords qui suit le crime, il seroit inutile de parler de la satisfaction qui accompagne la vertu. Le contentement intérieur qu'on éprouve en faisant une bonne œuvre n'est pas plus une combinaison de la matière, que le reproche de la conscience, lorsqu'on commet une méchante action, n'est la crainte des lois.

Si des sophistes soutiennent que la vertu n'est qu'un amour-propre déguisé, et que la pitié n'est qu'un amour de soi-même, ne leur demandons point s'ils n'ont jamais rien senti dans leurs entrailles après avoir soulagé un malheureux, ou si c'est la crainte de retomber en enfance qui les attendrit sur l'innocence du nouveau-né. La vertu et les larmes sont pour les hommes la source de l'espérance et la base de la foi : or, comment croiroit-il en Dieu, celui qui ne croit ni à la réalité de la vertu ni à la vérité des larmes ?

Nous penserions faire injure aux lecteurs en nous arrêtant à montrer comment l'immortalité de l'âme et l'existence de Dieu se prouvent par cette voix intérieure appelée conscience. « Il y a dans l'homme, dit Cicéron[1], une puissance qui porte au bien et détourne du mal, non-seulement antérieure à la naissance des peuples et des villes, mais aussi ancienne que ce Dieu par qui le ciel et la terre subsistent et sont gouvernés : car la raison est un at-

---

[1] *Ad. Attic.*, xii, 28, trad. de d'Olivet.

tribut essentiel de l'intelligence divine; et cette raison, qui est en Dieu, détermine nécessairement ce qui est vice ou vertu. »

CHAPITRE III.
QU'IL N'Y A POINT DE MORALE S'IL N'Y A POINT D'AUTRE VIE.

PRÉSOMPTION EN FAVEUR DE L'AME, TIRÉE DU RESPECT DE L'HOMME POUR LES TOMBEAUX.

La morale est la base de la société; mais si tout est matière en nous, il n'y a réellement ni vice ni vertu, et conséquemment plus de morale. Nos lois, toujours *relatives* et *changeantes*, ne peuvent servir de point d'appui à la morale, toujours *absolue* et *inaltérable ;* il faut donc qu'elle ait sa source dans un monde plus stable que celui-ci, et des garants plus sûrs que des récompenses précaires, ou des châtiments passagers. Quelques philosophes ont cru que la religion avoit été *inventée* pour la soutenir; ils ne se sont pas aperçus qu'ils prenoient l'effet pour la cause. Ce n'est pas la religion qui découle de la morale, c'est la morale qui naît de la religion, puisqu'il est certain, comme nous venons de le dire, que la morale ne peut avoir son principe dans l'homme *physique* ou la *simple matière;* puisqu'il est certain que quand les hommes perdent l'idée de Dieu, ils se précipitent dans tous les crimes en dépit des lois et des bourreaux.

Une religion qui a voulu s'élever sur les ruines du christianisme, et qui a cru mieux faire que l'Évangile, a déroulé dans nos églises ce précepte du Décalogue : *Enfants, honorez vos pères et mères.* Pourquoi les *théophilanthropes* ont-ils retranché la dernière partie du précepte, *afin de vivre longuement?* C'est qu'une misère secrète leur a appris que l'homme qui n'a rien ne peut rien donner. Comment auroit-il promis des années, celui qui n'est pas assuré de vivre deux moments? Tu me fais présent de la vie, lui auroit-on dit, et tu ne vois pas que tu tombes en poussière! Comme Jéhovah, tu m'assures une longue existence; et as-tu, comme lui, l'éternité pour y puiser des jours? Imprudent! l'heure où tu vis n'est pas même à toi : tu ne possèdes en propre que la mort; que tireras-tu donc du fond de ton sépulcre, hors le néant, pour récompenser ma vertu?

Enfin, il y a une autre preuve morale de l'immortalité de l'âme, sur laquelle il faut insister : c'est la vénération des hommes pour les tombeaux. Là, par un charme invincible, la vie est attachée à la mort; là, la nature humaine se montre supérieure au reste de la création, et déclare ses hautes destinées. La bête connoît-elle le cercueil, et s'inquiète-t-elle de ses cendres? Que lui font les ossements de son père? ou plutôt sait-elle quel est son père, après que les besoins de l'enfance sont passés? D'où nous vient donc la puissante idée que nous avons du trépas? Quelques grains de poussière mériteroient-ils nos hommages? Non sans doute : nous respectons les cendres de nos ancêtres parce qu'une voix nous dit que tout n'est pas éteint en eux. Et c'est cette voix qui consacre le culte funèbre chez tous les peuples de la terre : tous sont également persuadés que le sommeil n'est pas durable, même au tombeau, et que la mort n'est qu'une transfiguration glorieuse.

CHAPITRE IV.

DE QUELQUES OBJECTIONS.

Sans entrer trop avant dans les preuves métaphysiques, que nous avons pris soin d'écarter, nous tâcherons pourtant de répondre à quelques objections qu'on reproduit éternellement.

Cicéron ayant avancé, d'après Platon, qu'il n'y a point de peuples chez lesquels on n'ait trouvé quelque notion de la Divinité, ce consentement universel des nations, que les anciens philosophes regardoient comme une loi de nature, a été nié par les incrédules modernes; ils ont soutenu que certains sauvages n'ont aucune connoissance de Dieu.

Les athées se tourmentent en vain pour couvrir la foiblesse de leur cause : il résulte de leurs arguments que leur système n'est fondé que sur des *exceptions,* tandis que le déisme suit la *règle générale.* Si l'on dit que le genre humain croit en Dieu, l'incrédule vous oppose d'abord tels sauvages, ensuite telle personne, et quelquefois lui-même. Soutient-on que le hasard n'a pu former le monde, parce qu'il n'y auroit eu qu'une seule chance favorable contre d'incalculables impossibilités, l'incrédule en convient; mais il répond que *cette chance existoit :* c'est en tout la même manière de raisonner. De sorte que, d'après l'athée, la nature est un livre où la vérité se trouve toujours dans la note, et jamais dans le texte, une langue dont les barbarismes forment seuls l'essence et le génie.

Quand on vient d'ailleurs à examiner ces prétendues exceptions, on découvre, ou qu'elles tiennent à des causes locales, ou qu'elles rentrent même dans la loi établie. Ici, par exemple, il est faux qu'il y ait des Sauvages qui n'aient aucune notion de la Divinité. Les voyageurs qui avoient avancé ce fait ont été démentis par d'autres voyageurs mieux instruits. Parmi les incrédules *des bois* on avoit cité les hordes canadiennes : eh bien! nous les avons vus, ces sophistes *de la hutte*, qui devoient avoir appris dans le livre de la nature, comme nos philosophes dans les leurs, qu'il n'y a ni Dieu ni avenir pour l'homme ; ces Indiens sont d'absurdes barbares, qui voient l'âme d'un enfant dans une colombe ou dans une touffe de sensitives. Les mères, chez eux, sont assez insensées pour épancher leur lait sur le tombeau de leurs fils, et elles donnent à l'homme, au sépulcre, la même attitude qu'il avoit dans le sein maternel. Elles prétendent enseigner ainsi que la mort n'est qu'une seconde mère qui nous enfante à une autre vie. L'athéisme ne fera jamais rien de ces peuples qui doivent à la Providence le logement, l'habit et la nourriture ; et nous conseillons aux incrédules de se défier de ces alliés corrompus qui reçoivent secrètement des présents de l'ennemi.

Autre objection.

« Puisque l'esprit croît et decroît avec l'âge, puisqu'il suit les altérations de la matière, il est donc lui-même de nature matérielle, conséquemment divisible et sujet à périr. »

Ou l'esprit et le corps sont deux êtres différents, ou ils ne sont que le même être. S'ils sont *deux*, il vous faut convenir que l'esprit est renfermé dans le corps ; il en résulte qu'aussi long-temps que durera cette union, l'esprit sera en quelques degrés soumis aux liens qui le pressent. Il paroîtra s'élever ou s'abaisser dans les proportions de son enveloppe.

L'objection ne subsiste donc plus, dans l'hypothèse où l'esprit et le corps sont considérés comme *deux substances distinctes*.

Dans celle où vous supposez qu'ils ne sont qu'*un* et *tout*, partageant même vie et même mort, *vous êtes tenus à prouver l'assertion*. Or, il est depuis long-temps démontré que l'esprit est essentiellement différent du *mouvement* et des autres propriétés de la matière, n'étant ni *étendue*, ni *divisible*.

Ainsi l'objection se renverse de fond en comble, puisque tout se réduit à savoir si la matière et la pensée sont *une et même chose ;* ce qui ne se peut soutenir sans absurdité.

Au surplus, il ne faut pas s'imaginer qu'en employant la prescription pour écarter cette difficulté il soit impossible de l'attaquer par le fond. On peut prouver qu'alors même que l'esprit semble suivre les accidents du corps, il conserve les caractères distinctifs de son essence. Les athées, par exemple, produisent en triomphe la folie, les blessures au cerveau, les fièvres délirantes : afin d'étayer leur système, ces hommes sont obligés d'enrôler, pour auxiliaires dans leur cause, les malheurs de l'humanité. Eh bien donc ces fièvres, cette folie (que l'athéisme, c'est-à-dire le génie du mal, a raison d'appeler en preuve de sa réalité), que démontrent-elles après tout ? Je vois une *imagination* déréglée, mais un *entendement réglé*. Le fou et le malade aperçoivent des objets qui *n'existent pas;* mais raisonnent-ils *faux* sur ces objets ? Ils tirent d'une cause infirme des conséquences saines.

Pareille chose arrive à l'homme attaqué de la fièvre : son âme est offusquée dans la partie où se réfléchissent les images, parce que l'imbécillité des sens ne lui transmet que des notions trompeuses; mais la région des idées reste entière et inaltérable. Et de même qu'un feu allumé dans une vile matière n'en est pas moins un feu pur, quoique nourri d'impurs aliments, ainsi la pensée, flamme céleste, s'élance incorruptible et immortelle du milieu de la corruption et de la mort.

Quant à l'influence des climats sur l'esprit, qui a été alléguée comme une preuve de la matérialité de la pensée, nous prions nos lecteurs de faire quelque attention à notre réponse; car, au lieu de résoudre une objection, nous allons tirer de la chose même qu'on nous oppose une preuve de l'immortalité de l'âme.

On a remarqué que la nature se montre plus forte au septentrion et au midi : c'est entre les tropiques que se trouvent les plus grands quadrupèdes, les plus grands reptiles, les plus grands oiseaux, les plus grands fleuves, les plus hautes montagnes; c'est dans les régions du nord que vivent les puissants cétacées, qu'on rencontre l'énorme fucus et le *pin gigantesque*. Si tout est effet de matière, combinaison d'éléments, force de soleil, résultat du froid et du chaud, du sec et de l'humide, pourquoi l'homme seul est-il excepté de la loi générale ? Pourquoi sa capacité physique et morale ne se dilate-t-elle pas avec celle de l'éléphant sous la ligne, et de la baleine sous le pôle ? Dira-t-on qu'il est, comme le bœuf, un animal de tous les pays ? Mais le bœuf conserve son *instinct* en tout climat, et nous voyons par rapport à l'homme une chose bien différente.

Loin de suivre la loi générale des êtres, loin de se fortifier là où la matière est supposée plus active, l'homme, au contraire, s'affoiblit en raison de l'accroissement de la création animale autour de lui. L'Indien, le Péruvien, le Nègre au midi, l'Esquimaux, le Lapon au nord, en sont la preuve. Il y a plus : l'Amérique, où le mélange des limons et des eaux donne à la végétation la vigueur d'une terre primitive, l'Amérique est pernicieuse aux races d'hommes, quoiqu'elle le devienne moins chaque jour, en raison de l'affoiblissement du principe matériel. L'homme n'a toute son énergie que dans les régions où les éléments moins vifs laissent un plus libre cours à la pensée, ou cette pensée, pour ainsi dire dépouillée de son vêtement terrestre, n'est gênée dans aucun de ses mouvements, dans aucune de ses facultés.

Il faut donc reconnoître ici quelque chose en opposition directe avec la nature passive : or, cette chose est notre âme immortelle. Elle répugne aux opérations de la matière; elle est malade, elle languit quand elle est trop touchée. Cet état de langueur de l'âme produit à son tour la débilité du corps; le corps qui, s'il eût été seul, eût profité sous les feux du soleil, est contrarié par l'abattement de l'esprit. Que si l'on disoit que c'est, au contraire, le corps qui, ne pouvant supporter les extrémités du froid et du chaud, fait dégénérer l'âme en dégénérant lui-même, ce seroit une seconde fois prendre l'effet pour la cause. Ce n'est pas le vase qui agit sur la liqueur, c'est la liqueur qui tourmente le vase, et ces prétendus effets du corps sur l'âme sont les effets de l'âme sur le corps.

La double débilité mentale et physique des peuples du nord et du midi, la mélancolie dont ils semblent frappés, ne peuvent donc, selon nous, être attribuées à une fibre trop relâchée ou trop tendue, puisque les mêmes accidents ne produisent pas le même effet dans les zones tempérées. Cette affection plaintive des habitants du pôle et des tropiques est une véritable tristesse intellectuelle, produite par la position de l'âme et par ses combats contre les forces de la matière. Ainsi, non-seulement Dieu a marqué sa sagesse par les avantages que le globe retire de la diversité des latitudes ; mais en plaçant l'homme sur cette échelle, il nous a démontré presque mathématiquement l'immortalité de notre essence, puisque l'âme se fait le plus sentir là où la matière agit le moins, et que l'homme diminue où la brute augmente.

Touchons une dernière objection :

« Si l'idée de Dieu est naturellement empreinte dans nos âmes, elle doit devancer l'éducation, prévenir le raisonnement, se montrer dès l'enfance : or, les enfants n'ont point l'idée de Dieu ; donc, etc. »

Dieu étant *esprit*, et ne pouvant être entendu que par l'*esprit*, un enfant chez qui la pensée n'est pas encore développée ne sauroit concevoir le souverain Être. Ne demandons point au cœur sa fonction la plus noble lorsqu'il n'est pas achevé, lorsque le merveilleux ouvrage est encore entre les mains de l'ouvrier.

Mais d'ailleurs on peut soutenir que l'enfant a du moins l'*instinct* de son Créateur. Nous en prenons à témoin ses petites rêveries, ses inquiétudes, ses craintes dans la nuit, son penchant à lever les yeux vers le ciel. Un enfant joint ses deux mains innocentes, et répète après sa mère une prière au *bon Dieu :* pourquoi ce jeune ange de la terre balbutie-t-il avec tant d'amour et de pureté le nom de ce souverain Être qu'il ne connoît pas ?

Voyez ce nouveau-né qu'une nourrice porte dans ses bras. Qu'a-t-il pour donner tant de joie à ce vieillard, à cet homme fait, à cette femme ? deux ou trois syllabes à demi formées, que personne n'a comprises : et voilà des êtres raisonnables transportés d'allégresse, depuis l'aïeul, qui sait toutes les choses de la vie, jusqu'à la jeune mère qui les ignore encore! Qui donc a mis cette puissance dans le verbe de l'homme? Pourquoi le son d'une voix humaine vous remue-t-il si impérieusement? Ce qui vous subjugue ici est un mystère qui tient à des causes plus relevées qu'à l'intérêt qu'on peut prendre à l'âge de cet enfant : quelque chose vous dit que ces paroles inarticulées sont les premiers bégaiements d'une pensée immortelle.

CHAPITRE V.

DANGER ET INUTILITÉ DE L'ATHÉISME.

Il y a deux sortes d'athées bien distinctes : les premiers, conséquents dans leurs principes, déclarent, sans hésiter, qu'il n'y a point de Dieu, par conséquent point de différence essentielle entre le bien et le mal; que le monde appartient aux plus forts et aux plus habiles, etc. Les seconds sont les honnêtes gens de l'athéisme, les hypocrites de l'incrédulité : absurdes personnages, qui, avec une douceur feinte, se porteroient à tous les excès pour soutenir leur système; ils vous appelleroient *mon frère* en vous égorgeant; les mots de morale et d'humanité sont incessamment dans leur bouche : ils sont triplement méchants, car ils joignent aux vices de l'athée l'intolérance du sectaire et l'amour-propre de l'auteur.

Ces hommes prétendent que l'athéisme ne détruit ni le bonheur ni la vertu, et qu'il n'y a point de condition où il ne soit aussi profitable d'être incrédule que d'être religieux : c'est ce qu'il convient d'examiner.

Si une chose doit être estimée en raison de son plus ou moins d'utilité, l'athéisme est bien méprisable ; car il n'est bon à personne.

Parcourons la vie humaine ; commençons par les pauvres et les infortunés, puisqu'ils font la majorité sur la terre. Eh bien, innombrable famille des misérables ! est-ce à vous que l'athéisme est utile ? Répondez. Quoi! pas une voix! pas une seule voix! J'entends un cantique d'espérance, et des soupirs qui montent vers le Seigneur! Ceux-ci croient : passons aux heureux.

Il nous semble que l'homme heureux n'a aucun intérêt à être athée. Il est si doux pour lui de songer que ses jours se prolongeront au-delà de la vie! Avec quel désespoir ne quitterait-il pas ce monde, s'il croyoit se séparer pour toujours du bonheur! En vain tous les biens du siècle s'accumuleroient sur sa tête ; ils ne serviroient qu'à lui rendre le néant plus affreux. Le riche peut aussi se tenir assuré que la religion augmentera ses plaisirs, en y mêlant une tendresse ineffable ; son cœur ne s'endurcira point ; il ne sera point rassasié par la jouissance, inévitable écueil des longues prospérités. La religion prévient la sécheresse de l'âme ; c'est ce que vouloit dire cette huile sainte, avec laquelle le christianisme consacroit la royauté, la jeunesse et la mort, pour les empêcher d'être stériles.

Le guerrier s'avance au combat : sera-t-il athée, cet enfant de la gloire? Celui qui cherche une vie sans fin consentira-t-il à finir? Paroissez sur vos nues tonnantes, innombrables soldats, antiques légions de la patrie! Fameuses milices de la France, et maintenant milices du ciel, paroissez! Dites aux héros de notre âge, du haut de la Cité sainte, que le brave n'est pas tout entier au tombeau, et qu'il reste après lui quelque chose de plus qu'une vaine renommée.

Les grands capitaines de l'antiquité ont été remarquables par leur religion : Épaminondas, libérateur de sa patrie, passoit pour le plus religieux des hommes; Xénophon, ce guerrier philosophe, étoit le modèle de la piété; Alexandre, éternel exemple des conquérants, se disoit fils de Jupiter; chez les Romains, les anciens consuls de la république, Cincinnatus, Fabius, Papirius Cursor, Paul Émile, Scipion, ne mettoient leur espérance que dans la divinité du Capitole; Pompée marchoit aux combats en invoquant l'assistance divine; César vouloit descendre d'une race céleste; Caton, son rival, étoit convaincu de l'immortalité de l'âme; Brutus, son assassin, croyoit aux puissances surnaturelles, et Auguste, son successeur, ne régna qu'au nom des dieux.

Parmi les nations modernes, étoit-ce un incrédule que ce fier Sicambre, vainqueur de Rome et des

Gaules, qui, tombant aux pieds d'un prêtre, jetoit les fondements de l'empire françois ! Étoit-ce un incrédule que ce saint Louis, arbitre des rois, et révéré même des Infidèles ? Du Guesclin, dont le cercueil prenoit des villes, Bayard, chevalier sans peur et sans reproche, le vieux connétable de Montmorency, qui disoit son chapelet au milieu des camps, étoient-ils des hommes sans foi ? O temps plus merveilleux encore, où un Bossuet ramenoit un Turenne dans le sein de l'Église !

Il n'est point de caractère plus admirable que celui du héros chrétien : le peuple qu'il défend le regarde comme son père; il protége le laboureur et les moissons; il écarte les injustices : c'est une espèce d'ange de la guerre que Dieu envoie pour adoucir ce fléau. Les villes ouvrent leurs portes au seul bruit de sa justice; les remparts tombent devant ses vertus; il est l'amour du soldat et l'idole des nations; il mêle au courage du guerrier la charité évangélique; sa conversation touche et instruit, ses paroles ont une grâce de simplicité parfaite; on est étonné de trouver tant de douceur dans un homme accoutumé à vivre au milieu des périls : ainsi le miel se cache sous l'écorce d'un chêne qui a bravé les orages.

Concluons que, sous aucun rapport, l'athéisme n'est bon au guerrier.

Nous ne voyons pas qu'il soit plus utile dans les états de la nature que dans les conditions de la société. Si la morale porte tout entière sur le dogme de l'existence de Dieu et de l'immortalité de l'âme, un père, un fils, des époux, n'ont aucun intérêt à être incrédules. Eh! comment, par exemple, concevoir qu'une femme puisse être athée? Qui appuiera ce roseau, si la religion n'en soutient la fragilité? Être le plus foible de la nature, toujours à la veille de la mort ou de la perte de ses charmes, qui le soutiendra, cet être qui sourit et qui meurt, si son espoir n'est point au-delà d'une existence éphémère? Par le seul intérêt de sa beauté, la femme doit être pieuse. Douceur, soumission, aménité, tendresse, sont une partie des charmes que le Créateur prodigua à notre première mère, et la philosophie est mortelle à cette sorte d'attraits.

La femme, qui a naturellement l'instinct du mystère, qui prend plaisir à se voiler, qui ne découvre jamais qu'une moitié de ses grâces et de sa pensée, qui peut être devinée, mais non connue, qui, comme mère et comme vierge, est pleine de secrets, qui séduit surtout par son ignorance, qui fut formée pour la vertu et le sentiment le plus mystérieux, la pudeur et l'amour; cette femme, renonçant au doux instinct de son sexe, ira d'une main foible et téméraire chercher à soulever l'épais rideau qui couvre la Divinité! A qui pense-t-elle plaire par cet effort sacrilége? Croit-elle, en joignant ses ridicules blasphèmes et sa frivole métaphysique aux imprécations des Spinosa et aux sophismes des Bayle, nous donner une grande idée de son génie? Sans doute elle n'a pas dessein de se choisir un époux : quel homme de bon sens voudroit s'associer à une compagne impie?

L'épouse incrédule a rarement l'idée de ses devoirs; elle passe ses jours ou à raisonner sur la vertu sans la pratiquer, ou à suivre ses plaisirs dans le tourbillon du monde. Sa tête est vide, son âme creuse; l'ennui la dévore; elle n'a ni Dieu, ni soins domestiques, pour remplir l'abîme de ses moments.

Le jour vengeur approche; le Temps arrive, menant là vieillesse par la main. Le spectre aux cheveux blancs, aux épaules voûtées, aux mains de glace, s'assied sur le seuil du logis de la femme incrédule; elle l'aperçoit et pousse un cri. Mais qui peut entendre sa voix? Est-ce un époux? Il n'y en a plus pour elle : depuis long-temps il s'est éloigné du théâtre de son déshonneur. Sont-ce des enfants? Perdus par une éducation impie et par l'exemple maternel, se soucient-ils de leur mère? Si elle regarde dans le passé, elle n'aperçoit qu'un désert où ses vertus n'ont point laissé de traces. Pour la première fois, sa triste pensée se tourne vers le ciel; elle commence à croire qu'il eût été plus doux d'avoir une religion. Regret inutile! la dernière punition de l'athéisme dans ce monde est de désirer la foi sans pouvoir l'obtenir. Quand, au bout de sa carrière, on reconnoît les mensonges d'une fausse philosophie, quand le néant, comme un astre funeste, commence à se lever sur l'horizon de la mort, on voudroit revenir à Dieu, et il n'est plus temps : l'esprit abruti par l'incrédulité rejette toute conviction. Oh! qu'alors la solitude est profonde, lorsque la Divinité et les hommes se retirent à la fois! Elle meurt, cette femme, elle expire entre les bras d'une garde payée, ou d'un homme dégoûté par ses souffrances, qui trouve qu'elle a résisté au mal bien des jours. Un chétif cercueil renferme toute l'infortunée : on ne voit à ses funérailles ni une fille échevelée, ni des gendres et des petits-fils en pleurs ; digne cortége qui, avec la bénédiction du peuple et le chant des prêtres, accompagne au tombeau la mère de famille. Peut-être seulement un fils inconnu, qui ignore le honteux secret de sa naissance, rencontre par hasard le convoi, il s'étonne de l'abandon de cette bière, et demande le nom du mort à ceux qui vont jeter aux vers le cadavre qui leur fût promis par la femme athée.

Que différent est le sort de la femme religieuse ! Ses jours sont environnés de joie, sa vie est pleine d'amour : son époux, ses enfants, ses domestiques la respectent et la chérissent : tous reposent en elle une aveugle confiance, parce qu'ils croient fermement à la fidélité de celle qui est fidèle à son Dieu. La foi de cette chrétienne se fortifie par son bonheur, et son bonheur par sa foi ; elle croit en Dieu parce qu'elle est heureuse, et elle est heureuse parce qu'elle croit en Dieu.

Il suffit qu'une mère voie sourire son enfant, pour être convaincue de la réalité d'une félicité suprême. La bonté de la Providence se montre tout entière dans le berceau de l'homme. Quels accords touchants ! ne seroient-ils que les effets d'une insensible matière ? L'enfant naît, la mamelle est pleine ; la bouche du jeune convive n'est point armée, de peur de blesser la coupe du banquet maternel; il croît, le lait devient plus nourrissant; on le sèvre, la merveilleuse fontaine tarit. Cette femme si foible a tout à coup acquis des forces qui lui font surmonter des fatigues que ne pourroit supporter l'homme le plus robuste. Qu'est-ce qui la réveille au milieu de la nuit, au moment même où son fils va demander le repas accoutumé? D'où lui vient cette adresse qu'elle n'avoit jamais eue? Comme elle touche cette tendre fleur sans la briser! Ses soins semblent être le fruit de l'expérience de toute sa vie, et cependant c'est là son premier-né! Le moindre bruit épouvantoit la vierge : où sont les armées, les foudres, les périls, qui feront pâlir la mère? Jadis il falloit à cette femme une nourriture délicate, une robe fine, une couche molle; le moindre souffle de l'air l'incommodoit : à présent un pain grossier, un vêtement de bure, une poignée de paille, la pluie et les vents, ne lui importent guère, tandis qu'elle a dans sa mamelle une goutte de lait pour nourrir son fils, et dans ses haillons un coin de manteau pour l'envelopper.

Tout étant ainsi, il faudroit être bien obstiné pour ne pas embrasser le parti où non-seulement la raison trouve le plus grand nombre de preuves, mais où la morale, le bonheur, l'espérance, l'instinct même et les désirs de l'âme nous portent naturellement; car s'il étoit vrai, comme il est faux, que l'esprit tînt la balance égale entre Dieu et l'athéisme, encore est-il certain qu'elle pencheroit beaucoup du côté du premier : outre la moitié de sa raison, l'homme met de plus dans le bassin de Dieu tout le poids de son cœur.

On sera convaincu de cette vérité, si l'on examine la manière dont l'athéisme et la religion procèdent dans leurs démonstrations.

La religion ne se sert que de preuves générales ; elle ne juge que sur l'ordonnance des cieux, sur les lois de l'univers ; elle ne voit que les grâces de la nature, les instincts charmants des animaux et leurs convenances avec l'homme.

L'athéisme ne vous apporte que de honteuses exceptions ; il n'aperçoit que des désordres, des marais, des volcans, des bêtes nuisibles ; et, comme s'il cherchoit à se cacher dans la boue, il interroge les reptiles et les insectes, pour lui fournir des preuves contre Dieu.

La religion ne parle que de la grandeur et de la beauté de l'homme :

L'athéisme a toujours la lèpre et la peste à vous offrir.

La religion tire ses raisons de la sensibilité de l'âme, des plus doux attachements de la vie, de la piété filiale, de l'amour conjugal, de la tendresse maternelle :

L'athéisme réduit tout à l'instinct de la bête ; et pour premier argument de son système, il vous étale un cœur que rien ne peut toucher.

Enfin, dans le culte du chrétien, on nous assure que nos maux auront un terme ; on nous console, on essuie nos pleurs, on nous promet une autre vie :

Dans le culte de l'athée, les douleurs humaines font fumer l'encens, la mort est le sacrificateur, l'autel un cercueil, et le néant la divinité.

CHAPITRE VI.

FIN DES DOGMES DU CHRISTIANISME.

ÉTAT DES PEINES ET DES RÉCOMPENSES DANS UNE AUTRE VIE. ÉLYSÉE ANTIQUE, ETC.

L'existence d'un Être Suprême une fois reconnue, et l'immortalité de l'âme accordée, il n'y a plus, quant au fond, de difficulté à admettre un état de récompense et des châtiments après cette vie : les deux premiers dogmes entraînent de nécessité le troisième. Il ne s'agit donc que de faire voir combien celui-ci est moral et poétique dans les opinions chrétiennes, et combien la religion évangélique se montre encore ici supérieure à tous les cultes de la terre.

Dans l'Élysée des anciens on ne trouve que des héros et des hommes qui avoient été heureux ou éclatants dans le monde; les enfants, et apparemment les esclaves et les hommes obscurs (c'est-à-dire l'infortune et l'innocence), étoient relégués aux enfers. Et quelles récompenses pour la vertu, que ces banquets et ces danses dont l'éternelle durée suffiroit pour en faire un des tourments du Tartare?

Mahomet promet d'autres jouissances. Son paradis est une terre de musc et de la plus pure farine de froment, qu'arrosent le fleuve de vie, et l'Acawtar, rivière qui prend sa source sous les racines du *Tuba*, ou l'arbre du bonheur. Des fontaines dont les grottes sont d'ambre gris, et les bords d'aloës, murmurent sous des palmiers d'or. Sur les rives d'un lac quadrangulaire, reposent mille coupes faites d'étoiles, dont les âmes prédestinées se servent pour puiser l'onde. Les élus assis sur des tapis de soie, à l'entrée de leurs tentes, mangent le globe de la terre, transformé par Allah en un merveilleux gâteau. Des eunuques et soixante-douze filles aux yeux noirs leur servent dans trois cents plats d'or le poisson Nun, et les côtes du buffle Bâlam. L'ange Israfil chante de beaux cantiques; les houris mêlent leurs voix à ses concerts; et les âmes des poëtes vertueux, retirées dans la *glotte* de certains oiseaux qui voltigent sur l'*arbre du bonheur,* accompagnent le chœur céleste. Cependant des cloches de cristal, suspendues aux palmiers d'or, sont mélodieusement agitées par un vent sorti du trône de Dieu[1].

Les joies du ciel des Scandinaves étoient sanglantes; mais il y avoit de la grandeur dans les plaisirs attribués aux ombres guerrières; elles assembloient les orages et dirigeoient les tourbillons : ce paradis étoit le résultat du genre de vie que menoit le barbare du Nord. Errant sur des grèves sauvages et prêtant l'oreille à cette voix qui sort de l'Océan,

---

[1] Le *Coran* et les poëtes arabes.

il tomboit peu à peu dans la rêverie ; égaré de pensée en pensée, comme les flots de murmure en murmure, dans le vague de ses désirs ; il se mêloit aux éléments, montoit sur les nues fugitives, balançoit les forêts dépouillées, et voloit sur les mers avec les tempêtes.

Les enfers des nations infidèles sont aussi capricieux que leur ciel : nous parlerons du Tartare dans la partie littéraire de notre ouvrage, où nous allons entrer à l'instant. Quoi qu'il en soit, les récompenses que le christianisme promet à la vertu, et les châtiments qu'il annonce au crime, se font reconnoître au premier coup d'œil pour les véritables. Le ciel et l'enfer des chrétiens ne sont point imaginés d'après les mœurs particulières d'un peuple, mais ils sont fondés sur des idées générales qui conviennent à toutes les nations et à toutes les classes de la société. Écoutez ce qu'il y a de plus simple et de plus sublime en quelques mots : — Le bonheur du juste consistera, dans l'autre vie, à posséder Dieu avec plénitude ; — le malheur de l'impie sera de connoître les perfections de Dieu, et d'en être à jamais privé.

On dira peut-être que le christianisme ne fait que répéter ici les leçons des écoles de Platon et de Pythagore. On convient donc au moins que la religion chrétienne n'est pas la religion des *petits esprits*, puisqu'on avoue que ses dogmes sont ceux des *sages* ?

En effet, les gentils reprochoient aux premiers fidèles de n'être qu'une secte de philosophes ; mais, fût-il certain, ce qui n'est pas prouvé, que l'antiquité eût, touchant un état futur, les mêmes notions que le christianisme, autre est toutefois une vérité renfermée dans un petit cercle de disciples choisis, autre une vérité qui est devenue la manne commune du peuple. Ce que les beaux génies de la Grèce ont trouvé par un dernier effort de la raison, s'enseigne publiquement aux carrefours de nos cités ; et le manœuvre peut acheter, pour quelques deniers, dans le catéchisme de ses enfants, les secrets les plus sublimes des sectes antiques.

Nous ne dirons rien à présent du purgatoire, parce que nous le considérons ailleurs sous ses rapports moraux et poétiques. Quant au principe qui établit ce lieu d'expiation, il est fondé sur la raison même, puisqu'il y a un état de tiédeur entre le vice et la vertu, qui ne mérite ni les peines de l'enfer ni les récompenses du ciel.

CHAPITRE VII.

JUGEMENT DERNIER.

Les Pères ont été de différentes opinions sur l'état immédiat de l'âme du juste, après sa séparation d'avec le corps. Saint Augustin pense qu'elle va dans un séjour de paix, en attendant qu'elle se réunisse à sa chair incorruptible[1]. Saint Bernard

---

[1] *De Trinit.*, lib. xv, cap. xxv.

croit qu'elle est reçue dans le ciel, où elle contemple l'humanité de Jésus-Christ, mais non sa divinité, dont elle ne jouira qu'après sa résurrection[1]; dans quelques autres endroits de ses sermons, il assure qu'elle entre immédiatement dans la plénitude du bonheur céleste[2] : c'est le sentiment que l'Église paroît avoir adopté.

Mais comme il est juste que le corps et l'âme qui ont commis ou pratiqué ensemble, ou la faute, ou la vertu, souffrent ou soient récompensés ensemble, la religion nous enseigne que celui qui nous tira de la poussière nous en rappellera une seconde fois pour comparoître à son tribunal. L'école stoïque croyoit, ainsi que les chrétiens, à l'enfer, au paradis, au purgatoire, et à la résurrection des corps[3], et l'idée confuse de ce dernier dogme étoit répandue chez les mages[4]. Les Égyptiens espéroient revivre après avoir passé mille ans dans la tombe[5]; les vers sibyllins parlent de la résurrection, du jugement dernier[6], etc.

Pline, en se moquant de Démocrite, nous apprend quelle étoit l'opinion de ce philosophe touchant une résurrection : *Similis et de asservandis*

---

[1] *Serm. in Sanct. omn.* 1-2-3. *De Considerat.*, lib. v, cap. iv.

[2] *Serm.* 11 *de S. Malac.*, n° 5. *Serm. de S. Vict.*, n° 4.

[3] Senec.; *Epist.* xc; *Id. ad Marc.*, Laert., lib. vii; Plut., *in Resig. Stoïc. et in fac. lun.*

[4] Hyde, *Relig. Pers.*; Plut., *de Is. et Osir.*

[5] Diod. et Hérod.

[6] Bocchus, *in Solin.*, cap. viii; Lact., lib. vii, cap. xxix; lib. iv, cap. xv, xviii et xix.

corporibus hominum, ac reviviscendi promissa à Democrito vanitas, qui non vixit ipse[1].

La résurrection est clairement exprimée dans ces vers de Phocylide, sur la cendre des morts :

Οὐ καλὸν ἁρμονίην ἀναλυεμεν ἀνθρώποιο.
Καὶ τάχα δ' ἐκ γαίης ἐλπίζομεν ἐς φάος ἐλθεῖν
Λείψαν' ἀποιχομενων, ὀπίσω δὲ θεοὶ τελέθονται.

« Il est impie de disperser les restes de l'homme, car la cendre et les ossements des morts retourneront à la lumière, et deviendront semblables aux Dieux. »

Virgile parle obscurément du dogme de la résurrection dans le sixième livre de l'Énéide.

Mais comment des atomes dispersés dans les éléments pourront-ils se réunir pour former les mêmes corps ? Il y a long-temps que cette objection a été faite, et la plupart des Pères y ont répondu[2]. « Explique-moi comment tu es, dit Tertullien, et je te dirai comment tu seras[3]. »

Rien n'est plus frappant et plus formidable que ce moment de la fin des siècles annoncé par le christianisme.

En ce temps-là des signes se manifesteront dans les cieux : le puits de l'abîme s'ouvrira ; les sept anges verseront les sept coupes pleines de la colère ;

---

[1] *Lib.* VII, cap. LV.
[2] S. Cyrille, évêque de Jérusalem, *Catech.* XVIII; S. Greg. Nic., *Orat. pro Res. carn.*; S. August., *de Civ. Dei*, lib. XX; S. Chrys., *Homel. in Resur. carn.*; S. Greg., pap., *Dial.* IV; S. Ambr., *Serm. in Fid. res.*; S. Epiph. Ancyrot., pag. 38.
[3] *In Apologet.*

les peuples s'entre-tueront; les mères entendront leurs fruits se plaindre dans leur sein, et la Mort parcourra les royaumes sur son cheval pâle[1].

Cependant la terre chancelle sur ses bases, la lune se couvre d'un voile sanglant, les astres pendent à demi détachés de leur voûte : l'agonie du monde commence. Tout à coup l'heure fatale vient à frapper; Dieu suspend les flots de la création, et le monde a passé comme un fleuve tari.

Alors se fait entendre la trompette de l'ange du jugement; il crie: *Morts, levez-vous !* SURGITE, MORTUI! Les sépulcres se fendent, le genre humain sort du tombeau, et les races s'assemblent dans Josaphat.

Le Fils de l'Homme apparoît sur les nuées; les puissances de l'enfer remontent du fond de l'abîme pour assister au dernier arrêt prononcé sur les siècles; les boucs et les brebis sont séparés, les méchants s'enfoncent dans le gouffre, les justes montent dans les cieux; Dieu rentre dans son repos, et partout règne l'éternité.

[1] *Apoc.*, cap. vi, v. 8.

CHAPITRE VIII.

BONHEUR DES JUSTES.

On demande quelle est cette plénitude de bonheur céleste promise à la vertu par le christianisme; on se plaint de sa trop grande mysticité : « Du moins dans le système mythologique, dit-on, on pouvoit se former une image des plaisirs des ombres heureuses; mais comment comprendre la félicité des élus? »

Fénelon l'a cependant devinée, cette félicité, lorsqu'il fait descendre Télémaque au séjour des mânes : son Élysée est visiblement un paradis chrétien. Comparez sa description à l'Élysée de l'Énéide, et vous verrez quels progrès le christianisme a fait faire à la raison et au cœur de l'homme.

« Une lumière pure et douce se répand autour du corps de ces hommes justes, et les environne de ses rayons comme d'un vêtement : cette lumière n'est point semblable à la lumière sombre qui éclaire les yeux des misérables mortels, et qui n'est que ténèbres; c'est plutôt une gloire céleste qu'une lumière : elle pénètre plus subtilement les corps les plus épais que les rayons du soleil ne pénètrent le plus pur cristal : elle n'éblouit jamais; au contraire, elle fortifie les yeux et porte dans le fond de l'âme je ne sais quelle sérénité : c'est d'elle seule que les hommes bienheureux sont nourris; elle sort d'eux et elle y entre : elle les pénètre, et s'incorpore à eux comme les aliments s'incorporent à nous. Ils la voient, ils la sentent, ils la respirent; elle fait naître en eux une source intarissable de paix et de joie : ils sont plongés dans cet abîme de délices comme les poissons dans la mer; ils ne veulent plus rien; ils ont tout sans rien avoir; car le goût de lumière pure apaise la faim de leur cœur... . . . .

. . . . Une jeunesse éternelle, une félicité sans fin, une gloire toute divine est peinte sur leur visage, mais leur joie n'a rien de folâtre ni d'indécent : c'est une joie douce, noble, pleine de majesté; c'est un goût sublime de la vérité et de la vertu qui les transporte : ils sont sans interruption, à chaque moment, dans le même saisissement de cœur où est une mère qui revoit son cher fils qu'elle avoit cru mort; et cette joie, qui échappe bientôt à la mère, ne s'enfuit jamais du cœur de ces hommes [1]. »

Les plus belles pages du *Phédon* sont moins divines que cette peinture; et cependant Fénelon, resserré dans les bornes de sa fiction, n'a pu attribuer aux ombres tout le bonheur qu'il eût retracé dans les véritables élus [2].

Le plus pur de nos sentiments dans ce monde, c'est l'admiration; mais cette admiration terrestre est toujours mêlée de foiblesse, soit dans l'objet qui admire, soit dans l'objet admiré. Qu'on imagine

---

[1] Liv. XIX.
[2] Voyez aussi le *Sermon sur le ciel*, par l'abbé POULLE.

donc un être parfait, source de tous les êtres, en qui se voit clairement et saintement tout ce qui fut, est et sera; que l'on suppose en même temps une âme exempte d'envie et de besoins, incorruptible, inaltérable, infatigable, capable d'une attention sans fin; qu'on se la figure contemplant le Tout-Puissant, découvrant sans cesse en lui de nouvelles connoissances et de nouvelles perfections, passant d'admiration en admiration, et ne s'apercevant de son existence que par le sentiment prolongé de cette admiration même; concevez de plus Dieu comme souveraine beauté, comme principe universel d'amour; représentez-vous toutes les amitiés de la terre venant se perdre ou se réunir dans cet abîme de sentiments, ainsi que des gouttes d'eau dans la mer, de sorte que l'âme fortunée aime Dieu uniquement, sans pourtant cesser d'aimer les amis qu'elle eut ici-bas; persuadez-vous enfin que le prédestiné a la conviction intime que son bonheur ne finira point [1]: alors vous aurez une idée, à la vérité très imparfaite, de la félicité des justes; alors vous comprendrez que tout ce que le chœur des bienheureux peut faire entendre, c'est ce cri : *Saint! Saint! Saint!* qui meurt et renaît éternellement dans l'extase éternelle des cieux.

[1] Saint Augustin.

FIN DE LA PREMIÈRE PARTIE.

SECONDE PARTIE.

POÉTIQUE DU CHRISTIANISME.

LIVRE PREMIER.

VUE GÉNÉRALE DES ÉPOPÉES CHRÉTIENNES.

CHAPITRE PREMIER.

QUE LA POÉTIQUE DU CHRISTIANISME SE DIVISE EN TROIS BRANCHES :

POÉSIE, BEAUX-ARTS, LITTÉRATURE,

QUE LES SIX LIVRES DE CETTE SECONDE PARTIE TRAITENT SPÉCIALEMENT DE LA POÉSIE.

LE bonheur des élus, chanté par l'Homère chrétien, nous mène naturellement à parler des effets du christianisme dans la poésie. En traitant du génie de cette religion, comment pourrions-nous oublier son influence sur les lettres et sur les arts? influence qui a, pour ainsi dire, changé l'esprit humain, et créé dans l'Europe moderne des peuples tout différents des peuples antiques.

Les lecteurs aimeront peut-être à s'égarer sur Oreb et Sinaï, sur les sommets de l'Ida et du Taygète, parmi les fils de Jacob et de Priam, au milieu des dieux et des bergers. Une voix poétique s'élève des ruines qui couvrent la Grèce et l'Idumée, et crie de loin au voyageur : « Il n'est que deux belles sortes de noms et de souvenirs dans l'histoire, ceux des Israélites et des Pélasges. »

Les douze livres que nous avons consacrés à ces recherches littéraires composent, comme nous l'avons dit, la seconde et la troisième partie de notre ouvrage, et séparent les six livres du *dogme* des six livres du *culte.*

Nous jetterons d'abord un coup d'œil sur les poëmes où la religion chrétienne tient la place de la mythologie, parce que l'épopée est la première des compositions poétiques. Aristote, il est vrai, a prétendu que le poëme épique est tout entier dans la tragédie; mais ne pourroit-on pas croire, au contraire, que c'est le drame qui est tout entier dans l'épopée? Les adieux d'Hector et d'Andromaque, Priam dans la tente d'Achille, Didon à Carthage, Énée chez Évandre, ou renvoyant le corps du jeune Pallas, Tancrède et Herminie, Adam et Ève, sont de véritables tragédies, où il ne manque que la division des scènes et le nom des interlocuteurs. D'ailleurs la tragédie même n'est-elle pas née de l'*Iliade,* comme la comédie est sortie du *Margitès?* Mais si Calliope emprunte les ornements de Melpomène, la première a des charmes que la seconde ne peut imiter : le *merveilleux,* les *descriptions,* les *épisodes,* ne sont point du ressort dramatique. Toute espèce de ton, même le ton comique, toute harmonie poétique, depuis la lyre jusqu'à la trompette, peuvent se faire entendre dans l'épopée. L'épopée a donc des parties qui manquent au drame; elle demande donc un talent plus universel : elle est donc une œuvre plus complète que la tragédie. En effet, on peut avancer, avec quelque vraisemblance, qu'il est moins difficile de faire les cinq actes d'un *OEdipe Roi* que de créer les vingt-quatre livres d'une *Iliade*. Autre chose est de produire un ouvrage de quelques mois de travail, autre chose est d'élever un monument qui demande les labeurs de toute une vie. Sophocle et Euripide étoient sans doute de beaux génies; mais ont-ils obtenu dans les siècles cette admiration, cette hauteur de renommée dont jouissent si justement Homère et Virgile? Enfin, si le drame est la première des compositions, et que l'épopée ne soit que la seconde, comment se fait-il que, depuis les Grecs jusqu'à nous, on ne compte que cinq ou six poëmes épiques, tandis qu'il n'y a pas de nations qui ne se vantent de posséder plusieurs bonnes tragédies?

CHAPITRE II.

VUE GÉNÉRALE DES POEMES OU LE MERVEILLEUX DU CHRISTIANISME
REMPLACE LA MYTHOLOGIE.

L'ENFER DU DANTE, LA JÉRUSALEM DÉLIVRÉE.

Posons d'abord quelques principes.

Dans toute épopée les hommes et leurs passions sont faits pour occuper la première et la plus grande place.

Ainsi, tout poëme où une religion est employée comme *sujet* et non comme *accessoire*, où le *merveilleux* est le *fond* et non *l'accident* du tableau, pèche essentiellement par la base.

Si Homère et Virgile avoient établi leurs scènes dans l'Olympe, il est douteux, malgré leur génie, qu'ils eussent pu soutenir jusqu'au bout l'intérêt dramatique. D'après cette remarque, il ne faut plus attribuer au christianisme la langueur qui règne dans le poëme dont les principaux personnages sont des êtres surnaturels : cette langueur tient au vice même de la composition. Nous verrons, à l'appui de cette vérité, que plus le poëte, dans l'épopée, garde un juste milieu entre les choses divines et les choses humaines, plus il devient *divertissant*, pour parler comme Despréaux. *Divertir* afin *d'enseigner* est la première qualité requise en poésie.

Sans rechercher quelques poëmes écrits dans un latin barbare, le premier ouvrage qui s'offre à nous est la *Divina Commedia* du Dante. Les beautés de cette production bizarre découlent presque entièrement du christianisme ; ses défauts tiennent au siècle et au mauvais goût de l'auteur. Dans le pathétique et dans le terrible, le Dante a peut-être égalé les plus grands poëtes. Nous reviendrons sur les détails.

Il n'y a dans les temps modernes que deux beaux sujets de poëme épique, les *Croisades* et la *Découverte du Nouveau-Monde* : Malfilâtre se proposoit de chanter la dernière ; les muses regrettent encore que ce jeune poëte ait été surpris par la mort avant d'avoir exécuté son dessein. Toutefois ce sujet a, pour un François, le défaut d'être étranger. Or, c'est un autre principe de toute vérité, qu'il faut travailler sur un fonds antique, ou si l'on choisit une histoire moderne, qu'il faut chanter sa nation.

Les croisades rappellent *la Jérusalem délivrée* : ce poëme est un modèle parfait de composition. C'est là qu'on peut apprendre à mêler les sujets sans les confondre : l'art avec lequel le Tasse vous transporte d'une bataille à une scène d'amour, d'une scène d'amour à un conseil, d'une procession à un palais magique, d'un palais magique à un camp, d'un assaut à la grotte d'un solitaire, du tumulte d'une cité assiégée à la cabane d'un pasteur ; cet art, disons-nous, est admirable. Le dessin des caractères n'est pas moins savant : la férocité d'Argant est opposée à la générosité de Tancrède ; la grandeur de Soliman à l'éclat de Renaud, la sagesse de Godefroi à la ruse d'Aladin ; il n'y a pas jusqu'à l'ermite

Pierre, comme l'a remarqué Voltaire, qui ne fasse un beau contraste avec l'enchanteur Ismen. Quant aux femmes, la coquetterie est peinte dans Armide, la sensibilité dans Herminie, l'indifférence dans Clorinde. Le Tasse eût parcouru le cercle entier des caractères de femmes s'il eût représenté *la mère*. Il faut peut-être chercher la raison de cette omission dans la nature de son talent, qui avoit plus d'enchantement que de vérité et plus d'éclat que de tendresse.

Homère semble avoir été particulièrement doué de génie, Virgile de sentiment, le Tasse d'imagination. On ne balanceroit pas sur la place que le poëte italien doit occuper s'il faisoit quelquefois rêver sa muse, en imitant les soupirs du Cygne de Mantoue. Mais le Tasse est presque toujours faux quand il fait parler le cœur; et comme les traits de l'âme sont les véritables beautés, il demeure nécessairement au-dessous de Virgile.

Au reste, si la *Jérusalem* a une fleur de poésie exquise, si l'on y respire l'âge tendre, l'amour et les plaisirs du grand homme infortuné qui composa ce chef-d'œuvre dans sa jeunesse, on y sent aussi les défauts d'un âge qui n'étoit pas assez mûr pour la haute entreprise d'une épopée. L'octave du Tasse n'est presque jamais pleine; et son vers, trop vite fait, ne peut être comparé au vers de Virgile, cent fois retrempé au feu des muses. Il faut encore remarquer que les idées du Tasse ne sont pas d'une aussi belle *famille* que celles du poëte latin. Les ouvrages des anciens se font reconnoître nous dirions presque à leur *sang*. C'est moins chez eux, ainsi que parmi nous, quelques pensées éclatantes, au milieu de beaucoup de choses communes, qu'une belle troupe de pensées qui se conviennent et qui ont toutes comme un air de parenté : c'est le groupe des enfants de Niobé, nus, simples, pudiques, rougissants, se tenant par la main avec un doux sourire, et portant, pour seul ornement, dans leurs cheveux une couronne de fleurs.

D'après la *Jérusalem* on sera du moins obligé de convenir qu'on peut faire quelque chose d'excellent sur un sujet chrétien. Et que seroit-ce donc si le Tasse eût osé employer les grandes machines du christianisme ? Mais on voit qu'il a manqué de hardiesse. Cette timidité l'a forcé d'user des petits ressorts de la magie, tandis qu'il pouvoit tirer un parti immense du tombeau de Jésus-Christ qu'il nomme à peine, et d'une terre consacrée par tant de prodiges. La même timidité l'a fait échouer dans son *Ciel*. Son *Enfer* a plusieurs traits de mauvais goût. Ajoutons qu'il ne s'est pas assez servi du mahométisme, dont les rites sont d'autant plus curieux qu'ils sont peu connus. Enfin il auroit pu jeter un regard sur l'ancienne Asie, sur cette Égypte si fameuse, sur cette grande Babylone, sur cette superbe Tyr, sur les temps de Salomon et d'Isaïe. On s'étonne que sa muse ait oublié la harpe de David en parcourant Israël. N'entend-on plus sur le sommet du Liban la voix des prophètes ? Leurs ombres n'apparoissent-elles pas quelquefois sous les cèdres et parmi les pins ? Les anges ne chantent-ils plus sur

Golgotha, et le torrent de Cédron a-t-il cessé de gémir? On est fâché que le Tasse n'ait pas donné quelque souvenir aux patriarches : le berceau du monde, dans un petit coin de la *Jérusalem*, feroit un assez bel effet.

CHAPITRE III.

PARADIS PERDU.

On peut reprocher au *Paradis perdu* de Milton, ainsi qu'à l'*Enfer* du Dante, le défaut dont nous avons parlé : le *merveilleux* est le *sujet* et non la *machine* de l'ouvrage; mais on y trouve des beautés supérieures, qui tiennent essentiellement à notre religion.

L'ouverture du poëme se fait aux enfers, et pourtant ce début n'a rien qui choque la règle de simplicité prescrite par Aristote. Pour un édifice si étonnant il falloit un portique extraordinaire, afin d'introduire le lecteur dans ce monde inconnu, dont il ne devoit plus sortir.

Milton est le premier poëte qui ait conclu l'épopée par le malheur du principal personnage, contre la règle généralement adoptée. Qu'on nous permette de penser qu'il y a quelque chose de plus intéressant, de plus grave, de plus semblable à la condition humaine, dans un poëme qui aboutit à l'infortune, que dans celui qui se termine au bonheur. On pourroit même soutenir que la catastrophe de l'*Iliade* est tragique. Car si le fils de Pélée atteint le but de ses désirs, toutefois la conclusion du poëme laisse un sentiment profond de tristesse[1] : on vient de voir les funérailles de Patrocle, Priam rachetant le corps d'Hector, la douleur d'Hécube et d'Andromaque, et l'on aperçoit dans le lointain la mort d'Achille et la chute de Troie.

Le berceau de Rome chanté par Virgile est un grand sujet, sans doute; mais que dire du sujet d'un poëme qui peint une catastrophe dont nous sommes nous-mêmes les victimes, qui ne nous montre pas le fondateur de telle ou telle société, mais le père du genre humain ? Milton ne vous entretient ni de batailles, ni de jeux funèbres, ni de camps, ni de villes assiégées ; il retrace la première pensée de Dieu, manifestée dans la création du monde, et les premières pensées de l'homme au sortir des mains du Créateur.

Rien de plus auguste et de plus intéressant que cette étude des premiers mouvements du cœur de

---

[1] Ce sentiment vient peut-être de l'intérêt qu'on prend à Hector. Hector est autant le héros du poëme qu'Achille : c'est le défaut de l'*Iliade*. Il est certain que l'amour des lecteurs se porte sur les Troyens, contre l'intention du poëte, parce que les scènes dramatiques se passent toutes dans les murs d'Ilion. Ce vieux monarque, dont le seul crime est d'aimer trop un fils coupable ; ce généreux Hector, qui connoît la faute de son frère, et qui cependant défend son frère ; cette Andromaque, cet Astyanax, cette Hécube, attendrissent le cœur ; tandis que le camp des Grecs n'offre qu'avarice, perfidie et férocité : peut-être aussi le souvenir de l'*Énéide* agit-il secrètement sur le lecteur moderne, et l'on se range sans le vouloir du côté des héros chantés par Virgile.

l'homme. Adam s'éveille à la vie; ses yeux s'ouvrent : il ne sait d'où il sort. Il regarde le firmament; par un mouvement de désir, il veut s'élancer vers cette voûte, et il se trouve debout, la tête levée vers le ciel. Il touche ses membres; il court, il s'arrête; il veut parler, et il parle. Il nomme naturellement ce qu'il voit, et s'écrie : « *O toi, soleil, et vous, arbres, forêts, collines, vallées, animaux divers!* » et les noms qu'il donne sont les vrais noms des êtres. Et pourquoi Adam s'adresse-t-il au soleil, aux arbres ? « *Soleil, arbres*, dit-il, *savez-vous le nom de celui qui m'a créé ?* » Ainsi, le premier sentiment que l'homme éprouve est le sentiment de l'existence de l'Être suprême; le premier besoin qu'il manifeste, est le besoin de Dieu! Que Milton est sublime dans ce passage! Mais se fût-il élevé à ces pensées s'il n'eût connu la religion de Jésus-Christ ?

Dieu se manifeste à Adam; la créature et le Créateur s'entretiennent ensemble : *ils parlent de la solitude*. Nous supprimons les réflexions. La solitude ne *vaut rien à l'homme*. Adam s'endort; Dieu tire du sein même de notre premier père une nouvelle créature, et la lui présente à son réveil : « La grâce est dans sa démarche, le ciel dans ses yeux, et la dignité et l'amour dans tous ses mouvements. Elle s'appelle la *femme*; elle est née de l'homme. L'homme quittera pour elle son père et sa mère. » Malheur à celui qui ne sentiroit pas là-dedans la Divinité!

Le poëte continue à développer ces grandes vues de la nature humaine, cette sublime raison du christianisme. Le caractère de la femme est admirablement tracé dans la fatale chute. Ève tombe par amour-propre : elle se vante d'être assez forte pour s'exposer seule ; elle ne veut pas qu'Adam l'accompagne dans le lieu où elle cultive des fleurs. Cette belle créature, qui se croit invincible en raison même de sa foiblesse, ne sait pas qu'un seul mot peut la subjuguer. L'Écriture nous peint toujours la femme esclave de sa vanité. Quand Isaïe menace les filles de Jérusalem : « Vous perdrez, leur dit-il, vos boucles d'oreilles, vos bagues, vos bracelets, vos voiles. » On a remarqué de nos jours un exemple frappant de ce caractère. Telles femmes, pendant la révolution, ont donné des preuves multipliées d'héroïsme ; et leur vertu est venue depuis échouer contre un bal, une parure, une fête. Ainsi s'explique une de ces mystérieuses vérités cachées dans les Écritures : en condamnant la femme à enfanter avec douleur, Dieu lui a donné une très grande force contre la peine ; mais en même temps, et en punition de sa faute, il l'a laissée foible contre le plaisir. Aussi Milton appelle-t-il la femme *fair defect of nature,* « beau défaut de la nature. »

La manière dont le poëte anglois a conduit la chute de nos premiers pères mérite d'être examinée. Un esprit ordinaire n'auroit pas manqué de renverser le monde au moment où Ève porte à sa bouche le fruit fatal ; Milton s'est contenté de faire pousser un soupir à la terre qui vient d'enfanter la mort : on est beaucoup plus surpris, parce que cela est beaucoup moins surprenant. Quelles calamités cette tranquillité présente de la nature ne fait-elle point entrevoir dans l'avenir! Tertullien, cherchant pourquoi l'univers n'est point dérangé par les crimes des hommes, en apporte une raison sublime : cette raison, c'est la PATIENCE de Dieu.

Lorsque la mère du genre humain présente le fruit de science à son époux, notre premier père ne se roule point dans la poudre, ne s'arrache point les cheveux, ne jette point de cris. Un tremblement le saisit, il reste muet, la bouche entr'ouverte, et les yeux attachés sur son épouse. Il aperçoit l'énormité du crime : d'un côté, s'il désobéit il devient sujet à la mort; de l'autre, s'il reste fidèle il garde son immortalité, mais il perd sa compagne, désormais condamnée au tombeau. Il peut refuser le fruit; mais peut-il vivre sans Ève? le combat n'est pas long : tout un monde est sacrifié à l'amour. Au lieu d'accabler son épouse de reproches, Adam la console, et prend de sa main la pomme fatale. A cette consommation du crime rien ne s'altère encore dans la nature : les passions seulement font gronder leurs premiers orages dans le cœur du couple malheureux.

Adam et Ève s'endorment : mais ils n'ont plus cette innocence qui rend les songes légers. Bientôt ils sortent de ce sommeil agités, comme on sortiroit d'une pénible insomnie (*as from unrest*). C'est alors que leur péché se présente à eux. « *Qu'avons-nous fait ? s'écrie Adam; pourquoi es-tu nue? Couvrons-nous, de peur qu'on ne nous voie dans cet état.* » Le vêtement ne cache point une nudité dont on s'est aperçu.

Cependant la faute est connue au ciel, une sainte tristesse saisit les anges, mais *that sadness mixt with pity, did not alter their bliss;* « cette tristesse, mêlée *à la pitié*, n'altéra point leur bonheur; » mot chrétien et d'une tendresse sublime. Dieu envoie son fils pour juger les coupables; le juge descend; il appelle Adam : « Où es-tu? » lui dit-il. Adam se cache. — « Seigneur, je n'ose me montrer à vous, parce que je suis nu. » — « Comment sais-tu que tu es nu ? Aurois-tu mangé du fruit de science ? » Quel dialogue ! cela n'est point d'invention humaine. Adam confesse son crime; Dieu prononce la sentence : « Homme ! tu mangeras ton pain à la sueur de ton front; tu déchireras péniblement le sein de la terre; sorti de la poudre, tu retourneras en poudre. — Femme, tu enfanteras avec douleur. » Voilà l'histoire du genre humain en quelques mots. Nous ne savons pas si le lecteur est frappé comme nous ; mais nous trouvons dans cette scène de la Genèse quelque chose de si extraordinaire et de si grand, qu'elle se dérobe à toutes les explications du critique; l'admiration manque de termes, et l'art rentre dans le néant.

Le Fils de Dieu remonte au ciel, après avoir laissé des vêtements aux coupables. Alors commence ce fameux drame entre Adam et Ève, dans lequel on prétend que Milton a consacré un événement de sa vie, un raccommodement entre lui et sa première femme. Nous sommes persuadé que les grands écrivains ont mis leur histoire dans leurs ouvrages. On ne peint bien que son propre cœur, en l'attribuant à un autre; et la meilleure partie du génie se compose de souvenirs.

Adam s'est retiré seul pendant la nuit sous un ombrage : la nature de l'air est changée; des vapeurs froides, des nuages épais obscurcissent les cieux; la foudre a embrasé les arbres, les animaux fuient à la vue de l'homme; le loup commence à poursuivre l'agneau, le vautour à déchirer la colombe. Adam tombe dans le désespoir; il désire de rentrer dans le sein de la terre. Mais un doute le saisit... s'il avoit en lui quelque chose d'immortel ? si ce souffle de vie qu'il a reçu de Dieu ne pouvoit périr ? si la mort ne lui étoit d'aucune ressource ? s'il étoit condamné à être éternellement malheureux ? La philosophie ne peut demander un genre de beautés plus élevées et plus graves. Non-seulement les poëtes antiques n'ont jamais fondé un désespoir sur de pareilles bases, mais les moralistes eux-mêmes n'ont rien d'aussi grand.

Ève a entendu les gémissements de son époux : elle s'avance vers lui; Adam la repousse; Ève se jette à ses pieds, les baigne de larmes. Adam est touché; il relève la mère des hommes. Ève lui propose de vivre dans la continence, ou de se donner la mort, pour sauver sa postérité. Ce désespoir, si bien attribué à une femme, tant par son excès que par sa générosité, frappe notre premier père. Que va-t-il répondre à son épouse ? « Ève, l'espoir que tu fondes « sur le tombeau, et ton mépris pour la mort, me « prouvent que tu portes en toi quelque chose qui « n'est pas soumis au néant. »

Le couple infortuné se décide à prier Dieu et à se recommander à la miséricorde éternelle. Il se prosterne et élève un cœur et une voix humiliés vers celui qui pardonne. Ces accents montent au séjour céleste, et le Fils se charge lui-même de les présenter à son Père. On admire avec raison dans l'*Iliade* les *Prières boiteuses*, qui suivent l'*Injure* pour réparer les maux qu'elle a faits. Cependant Milton lutte ici sans trop de désavantage contre cette fameuse allégorie : ces premiers soupirs d'un cœur contrit, qui trouvent la route que tous les soupirs du monde doivent bientôt suivre ; ces humbles vœux qui viennent se mêler à l'encens qui fume devant le Saint des saints ; ces larmes pénitentes qui réjouissent les esprits célestes, ces larmes qui sont offertes à l'Éternel par le Rédempteur du genre humain, ces larmes qui touchent Dieu lui-même, (tant a de puissance la première prière de l'homme repentant et malheureux!): toutes ces beautés réunies ont en soi quelque chose de si moral, de si solennel, de si attendrissant, qu'elles ne sont peut-être point effacées par les *Prières* du chantre d'Ilion.

Le Très-Haut se laisse fléchir, et accorde le salut final de l'homme. Milton s'est emparé avec beaucoup d'art de ce premier mystère des Écritures ; il a mêlé partout l'histoire d'un Dieu qui, dès le commencement des siècles, se dévoue à la mort pour racheter l'homme de la mort. La chute d'Adam devient plus puissante et plus tragique quand on la voit envelopper dans ses conséquences jusqu'au Fils de l'Eternel.

Outre ces beautés, qui appartiennent au fond du *Paradis perdu*, il y a une foule de beautés de détail dont il seroit trop long de rendre compte. Milton a surtout le mérite de l'expression. On connoît *les ténèbres visibles, le silence ravi, etc.* Ces hardiesses, lorsqu'elles sont bien sauvées, comme les dissonances en musique, font un effet très brillant; elles ont un faux air de génie : mais il faut prendre garde d'en abuser; quand on les recherche elles ne deviennent plus qu'un jeu de mots puéril, pernicieux à la langue et au goût.

Nous observerons encore que le chantre d'Éden, à l'exemple du chantre de l'Ausonie, est devenu original en s'appropriant des richesses étrangères : l'écrivain original n'est pas celui qui n'imite personne, mais celui que personne ne peut imiter.

Cet art de s'emparer des beautés d'un autre temps pour les accommoder aux mœurs du siècle où l'on vit a surtout été connu du poëte de Mantoue. Voyez, par exemple, comme il a transporté à la mère d'Euryale les plaintes d'Andromaque sur la mort d'Hector. Homère, dans ce morceau, a quelque chose de plus naïf que Virgile, auquel il a fourni d'ailleurs tous les traits frappants, tels que l'ouvrage échappant des mains d'Andromaque, l'évanouissement, etc. (et il en a quelques autres qui ne sont point dans l'*Énéide*, comme le pressentiment du malheur, et cette tête qu'Andromaque échevelée avance à travers les créneaux). Mais aussi l'épisode d'Euryale est plus pathétique et plus tendre. Cette mère qui, seule de toutes les Troyennes, a voulu suivre les destinées d'un fils; ces habits devenus inutiles, dont elle occupoit son amour maternel, son exil, sa vieillesse et sa solitude, au moment même où l'on promenoit la tête du jeune homme sous les remparts du camp, ce *femineo ululatu*, sont des choses qui n'appartiennent qu'à l'âme de Virgile. Les plaintes d'Andromaque, plus étendues, perdent de leur force; celles de la mère d'Euryale, plus resserrées, tombent, avec tout leur poids, sur le cœur. Cela prouve qu'une grande différence existoit déjà entre les temps de Virgile et ceux d'Homère, et qu'au siècle du premier tous les arts, même celui d'aimer, avoient acquis plus de perfection.

CHAPITRE IV.

DE QUELQUES POEMES FRANÇOIS ET ÉTRANGERS.

Quand le christianisme n'auroit donné à la poésie que *le Paradis perdu ;* quand son génie n'auroit inspiré ni *la Jérusalem délivrée*, ni *Polyeucte*, ni *Esther*, ni *Athalie*, ni *Zaïre*, ni *Alzire*, on pourroit encore soutenir qu'il est favorable aux muses. Nous placerons dans ce chapitre, entre *le Paradis perdu* et *la Henriade*, quelques poëmes françois et étrangers dont nous n'avons qu'un mot à dire.

Les morceaux remarquables répandus dans le *Saint Louis* du Père Lemoine ont été si souvent cités, que nous ne les répèterons point ici. Ce poëme informe a pourtant quelques beautés qu'on chercheroit en vain dans *la Jérusalem.* Il y règne une sombre imagination, très propre à la peinture de cette Égypte pleine de souvenirs et de tombeaux, et qui vit passer tour à tour les Pharaons, les Ptolémées, les solitaires de la Thébaïde, et les Soudans des Barbares.

La *Pucelle* de Chapelain, le *Moïse sauvé* de Saint-Amand, et le *David* de Coras, ne sont plus connus que par les vers de Boileau. On peut cependant tirer quelque fruit de la lecture de ces ouvrages : le *David* surtout mérite d'être parcouru.

Le prophète Samuel raconte à David l'histoire des rois d'Israël.

>Jamais, dit le grand saint, la fière tyrannie
>Devant le Roi des rois ne demeure impunie :
>Et de nos derniers chefs le juste châtiment
>En fournit à toute heure un triste monument.
>. . . . .
>Contemple donc Héli, le chef du tabernacle,
>Que Dieu fit de son peuple et le juge et l'oracle ;
>Son zèle à sa patrie eût pu servir d'appui,
>S'il n'eût produit deux fils trop peu dignes de lui.
>. . . . .
>Mais Dieu fait sur ces fils, dans le vice obstinés,
>Tonner l'arrêt des coups qui leur sont destinés ;
>Et par un saint héros, dont la voix les menace,
>Leur annonce leur perte et celle de leur race.
>O ciel! quand tu lanças ce terrible décret,
>Quel ne fut point d'Héli le deuil et le regret !
>Mes yeux furent témoins de toutes ses alarmes,
>Et mon front bien souvent fut mouillé de ses larmes.

Ces vers sont remarquables parce qu'ils sont

assez beaux comme *vers*. Le mouvement qui les termine pourroit être avoué d'un grand poëte.

L'épisode de Ruth, raconté dans la grotte sépulcrale où sont ensevelis les anciens patriarches, a de la simplicité :

> On ne sait qui des deux, ou l'épouse ou l'époux,
> Eut l'âme la plus pure et le sort le plus doux.
> . . . .

Enfin Coras réussit quelquefois dans le vers *descriptif*. Cette image du soleil à son midi est pittoresque.

> Cependant le soleil, couronné de splendeur,
> Amoindrissant sa forme, augmentoit son ardeur.

Saint-Amand, presque vanté par Boileau, qui lui accorde du génie, est néanmoins inférieur à Coras. La composition du *Moïse sauvé* est languissante, le vers lâche et prosaïque, le style plein d'antithèses et de mauvais goût. Cependant on y remarque quelques morceaux d'un sentiment vrai, et c'est sans doute ce qui avoit adouci l'humeur du chantre de l'*Art poétique*.

Il seroit inutile de nous arrêter à l'*Araucana*, avec ses trois parties et ses trente-cinq chants originaux, sans oublier les chants supplémentaires de *Don Diego de Santistevan Ojozio*. Il n'y a point de *merveilleux chrétien* dans cet ouvrage ; c'est une narration historique de quelques faits arrivés dans les montagnes du Chili. La chose la plus intéressante du poëme est d'y voir figurer Ercilla lui-même, qui se bat et qui écrit. L'*Araucana* est mesuré en octaves, comme l'*Orlando* et la *Jérusalem*. La littérature italienne donnoit alors le ton aux diverses littératures de l'Europe. Ercilla chez les Espagnols, et Spencer chez les Anglois, ont fait des stances et imité l'Arioste, jusque dans son exposition. Ercilla dit :

> No las damas, amor, no gentilezas,
> De cavalleros canto enamorados,
> Ni las muestras, regalos y ternezas
> De amorosos afectos y cuydados :
> Mas el valor, los hechos, las proezas
> De aquelos Espanoles esforçados,
> Que a la cerviz de Arauco no domada
> Pusieron duro yugo por la espada.

C'étoit encore un bien riche sujet d'épopée que celui de *la Lusiade*. On a de la peine à concevoir comment un homme du génie du Camoëns n'en a pas su tirer un plus grand parti. Mais enfin il faut se rappeler que ce poëte fut le premier poëte épique moderne, qu'il vivoit dans un siècle barbare, qu'il y a des choses touchantes[1], et quelquefois sublimes dans ses vers, et qu'après tout il fut le plus infortuné des mortels. C'est un sophisme digne de la dureté de notre siècle, d'avoir avancé que les bons ouvrages se font dans le malheur : il n'est pas vrai qu'on puisse bien écrire quand on souffre. Les hommes qui se consacrent au culte des muses

---

[1] Néanmoins nous différons encore ici des critiques; l'épisode d'Inès nous semble pur, touchant; mais bien loin d'avoir les développements dont il étoit susceptible.

se laissent plus vite submerger à la douleur que les esprits vulgaires : un génie puissant use bientôt le corps qui le renferme : les grandes âmes, comme les grands fleuves, sont sujettes à dévaster leurs rivages.

Le mélange que le Camoëns a fait de la fable et du christianisme nous dispense de parler du *merveilleux* de son poëme.

Klopstock est tombé dans le défaut d'avoir pris le *merveilleux* du christianisme pour *sujet* de son poëme. Son premier personnage est un Dieu : cela seul suffiroit pour détruire l'intérêt tragique. Toutefois il y a de beaux traits dans *le Messie*. Les deux amants ressuscités par le Christ offrent un épisode charmant que n'auroient pu fournir les fables mythologiques. Nous ne nous rappelons point de personnages arrachés au tombeau, chez les anciens, si ce n'est Alceste, Hippolyte et Hérès de Pamphylie [1].

L'abondance et la grandeur caractérisent le mer-

---

[1] Dans le dixième livre de la *République* de PLATON.

Voilà ce que portoit la première édition. Depuis ce temps, l'un de nos meilleurs philologues, aussi savant que poli, M. Boissonade, m'a envoyé la note suivante des hommes ressuscités dans l'antiquité païenne par le secours des dieux ou de l'art d'Esculape :

« Esculape, qui ressuscita Hippolyte, avoit fait d'autres mi-
« racles. Apollodore (*Bibl.* III, 10, 3,) dit, sur le témoignage de
« différents auteurs, qu'il rendit la vie à Capanée, à Lycurgue, à
« Tyndare, à Hyménéus, à Glaucus. Télésarque, cité par le Scó-
« liaste d'Euripide (*Alc.* 2), parle encore de la résurrection d'Orion
« tentée par Esculape. Voyez les notes de MM. Heyne et Clavier sur
« le passage d'Apollodore, et celles de M. Walckenaer sur l'*Hip-
« polyte* d'Euripide, pag. 318. »

veilleux du *Messie*. Ces globes habités par des êtres différents de l'homme, cette profusion d'anges, d'esprits de ténèbres, d'âmes à naître, ou d'âmes qui ont déjà passé sur la terre, jettent l'esprit dans l'immensité. Le caractère d'Abbadona, l'ange repentant, est une conception heureuse. Klopstock a aussi créé une sorte de séraphins mystiques inconnus avant lui.

Gessner nous a laissé dans *la mort d'Abel* un ouvrage plein d'une tendre majesté. Malheureusement il est gâté par cette teinte doucereuse de l'idylle, que les Allemands répandent presque toujours sur les sujets tirés de l'Écriture. Leurs poëtes pèchent contre une des plus grandes lois de l'épopée, *la vraisemblance des mœurs*, et transforment en innocents bergers d'Arcadie les rois pasteurs de l'Orient.

Quant à l'auteur du poëme de *Noé*, il a succombé sous la richesse de son sujet. Pour une imagination vigoureuse, c'étoit pourtant une belle carrière à parcourir qu'un monde antidiluvien. On n'étoit pas même obligé de créer toutes les merveilles : en fouillant le Critias, les chronologies d'Eusèbe, quelques traités de Lucien et de Plutarque, on eût trouvé une ample moisson. Scaliger cite un fragment de Polyhistor, touchant certaines tables écrites avant le déluge, et conservées à *Sippary*, la même vraisemblablement que la *Sipphara* de Ptolémée[1]. Les muses parlent et entendent toutes

---

[1] A moins qu'on ne fasse venir *Sippary* du mot hébreu *Sepher*, qui signifie bibliothèque. Josèphe, liv. I, ch. II, *de Antiq. Jud.*,

les langues : que de choses ne pouvoient-elles pas lire sur ces tables!

CHAPITRE V

LA HENRIADE.

Si un plan sage, une narration vive et pressée, de beaux vers, une diction élégante, un goût pur, un style correct, sont les seules qualités nécessaires à l'épopée, *la Henriade* est un poëme achevé; mais cela ne suffit pas : il faut encore une action héroïque et surnaturelle. Et comment Voltaire eût-il fait un usage heureux du *merveilleux* du christianisme, lui dont les efforts tendoient sans cesse à détruire ce merveilleux? Telle est néanmoins la puissance des idées religieuses que l'auteur de *la Henriade* doit au culte même qu'il a persécuté les morceaux les plus frappants de son poëme épique, comme il lui doit les plus belles scènes de ses tragédies.

Une philosophie modérée; une morale froide et sérieuse, conviennent à la muse de l'histoire; mais cet esprit de sévérité, transporté à l'épopée, est peut-être un contre-sens. Ainsi, lorsque Voltaire s'écrie, dans l'invocation de son poëme :

Descends du haut des cieux, auguste *Vérité!*

parle de deux colonnes, l'une de brique et l'autre de pierre, sur lesquelles les enfants de Seth avoient gravé les sciences humaines, afin qu'elles ne périssent point au déluge qui avoit été prédit par Adam. Ces deux colonnes subsistèrent long-temps après Noé.

il est tombé, ce nous semble, dans une méprise. La poésie épique

Se soutient par la fable, et vit de fiction.

Le Tasse, qui traitoit un sujet chrétien, a fait ces vers charmants, d'après Platon et Lucrèce[1] :

Sai, che là torre in mondo, ove più versi
Di sue dolcezze il lusinghier Parnaso, etc.

Là il n'y a point de poésie où il n'y a point de menterie, dit Plutarque[2].

Est-ce que cette France à demi barbare n'étoit plus assez couverte de forêts, pour qu'on n'y rencontrât pas quelques-uns de ces châteaux du vieux temps, avec des machicoulis, des souterrains, des tours verdies par le lierre, et pleines d'histoires merveilleuses ? Ne pouvoit-on trouver quelque temple gothique dans une vallée, au milieu des bois ? Les montagnes de la Navarre n'avoient-elles point encore quelque druide, qui, sous le chêne, au bord du torrent, au murmure de la tempête, chantoit les souvenirs des Gaules, et pleuroit sur la

---

[1] « Comme le médecin qui, pour sauver le malade, mêle à des breuvages flatteurs les remèdes propres à le guérir, et jette au contraire des drogues amères dans les aliments qui lui sont nuisibles, etc. » PLAT., *de Leg.*, lib. I. *Ac veluti pueris absinthia tetra medentes, etc.* LUCRET., lib. V.

[2] Si l'on disoit que le Tasse a aussi invoqué la Vérité, nous répondrions qu'il ne l'a pas fait comme Voltaire. La Vérité du Tasse est une muse, un ange, je ne sais quoi jeté dans le vague, quelque chose qui n'a pas de nom, *un être chrétien*, et non pas la *Vérité directement personnifiée*, comme celle de *la Henriade*.

tombe des héros? Je m'assure qu'il y avoit quelque chevalier du règne de François Ier qui regrettoit dans son manoir les tournois de la vieille cour, et ces temps où la France s'en alloit en guerre contre les mécréants et les infidèles. Que de choses à tirer de cette révolution des Bataves, voisine, et, pour ainsi dire, sœur de la Ligue! Les Hollandois s'établissoient aux Indes, et Philippe recueilloit les premiers trésors du Pérou : Coligny même avoit envoyé une colonie dans la Caroline; le chevalier de Gourgue offroit à l'auteur de *la Henriade* l'épisode le plus touchant : une épopée doit renfermer l'univers.

L'Europe, par le plus heureux des contrastes, présentoit au poëte le peuple pasteur en Suisse, le peuple commerçant en Angleterre, et le peuple des arts en Italie : la France se trouvoit à son tour à l'époque la plus favorable pour la poésie épique; époque qu'il faut toujours choisir, comme Voltaire l'avoit fait, à la fin d'un âge, et à la naissance d'un autre âge, entre les anciennes mœurs et les mœurs nouvelles. La barbarie expiroit, l'aurore du siècle de Louis commençoit à poindre; Malherbe étoit venu, et ce héros, à la fois barde et chevalier, pouvoit conduire les François au combat en chantant des hymnes à la victoire.

On convient que les *caractères* dans *la Henriade* ne sont que des *portraits*, et l'on a peut-être trop vanté cet art de peindre dont Rome en décadence a donné les premiers modèles. Le *portrait* n'est point épique; il ne fournit que des beautés sans action et sans mouvement.

Quelques personnes doutent aussi que la *vraisemblance des mœurs* soit poussée assez loin dans *la Henriade*. Les héros de ce poëme débitent de beaux vers qui servent à développer les principes philosophiques de Voltaire; mais représentent-ils bien les guerriers tels qu'ils étoient au seizième siècle? Si les discours des Ligueurs respirent l'esprit du temps, ne pourroit-on pas se permettre de penser que c'étoient les actions des personnages, encore plus que leurs paroles, qui devoient déceler cet esprit? Du moins, le chantre d'Achille n'a pas mis l'*Iliade* en harangues.

Quant au *merveilleux*, il est, sauf erreur, à peu près nul dans *la Henriade*. Si l'on ne connoissoit le malheureux système qui glaçoit le génie poétique de Voltaire, on ne comprendroit pas comment il a préféré des divinités allégoriques au *merveilleux* du christianisme. Il n'a répandu quelque chaleur dans ses inventions qu'aux endroits mêmes où il cesse d'être philosophe pour devenir chrétien: aussitôt qu'il a touché à la religion, source de toute poésie, la source a abondamment coulé.

Le serment des Seize dans le souterrain, l'apparition du fantôme de Guise qui vient armer Clément d'un poignard, sont des machines fort épiques, et puisées dans les superstitions mêmes d'un siècle ignorant et malheureux.

Le poëte ne s'est-il pas encore un peu trompé lorsqu'il a transporté la philosophie dans le ciel? Son *Éternel* est sans doute un dieu fort équitable, qui juge avec impartialité le bonze et le derviche, le juif et le mahométan ; mais étoit-ce bien cela qu'on attendoit de sa muse ? Ne lui demandoit-on pas de la *poésie*, un *ciel chrétien*, des cantiques, Jéhovah, enfin le *mens divinior*, la religion ?

Voltaire a donc brisé lui-même la corde la plus harmonieuse de sa lyre en refusant de chanter cette milice sacrée, cette armée des martyrs et des anges, dont ses talents auroient pu tirer un parti admirable. Il eût trouvé parmi nos saintes des puissances aussi grandes que celles des déesses antiques, et des noms aussi doux que ceux des Grâces. Quel dommage qu'il n'ait rien voulu dire de ces bergères transformées par leurs vertus en bienfaisantes divinités ; de ces Geneviève qui, du haut du ciel, protégent, avec une houlette, l'empire de Clovis et de Charlemagne ! Il nous semble qu'il y a quelque enchantement pour les muses à voir le peuple le plus spirituel et le plus brave consacré par la religion à la Fille de la simplicité et de la paix. De qui la *Gaule* tiendroit-elle ses troubadours, son esprit naïf et son penchant aux grâces, si ce n'étoit du chant pastoral, de l'innocence et de la beauté de sa patronne ?

Des critiques judicieux ont observé qu'il y a deux hommes dans Voltaire : l'un plein de goût, de savoir, de raison ; l'autre qui pèche par les défauts contraires à ces qualités. On peut douter que l'auteur de *la Henriade* ait eu autant de génie que Racine, mais il avoit peut-être un esprit plus varié et une imagination plus flexible. Malheureusement la mesure de ce que nous pouvons n'est pas toujours la mesure de ce que nous faisons. Si Voltaire eût été animé par la religion comme l'auteur d'*Athalie*; s'il eût étudié comme lui les Pères et l'antiquité; s'il n'eût pas voulu embrasser tous les genres et tous les sujets, sa poésie fût devenue plus nerveuse, et sa prose eût acquis une décence et une gravité qui lui manquent trop souvent. Ce grand homme eut le malheur de passer sa vie au milieu d'un cercle de littérateurs médiocres, qui, toujours prêts à l'applaudir, ne pouvoient l'avertir de ses écarts. On aime à se le représenter dans la compagnie des Pascal, des Arnaud, des Nicole, des Boileau, des Racine : c'est alors qu'il eût été forcé de changer de ton. On auroit été indigné à Port-Royal des plaisanteries et des blasphèmes de Ferney; on y détestoit les ouvrages faits à la hâte; on y travailloit avec loyauté, et l'on n'eût pas voulu, pour tout au monde, tromper le public en lui donnant un poëme qui n'eût pas coûté au moins douze bonnes années de labeur. Et ce qu'il y avoit de très merveilleux, c'est qu'au milieu de tant d'occupations, ces excellents hommes trouvoient encore le secret de remplir les plus petits devoirs de leur religion, et de porter dans la société l'urbanité de leur grand siècle.

C'etoit une telle école qu'il falloit à Voltaire. Il est bien à plaindre d'avoir eu ce double génie qui force à la fois à l'admirer et à le haïr. Il édifie et renverse; il donne les exemples et les préceptes les plus contraires; il élève aux nues le siècle de Louis XIV et attaque ensuite en détail la réputation des grands hommes de ce siècle : tour à tour il encense et dénigre l'antiquité; il poursuit, à travers soixante-dix volumes, ce qu'il appelle l'*infâme;* et les morceaux les plus beaux de ses écrits sont inspirés par la *religion.* Tandis que son imagination vous ravit, il fait luire une fausse raison qui détruit le merveilleux, rapetisse l'âme et borne la vue. Excepté dans quelques-uns de ses chefs-d'œuvre, il n'aperçoit que le côté ridicule des choses et des temps, et montre, sous un jour hideusement gai, l'homme à l'homme. Il charme et fatigue par sa mobilité; il vous enchante et vous dégoûte; on ne sait quelle est la forme qui lui est propre : il seroit insensé s'il n'étoit si sage, et méchant si sa vie n'étoit remplie de traits de bienfaisance. Au milieu de ses impiétés, on peut remarquer qu'il haïssoit les sophistes [1]. Il aimoit naturellement les beaux-arts, les lettres et la grandeur, et il n'est pas rare de le surprendre dans une sorte d'admiration pour la cour de Rome. Son amour-propre lui fit jouer toute sa vie un rôle pour lequel il n'étoit point fait, et auquel il étoit fort supérieur. Il n'avoit rien en effet de commun avec MM. Diderot, Raynal et d'Alembert. L'élégance de ses mœurs, ses belles manières, son goût pour la société, et surtout son humanité, l'auroient vraisemblablement rendu un des plus grands ennemis du régime révolutionnaire. Il est très décidé en faveur de l'ordre social, sans s'apercevoir qu'il le sape par les fondements en attaquant l'ordre religieux. Ce qu'on peut dire sur lui de plus raisonnable, c'est que son incrédulité l'a empêché d'at-

---

[1] Voyez la note N, à la fin du volume.

teindre à la hauteur où l'appeloit la nature, et que ses ouvrages, excepté ses poésies fugitives, sont demeurés au-dessous de son véritable talent : exemple qui doit à jamais effrayer quiconque suit la carrière des lettres. Voltaire n'a flotté parmi tant d'erreurs, tant d'inégalités de style et de jugement, que parce qu'il a manqué du grand contre-poids de la religion : il a prouvé que des mœurs graves et une pensée pieuse sont encore plus nécessaires dans le commerce des muses qu'un beau génie.

NOTES
ET ÉCLAIRCISSEMENTS.

Note A, page 6.

L'Encyclopédie est un fort mauvais ouvrage; c'est l'opinion de Voltaire lui-même.

« J'ai vu par hasard quelques articles de ceux qui se font,
« comme moi, les garçons de cette grande boutique : ce
« sont, pour la plupart, des dissertations sans méthode. On
« vient d'imprimer dans un journal l'article *Femme,* qu'on
« tourne horriblement en ridicule. Je ne peux croire que
« vous ayez souffert un tel article dans un ouvrage si sé-
« rieux : *Chloé presse du genou un petit-maître, et chiffonne*
« *les dentelles d'un autre;* il semble que cet article soit fait
« pour le laquais de Gil-Blas.

« J'ai vu *Enthousiasme,* qui est meilleur; mais on n'a que
« faire d'un si long discours pour savoir que l'enthousiasme
« doit être gouverné par la raison. Le lecteur veut savoir
« d'où vient ce mot, pourquoi les anciens le consacrèrent
« à la divination, à la poésie, à l'éloquence, au zèle de la
« superstition; le lecteur veut des exemples de ce transport
« secret de l'âme appelé enthousiasme; ensuite il est per-
« mis de dire que la raison, qui préside à tout, doit aussi
« conduire ce transport. Enfin, je ne voudrais, dans votre
« *Dictionnaire,* que vérité et méthode. Je ne me soucie pas
« qu'on me donne son avis particulier sur la *comédie;* je
« veux qu'on m'en apprenne la naissance et les progrès chez
« chaque nation : voilà ce qui plaît, voilà ce qui instruit.
« On ne lit point ces petites déclamations dans lesquelles
« un auteur ne donne que ses propres idées, qui ne sont
« qu'un sujet de dispute. » *Correspondance de Voltaire et de*

d'Alembert, vol. 1er, pag. 19, édit. in-8º, de BEAUMARCHAIS.
(Lettre du 13 novembre 1756.)

Pag. 25. «Vous m'encouragez à vous représenter en gé-
«néral qu'on se plaint de la longueur des dissertations va-
«gues et sans méthode que plusieurs personnes vous four-
«nissent pour se faire valoir; il faut songer à l'ouvrage, et
«non à soi. Pourquoi n'avez-vous pas recommandé une
«espèce de protocole à ceux qui vous servent : étymologie,
«définitions, exemples, raison, clarté et brièveté? Je n'ai
«vu qu'une douzaine d'articles, mais je n'y ai rien trouvé
«de tout cela.» (22 décembre 1756.)

Pag. 62. «Je cherche, dans les articles dont vous me
«chargez, à ne rien dire que de nécessaire, et je crains de
«n'en pas dire assez; d'un autre côté je crains de tomber
«dans la déclamation.

«Il me paroît qu'on vous a donné plusieurs articles rem-
«plis de ce défaut; il me revient toujours qu'on s'en plaint
«beaucoup. Le lecteur ne veut qu'être instruit, et il ne l'est
«point du tout par les dissertations vagues et puériles, qui,
«pour la plupart, renferment des paradoxes, des idées
«hasardées, dont le contraire est souvent vrai, des phrases
«ampoulées, des exclamations qu'on siffleroit dans une
«académie de province.» (29 décembre 1757.)

D'Alembert, dans le discours à la tête du troisième volume de l'*Encyclopédie*, et Diderot, dans le cinquième volume, article *Encyclopédie*, ont fait eux-mêmes la satire la
plus amère de leur ouvrage.

NOTE B, pag. 52.

Il est curieux de rapprocher de ce fragment de l'*Apologie*
de saint Justin le tableau des mœurs des chrétiens que l'on
trouve dans la fameuse lettre de Pline le jeune à Trajan.
Cette lettre, ainsi que la réponse de l'empereur, prouve
que l'innocence des chrétiens étoit parfaitement reconnue,

et que leur *foi* étoit leur seul crime. On y voit aussi la merveilleuse rapidité de la propagation de l'Évangile, puisque dès lors, dans une partie de l'empire, *les temples étoient presque déserts*. Pline écrivoit cette lettre un an ou deux après la mort de saint Jean l'Évangéliste, et environ quarante ans avant que saint Justin publiât son *Apologie*.

Quoique cette lettre soit extrêmement connue, on a cru qu'il ne seroit pas hors de propos de l'insérer ici.

PLINE, *proconsul dans la Bithynie et le Pont, à l'empereur* TRAJAN.

« Je me fais une religion, seigneur, de vous exposer mes
« scrupules; car qui peut mieux me déterminer ou m'ins-
« truire? Je n'ai jamais assisté à l'instruction et au juge-
« ment du procès d'aucun chrétien; ainsi, je ne sais sur quoi
« tombe l'information que l'on fait contre eux, ni jusqu'où
« on doit porter leur punition. J'hésite beaucoup sur la dif-
« férence des âges. Faut-il les assujettir tous à la peine,
« sans distinguer les plus jeunes des plus âgés? Doit-on
« pardonner à celui qui se repent? ou est-il inutile de re-
« noncer au christianisme quand une fois on l'a embrassé?
« Est-ce le nom seul que l'on punit en eux, ou sont-ce les
« crimes attachés à ce nom? Cependant, voici la règle que
« j'ai suivie dans les accusations intentées devant moi con-
« tre les chrétiens. Je les ai interrogés s'ils étoient chrétiens:
« ceux qui l'ont avoué, je les ai interrogés une seconde et
« une troisième fois, et les ai menacés du supplice: quand
« ils ont persisté, je les y ai envoyés; car, de quelque na-
« ture que fût ce qu'ils confessoient, j'ai cru que l'on ne
« pouvoit manquer à punir en eux leur désobéissance et
« leur invincible opiniâtreté. Il y en a eu d'autres, entêtés
« de la même folie, que j'ai réservés pour envoyer à Rome,
« parce qu'ils sont citoyens romains. Dans la suite, ce crime
« venant à se répandre, comme il arrive ordinairement, il
« s'en est présenté de plusieurs espèces. On m'a mis entre
« les mains un mémoire sans nom d'auteur, où l'on accuse

«d'être chrétiens différentes personnes qui nient de l'être
«et de l'avoir jamais été. Ils ont, en ma présence, et dans
«les termes que je leur prescrivois, invoqué les dieux, et
«offert de l'encens et du vin à votre image, que j'avois fait
«apporter exprès avec des statues de nos divinités; ils se
«sont encore emportés en imprécations contre le Christ;
«c'est à quoi, dit-on, l'on ne peut jamais forcer ceux qui
«sont véritablement chrétiens. J'ai donc cru qu'il les falloit
«absoudre. D'autres, déférés par un dénonciateur, ont
«d'abord reconnu qu'ils étoient chrétiens, et aussitôt après
«ils l'ont nié, déclarant que véritablement ils l'avoient été,
«mais qu'ils ont cessé de l'être, les uns il y avoit plus de
«trois ans, les autres depuis un plus grand nombre d'an-
«nées, quelques-uns depuis plus de vingt. Tous ces gens-là
«ont adoré votre image et les statues des dieux; tous ont
«chargé le Christ de malédictions. Ils assuroient que toute
«leur erreur ou leur faute avoit été renfermée dans ces
«points : qu'à un jour marqué ils s'assembloient avant le
«lever du soleil, et chantoient tour à tour des vers à la
«louange du Christ, comme s'il eût été Dieu; qu'ils s'enga-
«geoient par serment, non à quelque crime, mais à ne point
«commettre le vol ni l'adultère, à ne point manquer à leur
«promesse, à ne point nier un dépôt; qu'après cela, ils
«avoient coutume de se séparer, et ensuite de se rassem-
«bler pour manger en commun des mets innocents; qu'ils
«avoient cessé de le faire depuis mon édit, par lequel, se-
«lon vos ordres, j'avois défendu toute sorte d'assemblées.
«Cela m'a fait juger d'autant plus nécessaire d'arracher la
«vérité par la force des tourments à des filles esclaves
«qu'ils disoient être dans le ministère de leur culte; mais
«je n'y ai découvert qu'une mauvaise superstition portée à
«l'excès, et par cette raison j'ai tout suspendu pour vous
«demander vos ordres. L'affaire m'a paru digne de vos ré-
«flexions, par la multitude de ceux qui sont enveloppés
«dans ce péril; car un très grand nombre de personnes de
«tout âge, de tout ordre, de tout sexe, sont et seront tous
«les jours impliqués dans cette accusation. Ce mal conta-

«gieux n'a pas seulement infecté les villes, il a gagné les
«villages et les campagnes. Je crois pourtant que l'on y peut
«remédier, et qu'il peut être arrêté. Ce qu'il y a de certain,
«c'est que les temples qui étoient presque déserts sont fré-
«quentés, et que les sacrifices long-temps négligés recom-
«mencent : on vend partout des victimes qui trouvoient
«auparavant peu d'acheteurs. De là on peut juger quelle
«quantité de gens peuvent être ramenés de leur égarement,
«si l'on fait grâce au repentir.»

L'empereur lui fit cette réponse :

TRAJAN A PLINE.

«Vous avez, mon très cher Pline, suivi la voie que vous
«deviez dans l'instruction du procès des chrétiens qui vous
«ont été déférés ; car il n'est pas possible d'établir une
«forme certaine et générale dans cette sorte d'affaire : il
«ne faut pas en faire perquisition. S'ils sont accusés et
«convaincus, il les faut punir : si pourtant l'accusé nie
«qu'il soit chrétien, et qu'il le prouve par sa conduite, je
«veux dire en invoquant les dieux, il faut pardonner à son
«repentir, de quelque soupçon qu'il ait été auparavant
«chargé. Au reste, dans nul genre de crime, l'on ne doit
«recevoir des dénonciations qui ne sont souscrites de per-
«sonne, car cela est d'un pernicieux exemple et très éloigné
«de nos maximes.»

NOTE C, page 55.

On peut encore voir un résultat bien effroyable de l'excès
de population à la Chine, où l'on est obligé de jeter pour
ainsi dire les enfants aux pourceaux. Plus on examine la
question, plus on est porté à croire que Jésus-Christ fit un
acte digne du législateur universel, en invitant quelques
hommes, par son exemple, à vivre dans la chasteté. Le
libertinage a pu sans doute profiter du conseil de saint
Paul, pour voiler des excès attentatoires à la société, et

des esprits superficiels ont pu prendre l'abus pour le défaut du conseil même : mais de quoi la corruption n'abuse-t-elle pas ? et de quelle institution un génie médiocre, qui n'embrasse pas toutes les parties d'un objet, ne peut-il pas trouver à médire ? D'ailleurs, sans les solitaires chrétiens qui parurent dans le monde trois cents ans après le Messie, que seroient devenus les lettres, les sciences et les arts ? Enfin, les économistes modernes confirment eux-mêmes l'opinion que j'ai avancée, puisqu'ils prétendent (et entre autres Arthur Young) que les grandes propriétés sont plus favorables que les petites à tous les genres de culture, la vigne peut-être exceptée. Or, dans tout pays peu livré au commerce et essentiellement agricole, si la population est excessive, les propriétés seront nécessairement très divisées, ou bien ce pays sera exposé à d'éternelles révolutions ; à moins toutefois que le paysan ne soit esclave comme chez les anciens, ou serf comme en Russie et dans une partie de l'Allemagne.

NOTE D, page 77.

M. de Ramsay, Écossais, passa de la religion anglicane au socinianisme, de là au pur déisme, et il tomba enfin dans un pyrrhonisme universel. Il vint chercher la vérité auprès de Fénelon, qui le convertit au christianisme et à la religion catholique. C'est M. de Ramsay lui-même qui nous a conservé le précieux entretien dont sa conversion fut le fruit. Nous en citerons la partie dans laquelle Fénelon fixe les bornes *de la raison et de la foi*. Il avoit prouvé à M. de Ramsay l'authenticité des livres saints, et lui avoit montré la beauté de la morale qu'ils contiennent. « Mais, monsei- « gneur, reprit M. de Ramsay (c'est lui-même qui parle), « pourquoi trouve-t-on dans la Bible un contraste si cho- « quant de vérités lumineuses et de dogmes obscurs ? Je « voudrois bien séparer les idées sublimes, dont vous venez « de me parler, d'avec ce que les prêtres appellent *mystères*. » Il me répondit ainsi : « Pourquoi rejeter tant de lumières « qui consolent le cœur, parce qu'elles sont mêlées d'ombres

«qui humilient l'esprit? La vraie religion ne doit-elle pas
«élever et abattre l'homme, lui montrer tout ensemble sa
«grandeur et sa foiblesse? Vous n'avez pas encore une idée
«assez étendue du christianisme. Il n'est pas seulement
«une loi sainte qui purifie le cœur, il est aussi une sagesse
«mystérieuse qui dompte l'esprit. C'est un sacrifice conti-
«nuel de tout soi-même en hommage à la souveraine rai-
«son. En pratiquant sa *morale,* on renonce aux plaisirs pour
«l'amour de la beauté suprême. En croyant ses *mystères,*
«on immole ses idées par respect pour la vérité éternelle.
«Sans ce double sacrifice des *pensées* et des *passions,* l'ho-
«locauste est imparfait, notre victime est défectueuse.
«C'est par-là que l'homme tout entier disparoît et s'éva-
«nouit devant l'*Être des êtres. Il ne s'agit pas d'examiner
«s'il est nécessaire que Dieu nous révèle ainsi des mystères
«pour humilier notre esprit; il s'agit de savoir s'il en a révélé
«ou non. S'il a parlé à sa créature, l'obéissance et l'amour
«sont inséparables. Le christianisme est un fait. Puisque vous
«ne doutez plus des preuves de ce fait, il ne s'agit plus de choisir
«ce qu'on croira et ce qu'on ne croira pas.* Toutes les diffi-
«cultés dont vous avez rassemblé des exemples s'évanouis-
«sent dès qu'on a l'esprit guéri de la présomption. Alors on
«n'a nulle peine à croire qu'il y ait dans la nature divine, et
«dans la conduite de sa providence, une profondeur im-
«pénétrable à notre foible raison. L'Être infini doit être
«incompréhensible à la créature. D'un côté, on voit un
«législateur dont la loi est tout-à-fait divine, qui prouve
«sa mission par des faits miraculeux dont on ne sauroit
«douter par des raisons aussi fortes que celles qu'on a de
«les croire. D'un autre côté, on trouve plusieurs mystères
«qui nous choquent. Que faire entre ces deux extrémités
«embarrassantes d'une révélation claire et d'un obscur in-
«compréhensible? On ne trouve de ressource que dans le
«sacrifice de l'esprit, et ce sacrifice est une partie du culte
«dû au souverain Être.

«*Dieu n'a-t-il point des connoissances infinies que nous
«n'avons point? Quand il en découvre quelques-unes par une*

«*voie naturelle, il ne s'agit plus d'examiner le* comment *de*
«*ces mystères, mais la* certitude *de leur révélation.* Ils nous
«paroissent incompatibles, sans l'être en effet ; et cette
«incompatibilité apparente vient de la petitesse de notre
«esprit, qui n'a pas de connoissances assez étendues pour
«voir la liaison de nos idées naturelles avec ces vérités
«surnaturelles.»

NOTE E, page 87.

La Polyglotte d'Antoine Vitré donne, Vulgate :

Ego sum Dominus Deus tuus.

Septante :

Ἐγὼ εἰμὶ Κύριος ὁ Θεὸς σοῦ

Latin du texte chaldaïque :

Ego Dominus tuus.

La Polyglotte de Walton porte,

Vulgate et Septante, comme ci-dessus ;

Latin de la version syriaque :

Ego sum Dominus Deus tuus.

Version latine interlignée sur l'hébreu :

Et e terra Ægypti eduxi te, qui tuus Dominus Deus ego.

Latin de l'hébreu samaritain :

Ego sum Dominus Deus tuus.

Latin de la version arabe :

Ego sum Dominus Deus tuus.

NOTE F, page 93.

Les vérités de l'Écriture se retrouvent jusque chez les Sauvages du Nouveau-Monde.

«Vous avez pu voir, dit Charlevoix, dans la fable d'Atahentsic chassé du ciel, quelques vestiges de l'histoire de la première femme exilée du paradis terrestre, en punition de sa désobéissance, et la tradition du déluge aussi bien que l'arche dans laquelle Noé se sauva avec sa famille. Cette circonstance m'empêche d'adhérer au sentiment du père d'Acosta, qui prétend que cette tradition ne regarde pas le déluge universel, mais un déluge particulier à l'Amérique. En effet, les Algonquins, et presque tous les peuples qui parlent leur langue, supposant la création du premier homme, disent que sa postérité ayant péri presque tout entière par une inondation générale, un nommé *Messou*, d'autres l'appellent *Saketchack*, qui vit toute la terre abîmée sous les eaux par le débordement d'un lac, envoya un corbeau au fond de cet abîme pour lui en rapporter de la terre; que ce corbeau ayant mal fait sa commission, il y envoya un rat musqué qui y réussit mieux; que de ce peu de terre que l'animal lui avoit apporté, il rétablit le monde dans son premier état; qu'il tira des flèches contre les troncs des arbres qui paroissoient encore, et que ces flèches se changèrent en branches; qu'il fit plusieurs autres merveilles, et que, par reconnoissance du service que lui avoit rendu le rat musqué, il épousa une femelle de son espèce, dont il eut des enfants qui repeuplèrent le monde; qu'il avoit communiqué son immortalité à un certain Sauvage, et la lui avoit donnée dans un petit paquet, en lui défendant de l'ouvrir, sous peine de perdre un don si précieux.»

Le père Bouchet, dans sa lettre à l'évêque d'Avranches, donne les détails les plus curieux sur les rapports des fables indiennes avec les principales vérités de notre religion et les traditions de l'Écriture : les *Mémoires de la Société angloise* de Calcutta confirment tout ce que dit ici le savant missionnaire françois :

«La plupart des Indiens assurent que ce grand nombre de divinités qu'ils adorent aujourd'hui ne sont que des dieux subalternes, et soumis au souverain Être, qui est également le Seigneur des dieux et des hommes. Ce grand Dieu, disent-ils, est infiniment élevé au-dessus de tous les êtres, et cette distance infinie empêchoit qu'il eût aucun commerce avec de foibles créatures. Quelle proportion en effet, continuent-ils, entre un être infiniment parfait et des êtres créés, remplis comme nous d'imperfections et de foiblesse? C'est pour cela même, selon eux, que *Parabaravastou,* c'est *le Dieu suprême,* a créé trois dieux inférieurs, savoir : *Bruma, Wishnou,* et *Routren.* Il a donné au premier la puissance de créer, au second le pouvoir de conserver, et au troisième le droit de détruire.

«Mais ces trois dieux qu'adorent les Indiens sont, au sentiment de leurs savants, les enfants d'une femme qu'ils appellent *Parachatti,* c'est-à-dire la *Puissance suprême.* Si l'on réduisoit cette fable à ce qu'elle étoit dans son origine, on y découvriroit aisément la vérité, tout obscurcie qu'elle est par les idées ridicules que l'esprit de mensonge y a ajoutées.

«Les premiers Indiens ne vouloient dire autre chose, sinon que tout ce qui se fait dans le monde, soit par la création, qu'ils attribuent à *Bruma,* soit par la conservation qui est le partage de *Wishnou,* soit enfin par les différents changements, qui sont l'ouvrage de *Routren,* vient uniquement de la puissance absolue du *Parabaravastou,* ou du Dieu suprême. Ces esprits charnels ont fait ensuite une femme de leur *Parachetti,* et lui ont donné trois enfants, qui ne sont que les principaux effets de la toute-puissance. En effet, *chatti,* en langue indienne, signifie puissance, et *para,* suprême ou absolue.

«Cette idée qu'ont les Indiens d'un être infiniment supérieur aux autres divinités marque au moins que leurs anciens n'adoroient effectivement qu'un Dieu, et que le *polythéisme* ne s'est introduit parmi eux que de la manière dont il s'est répandu dans tous les pays idolâtres.

«Je ne prétends pas, monseigneur, que cette première connoissance prouve d'une manière bien évidente le commerce des Indiens avec les Égyptiens ou avec les Juifs. Je sais que, sans un tel secours, l'auteur de la nature a gravé cette vérité fondamentale dans l'esprit de tous les hommes, et qu'elle ne s'altère chez eux que par le dérèglement et la corruption de leur cœur. C'est pour la même raison que je ne vous dis rien de ce que les Indiens ont pensé sur l'immortalité de nos âmes et sur plusieurs autres vérités semblables.

« Je m'imagine cependant que vous ne serez pas fâché de savoir comment nos Indiens trouvent expliquée, dans leurs auteurs, la ressemblance de l'homme avec le souverain Être. Voici ce qu'un savant brame m'a assuré avoir tiré, sur ce sujet, d'un de leurs plus anciens livres. Imaginez-vous, dit cet auteur, un million de grands vases tous remplis d'eau, sur lesquels le soleil répand les rayons de sa lumière : ce bel astre, quoique unique, se multiplie en quelque sorte et se peint tout entier, en un moment, dans chacun de ces vases ; on en voit partout une image très ressemblante. Nos corps sont ces vases remplis d'eau ; le soleil est la figure du souverain Être, et l'image du soleil, peinte dans chacun de ces vases, nous représente assez naturellement notre âme créée à la ressemblance de Dieu même.

« Je passe, monseigneur, à quelques traits plus marqués et plus propres à satisfaire un discernement aussi exquis que le vôtre : trouvez bon que je vous raconte ici simplement les choses telles que je les ai apprises ; il me seroit fort inutile, en écrivant à un aussi savant prélat que vous, d'y mêler des réflexions particulières.

« Les Indiens, comme j'ai eu l'honneur de vous le dire, croient que *Bruma* est celui des trois dieux subalternes qui a reçu du Dieu suprême la puissance de créer. Ce fut donc *Bruma* qui créa le premier homme ; mais ce qui fait à mon sujet, c'est que *Bruma* forma l'homme du limon de la terre encore toute récente. Il eut, à la vérité, quelque peine à finir son ouvrage : il y revint à plusieurs fois, et ce ne fut qu'à la troisième tentative que ses mesures se trouvèrent justes. La fable a ajouté cette dernière circonstance à la vérité ; et il n'est pas surprenant qu'un Dieu du second ordre ait eu besoin d'apprentissage pour créer l'homme dans la parfaite proportion de toutes les parties où nous le voyons. Mais si les Indiens s'en étoient tenus à ce que la nature, et probablement le commerce des Juifs, leur avoient enseigné de l'unité de Dieu, ils se seroient aussi contentés de ce qu'ils avoient appris, par la même voie, de la création de l'homme. Ils se seroient bornés à dire, comme ils font après l'Écriture sainte, que l'homme fut formé du limon de la terre tout nouvellement sortie des mains du Créateur.

« Ce n'est pas tout, monseigneur, l'homme une fois créé par *Bruma,* avec la peine dont je vous ai parlé, le nouveau créateur fut d'autant plus charmé de sa créature, qu'elle lui avoit plus coûté à perfectionner. Il s'agit maintenant de la placer dans une habitation digne d'elle.

« L'Écriture est magnifique dans la description qu'elle nous fait du paradis terrestre. Les Indiens ne le sont guère moins dans les peintures qu'ils nous tracent de leur *Chorcam*: c'est selon eux un jardin de délices où tous les fruits se trouvent en abondance; on y voit même un arbre dont les fruits communiqueroient l'immortalité, s'il étoit permis d'en manger. Il seroit bien étrange que des gens qui n'auroient jamais entendu parler du paradis terrestre, en eussent fait sans le savoir une peinture si ressemblante.

« Ce qu'il y a de merveilleux, monseigneur, c'est que les dieux inférieurs, qui, dès la création du monde, se multiplièrent à l'infini, n'avoient pas ou du moins n'étoient pas sûrs d'avoir le privilége de l'immortalité, dont ils se seroient cependant fort accommodés. Voici une histoire que les Indiens racontent à cette occasion. Cette histoire, toute fabuleuse qu'elle est, n'a point assurément d'autre origine que la doctrine des Hébreux, et peut-être même celle des chrétiens.

« Les dieux, disent nos Indiens, tentèrent toutes sortes de voies, pour parvenir à l'immortalité. A force de chercher, ils s'avisèrent d'avoir recours à l'arbre de vie qui étoit dans le *Chorcam.* Ce moyen leur réussit, et en mangeant de temps en temps des fruits de cet arbre, ils se conservèrent le précieux trésor qu'ils ont tant d'intérêt de ne pas perdre. Un fameux serpent, nommé *Chèien*, s'aperçut que l'arbre de vie avoit été découvert par les dieux du second ordre; comme apparemment on avoit confié à ses soins la garde de cet arbre, il conçut une si grande colère de la surprise qu'on lui avoit faite, qu'il répandit sur-le-champ une grande quantité de poison : toute la terre s'en ressentit, et pas un homme ne devoit échapper aux atteintes de ce poison mortel. Mais le dieu *Chiven* eut pitié de la nature humaine : il parut sous la forme d'un homme, et avala sans façon tout le venin dont le malicieux serpent avoit infecté l'univers.

« Vous voyez, monseigneur, qu'à mesure que nous avançons, les choses s'éclaircissent toujours un peu. Ayez la patience d'écouter une nouvelle fable que je vais vous raconter; car certainement je me tromperois si je m'engageois à vous dire quelque chose de plus sérieux : vous n'aurez pas de peine à y démêler l'histoire du déluge, et les principales circonstances que nous en rapporte l'Écriture.

« Le dieu *Routren* (c'est le grand destructeur des êtres créés) prit un jour la résolution de noyer tous les hommes, dont il prétendoit avoir lieu de n'être pas content. Son dessein ne put être si secret qu'il ne fût pressenti par *Wishnou*, conservateur des créatures. Vous verrez, monseigneur, qu'elles lui eurent, dans cette rencontre, une obligation bien essentielle. Il découvrit donc précisément le jour auquel le déluge devoit arriver. Son pouvoir ne s'étendoit pas jusqu'à suspendre l'exécution des projets du dieu *Routren*, mais aussi sa qualité de dieu conservateur des choses créées lui donnoit droit d'en empêcher, s'il y avoit moyen, l'effet le plus pernicieux; et voici la manière dont il s'y prit :

« Il apparut un jour à *Sattiavarti*, son grand confident, et l'avertit en secret qu'il y auroit bientôt un déluge universel, que la terre seroit inondée et que *Routren* ne prétendoit rien moins que d'y faire périr tous les hommes et tous les animaux; il l'assura cependant qu'il n'y avoit rien à craindre pour lui, et qu'en dépit de *Routren* il trouveroit bien moyen de le conserver, et de se ménager à soi-même ce qui lui seroit nécessaire pour repeupler le monde. Son dessein étoit de faire paroître une barque merveilleuse au moment que *Routren* s'y attendroit le moins, d'y enfermer une bonne provision d'au moins huit cent quarante millions d'âmes et de semences d'êtres. Il falloit au reste que *Sattiavarti* se trouvât, au temps du déluge, sur une certaine montagne fort haute, qu'il eut soin de lui faire bien reconnoître. Quelque temps après, *Sattiavarti*, comme on le lui avoit prédit, aperçut une multitude infinie de nuages qui s'assembloient : il vit avec tranquillité l'orage se former sur la tête des hommes coupables ; il tomba du ciel la plus horrible pluie qu'on vit jamais. Les rivières s'enflèrent et se répandirent avec rapidité sur toute la surface de la terre ; la mer franchit ses bornes, et, se mêlant avec les fleuves débordés, couvrit en peu de temps les montagnes les plus élevées : arbres, animaux, hommes, villes, royaumes, tout fut submergé ; tous les êtres animés périrent et furent détruits.

« Cependant *Sattiavarti*, avec quelques-uns de ses pénitents, s'étoit retiré sur la montagne ; il y attendoit le secours dont le dieu l'avoit assuré : il ne laissa pas d'avoir quelques moments de frayeur. L'eau, qui prenoit toujours de nouvelles forces, et qui s'approchoit insensiblement de sa retraite, lui donnoit de temps en temps de terribles alarmes ; mais, dans l'instant qu'il se croyoit perdu, il vit paroître la barque qui devoit le sauver. Il y entra incontinent avec les dévots de sa suite : les huit cent quarante millions d'âmes et de semences d'êtres s'y trouvèrent renfermés.

« La difficulté étoit de conduire la barque et de la contenir contre l'impétuosité des flots, qui étoient dans une furieuse agitation. Le dieu *Wishnou* eut soin d'y pourvoir ; car, sur-le-champ, il se fit poisson, et il se servit de sa queue, comme d'un gouvernail, pour diriger le vaisseau. Le dieu poisson et pilote fit une manœuvre si habile, que

Sattiavarti attendit fort en repos dans son asile que les eaux s'écoulassent de dessus la surface de la terre.

« La chose est claire, comme vous voyez, monseigneur, et il ne faut pas être bien pénétrant pour apercevoir dans ce récit, mêlé de fables et des plus bizarres imaginations, ce que les livres sacrés nous apprennent du déluge, de l'arche et de la conservation de Noé avec sa famille.

« Nos Indiens n'en sont pas demeurés là ; et, après avoir défiguré Noë sous le nom de *Sattiavarti,* ils pourroient bien avoir mis sur le compte de *Bruma* les aventures les plus singulières de l'histoire d'Abraham. En voici quelques traits, monseigneur, qui me paroissent fort ressemblants.

« La conformité du nom pourroit d'abord appuyer mes conjectures : il est visible que de *Bruma* à Abraham il n'y a pas beaucoup de chemin à faire ; et il seroit à souhaiter que nos savants en matière d'étymologies n'en eussent point adopté de moins raisonnables et de plus forcées.

« Ce *Bruma,* dont le nom est si semblable à celui d'Abraham, étoit marié à une femme que tous les Indiens nomment *Sarasvadi.* Vous jugerez, monseigneur, du poids que le nom de cette femme ajoute à ma première conjecture. Les deux dernières syllabes du mot *Sarasvadi* sont, dans la langue indienne, une terminaison honorifique ; ainsi *vadi* répond assez bien à notre mot françois *madame.* Cette terminaison se trouve dans plusieurs noms de femmes distinguées : par exemple dans celui de *Parvadi,* femme de *Routren;* il est dès lors évident que les deux premières syllabes du mot *Sarasvadi,* qui font proprement le nom tout entier de la femme de *Bruma,* se réduisent à *Sara,* qui est le nom de *Sara,* femme d'Abraham.

« Il y a cependant quelque chose de plus singulier : *Bruma,* chez les Indiens, comme Abraham chez les Juifs, a été le chef de plusieurs *castes* ou tribus différentes. Les deux peuples se rencontrent même fort juste sur le nombre de ces tribus. A *Tichirapali,* où est maintenant le plus fameux temple de l'Inde, on célèbre tous les ans une fête dans laquelle un vénérable vieillard mène devant soi douze enfants qui représentent, disent les Indiens, les douze chefs des principales castes. Il est vrai que quelques docteurs croient que ce vieillard tient, dans cette cérémonie, la place de *Wishnou;* mais ce n'est pas l'opinion commune des savants ni du peuple, qui disent communément que *Bruma* est le chef de toutes les tribus.

«Quoi qu'il en soit, monseigneur, je ne crois pas que, pour reconnoître dans la doctrine des Indiens celle des anciens Hébreux, il soit nécessaire que tout se rencontre parfaitement conforme de part et d'autre. Les Indiens partagent souvent à différentes personnes ce que l'Écriture nous raconte d'une seule, ou bien rassemblent dans une seule ce que l'Écriture divise dans plusieurs; mais cette différence, loin de détruire nos conjectures, doit servir, ce me semble, à les appuyer; et je crois qu'une ressemblance trop affectée ne seroit bonne qu'à les rendre suspectes.

«Cela supposé, monseigneur, je continue à vous raconter ce que les Indiens ont tiré de l'histoire d'Abraham, soit qu'ils l'attribuent à *Bruma,* soit qu'ils en fassent honneur à quelque autre de leurs dieux ou de leurs héros.

«Les Indiens honorent la mémoire d'un de leurs pénitents qui, comme le patriarche Abraham, se mit en devoir de sacrifier son fils à un des dieux du pays. Ce dieu lui avoit demandé cette victime; mais il se contenta de la bonne volonté du père, et ne souffrit pas qu'il en vint jusqu'à l'exécution. Il y en a pourtant qui disent que l'enfant fut mis à mort, mais que ce dieu le ressuscita.

«J'ai trouvé une coutume qui m'a surpris, dans une des castes qui sont aux Indes; c'est celle qu'on nomme la caste des voleurs. N'allez pas croire, monseigneur, que, parce qu'il y a parmi ces peuples une tribu entière de voleurs, tous ceux qui font cet *honorable* métier soient rassemblés dans un corps particulier, et qu'ils aient pour voler un privilége à l'exclusion de tout autre : cela veut dire seulement que tous les Indiens de cette caste volent effectivement avec une extrême licence ; mais, par malheur, ils ne sont pas les seuls dont il faille se défier.

« Après cet éclaircissement, qui m'a paru nécessaire, je reviens à mon histoire. J'ai donc trouvé que, dans une caste, on garde la cérémonie de la circoncision ; mais elle ne se fait pas dès l'enfance, c'est environ à l'âge de vingt ans ; tous même n'y sont pas sujets, et il n'y a que les principaux de la caste qui s'y soumettent : cet usage est fort ancien, et il seroit difficile de découvrir d'où leur est venue cette coutume, au milieu d'un peuple entièrement idolâtre.

« Vous avez vu, monseigneur, l'histoire du déluge et de Noë dans *Wishnou* et dans *Sattiavarti;* celle d'Abraham dans *Bruma* et dans *Wishnou;* vous verrez encore avec plaisir celle de Moïse dans les mêmes dieux, et je suis persuadé que vous la trouverez encore moins altérée que les précédentes.

« Rien ne me paroît plus ressemblant à Moïse que le *Wishnou* des Indiens, métamorphosé en *Crichnen;* car d'abord *crichnen,* en langue indienne, signifie *noir :* c'est pour faire entendre que *Crichnen* est venu d'un pays où les habitants sont de cette couleur. Les Indiens ajoutent qu'un des plus proches parents de *Crichnen* fut exposé, dès son enfance, dans un petit berceau sur une grande rivière, où il fut dans un danger évident de périr : on l'en tira ; et, comme c'étoit un fort bel enfant, on l'apporta à une grande princesse, qui le fit nourrir avec soin, et qui se chargea ensuite de son éducation.

« Je ne sais pourquoi les Indiens se sont avisés d'appliquer cet événement à un des parents de *Crichnen* plutôt qu'à *Crichnen* même. Que faire à cela, monseigneur ? Il faut bien vous dire les choses telles qu'elles sont ; et, pour rendre les aventures plus ressemblantes, je n'irai pas vous déguiser la vérité. Ce ne fut donc point *Crichnen,* mais un de ses parents qui fut élevé au palais d'une grande princesse : en cela la comparaison avec Moïse se trouve défectueuse ; voici de quoi réparer un peu ce défaut.

« Dès que *Crichnen* fut né, on l'exposa aussi sur un grand fleuve, afin de le soustraire à la colère du roi, qui attendoit le moment de sa naissance pour le faire mourir : le fleuve s'entr'ouvrit par respect, et ne voulut pas incommoder de ses eaux un dépôt si précieux. On retira l'enfant de cet endroit périlleux, et il fut élevé parmi des bergers ; il se maria dans la suite avec les filles de ces bergers, et il garda long-temps les troupeaux de ses beaux-pères. Il se distingua bientôt parmi tous ses compagnons, qui le choisirent pour leur chef. Il fit alors des choses merveilleuses en faveur des troupeaux et de ceux qui les gardoient : il fit mourir le roi qui leur avoit déclaré une cruelle guerre; il fut poursuivi par ses ennemis; et, comme il ne se trouva pas en état de résister, il se retira vers la mer; elle lui ouvrit un chemin à travers son sein, dans lequel elle enveloppa ceux qui le poursuivoient : ce fut par ce moyen qu'il échappa aux tourments qu'on lui préparoit.

« Qui pourroit douter après cela, monseigneur, que les Indiens n'aient connu Moïse sous le nom de *Wishnou* métamorphosé en *Crichnen*? Mais, à la connoissance de ce fameux conducteur du peuple de Dieu, ils ont joint celle de plusieurs coutumes qu'il a décrites dans ses livres, et plusieurs lois qu'il a publiées, et dont l'observation s'est conservée après lui.

« Parmi ces coutumes, que les Indiens ne peuvent avoir tirées que des Juifs, et qui persévèrent encore aujourd'hui dans le pays, je compte, monseigneur, les bains fréquents, les purifications, une horreur extrême pour les cadavres, par l'attouchement desquels ils se croient souillés, l'ordre différent et la distinction des castes, la loi inviolable qui défend les mariages hors de sa tribu ou de sa caste particulière. Je ne finirois point, monseigneur, si je voulois épuiser ce détail : je m'attache à quelques remarques qui ne sont pas tout-à-fait si communes dans les livres des savants.

« J'ai connu un brame très habile parmi les Indiens, qui m'a raconté l'histoire suivante, dont il ne comprenoit pas lui-même le sens, tandis qu'il est demeuré dans les ténèbres de l'idolâtrie. Les Indiens font un sacrifice nommé *Ekiam* (c'est le plus célèbre de tous ceux qui se font aux Indes) : on y sacrifie un mouton ; on y récite une espèce de prière, dans laquelle on dit à haute voix ces paroles : *Quand sera-ce que le Sauveur naîtra? Quand sera-ce que le Rédempteur paroîtra?*

«Ce sacrifice d'un mouton me paroît avoir beaucoup de rapport avec celui de l'agneau pascal ; car il faut remarquer sur cela, monseigneur, que, comme les Juifs étoient tous obligés de manger leur part de la victime, aussi les brames, quoiqu'ils ne puissent manger de viande, sont cependant dispensés de leur abstinence au jour du sacrifice de l'*Ekiam*, et sont obligés par la loi de manger du mouton qu'on immole, et que les brames partagent entre eux.

«Plusieurs Indiens adorent le feu : leurs dieux même ont immolé des victimes à cet élément : il y a un précepte particulier pour le sacrifice d'*Oman*, par lequel il est ordonné de conserver toujours le feu, et de ne le laisser jamais éteindre : celui qui assiste à l'*Ekiam* doit, tous les matins et tous les soirs, mettre du bois au feu pour l'entretenir. Ce soin scrupuleux répond assez juste au commandement porté dans le Lévitique, c. vj, v. 12 et 13 : *Ignis in altare semper ardebit, quem nutriet sacerdos, subjiciens ligna mane per singulos dies.* Les Indiens ont fait quelque chose de plus en considération du feu : ils se précipitent eux-mêmes au milieu des flammes. Vous jugerez comme moi, monseigneur, qu'ils auroient beaucoup mieux fait de ne point ajouter cette cruelle cérémonie à ce que les Juifs leur avoient appris sur cette matière.

«Les Indiens ont encore une fort grande idée des serpents : ils croient que ces animaux ont quelque chose de divin, et que leur vue porte bonheur. Ainsi, plusieurs adorent les serpents, et leur rendent les plus profonds respects ; mais ces animaux, peu reconnoissants, ne laissent pas de mordre cruellement leurs adorateurs. Si le serpent d'airain que Moïse montra au peuple de Dieu, et qui guérissoit par sa seule vue, eût été aussi cruel que les serpents animés des Indes, je doute fort que les Juifs eussent jamais été tentés de l'adorer.

«Ajoutons enfin, monseigneur, la charité que les Indiens ont pour leurs esclaves : ils les traitent presque comme leurs propres enfants; ils ont grand soin de les bien élever; ils les pourvoient de tout libéralement; rien ne leur manque, soit pour leur vêtement, soit pour la nourriture; ils les marient, et presque toujours ils leur rendent la liberté. Ne semble-t-il pas que ce soit aux Indiens, comme aux Israélites, que Moïse ait adressé sur cet article les préceptes que nous lisons dans le Lévitique?

«Quelle apparence y a-t-il donc, monseigneur, que les Indiens n'aient pas eu autrefois quelque connoissance de la loi de Moïse? Ce qu'ils disent encore de leur loi et de *Bruma,* leur législateur, détruit, ce me semble, d'une manière évidente, ce qui pourroit rester de doute sur cette matière.

«*Bruma* a donné la loi aux hommes. C'est ce *Vedam* ou *Livre* de la loi que les Indiens regardent comme infaillible : c'est, selon eux, la pure parole de Dieu dictée par l'*Abadam,* c'est-à-dire par celui qui ne peut se tromper, et qui dit essentiellement la vérité. Le *Vedam* ou la loi des Indiens est divisé en quatre parties; mais, au sentiment de plusieurs doctes Indiens, il y en avoit anciennement une cinquième qui a péri par l'injure des temps, et qu'il a été impossible de recouvrer.

«Les Indiens ont une estime inconcevable pour la loi qu'ils ont reçue de leur *Bruma.* Le profond respect avec lequel ils l'entendent prononcer, le choix des personnes propres à en faire la lecture, les préparatifs qu'on y doit apporter, cent autres circonstances semblables, sont parfaitement conformes à ce que nous savons des Juifs par rapport à la loi sainte, et à Moïse qui la leur a annoncée.

«Le malheur est, monseigneur, que le respect des Indiens pour la loi va jusqu'à nous en faire un mystère impénétrable; j'en ai cependant assez appris par quelques docteurs, pour vous faire voir que les livres de la loi du prétendu *Bruma* sont une imitation du Pentateuque de Moïse.

«La première partie du *Vedam*, qu'ils appellent *Irroucouvedam*, traite de la première cause et de la manière dont le monde a été créé. Ce qu'ils m'en ont dit de plus singulier, par rapport à notre sujet, c'est qu'au commencement il n'y avoit que Dieu et l'eau, et que Dieu étoit porté sur les eaux. La ressemblance de ce trait avec le premier chapitre de la Genèse n'est pas difficile à remarquer.

«J'ai appris de plusieurs brames que, dans le troisième livre, qu'ils nomment *Samavedam*, il y a quantité de préceptes de morale. Cet enseignement a paru avoir beaucoup de rapport avec les préceptes moraux répandus dans l'Exode.

«Le quatrième livre, qu'ils appellent *Adarnanvedam*, contient les différents sacrifices qu'on doit offrir, les qualités requises dans les victimes, la manière de bâtir les temples, et les diverses fêtes que l'on doit célébrer. Ce peut être là, sans trop deviner, une idée prise sur les livres du Lévitique et du Deutéronome.

«Enfin, monseigneur, de peur qu'il ne manque quelque chose au parallèle, comme ce fut sur la fameuse montagne de Sinaï que Moïse reçut la loi, ce fut aussi sur la célèbre montagne de *Mahamerou* que *Bruma* se trouva avec le *Vedam* des Indiens. Cette montagne des Indes est celle que les Grecs ont appelée *Meros*, où ils disent que Bacchus est né, et qui a été le séjour des dieux. Les Indiens disent encore aujourd'hui que cette montagne est l'endroit où sont placés leurs *Chorcams* ou les différents paradis qu'ils reconnoissent.

«N'est-il pas juste, monseigneur, qu'après avoir parlé assez long-temps de Moïse et de la loi, nous disions aussi quelques mots de Marie, sœur de ce grand prophète? Je me trompe beaucoup, ou son histoire n'a pas été tout-à-fait inconnue à nos Indiens.

« L'Écriture nous dit de Marie, qu'après le passage miraculeux de la mer Rouge elle assembla les femmes israélites, elle prit des instruments de musique, et se mit à danser avec ses compagnes, et à chanter les louanges du Tout-Puissant. Voici un trait assez semblable que les Indiens racontent de leur fameuse *Lakcoumi*. Cette femme, aussi bien que Marie sœur de Moïse, sortit de la mer par une espèce de miracle. Elle ne fut pas plus tôt échappée au danger où elle avoit été de périr, qu'elle fit un bal magnifique, dans lequel tous les dieux et toutes les déesses dansèrent au son des instruments.

« Il me seroit aisé, monseigneur, en quittant les livres de Moïse, de parcourir les autres livres historiques de l'Écriture, et de trouver dans la tradition de nos Indiens de quoi continuer ma comparaison ; mais je craindrois qu'une trop grande exactitude ne vous fatiguât : je me contenterai de vous raconter encore une ou deux histoires qui m'ont le plus frappé, et qui font le plus à mon sujet.

« La première qui se présente à moi est celle que les Indiens débitent sous le nom d'*Arichandiren*. C'est un roi de l'Inde, fort ancien, et qui, au nom et à quelques circonstances près, est, à le bien prendre, le Job de l'Écriture.

« Les dieux se réunirent un jour dans leur *Chorcam*, ou, si nous l'aimons mieux, dans le paradis des délices. *Devendiren*, le dieu de la gloire, présidoit à cette illustre assemblée : il s'y trouva une foule de dieux et de déesses ; les plus fameux pénitents y eurent aussi leur place, et surtout les sept principaux anachorètes.

« Après quelques discours indifférents, on proposa cette question : Si parmi les hommes il se trouve un prince sans défaut ? Presque tous soutinrent qu'il n'y en avoit pas un seul qui ne fût sujet à de grands vices, et *Vichouva-Moutren* se mit à la tête de ce parti : mais le célèbre *Vachichten* prit un sentiment contraire, et soutint fortement que le roi *Arichandiren*, son disciple, étoit un prince parfait. *Vichouva-Moutren*, qui, du génie impérieux dont il est, n'aime pas à se voir contredit, se mit en grande colère, et assura les dieux qu'il sauroit bien leur faire connoître les défauts de ce prétendu prince parfait, si on vouloit le lui abandonner.

« Le défi fut accepté par *Vachichten*, et l'on convint que celui des deux qui auroit le dessous cèderoit à l'autre tous les mérites qu'il avoit pu acquérir par une longue pénitence. Le pauvre roi *Arichandiren* fut la victime de cette dispute. *Vichouva-Moutren* le mit à toutes sortes d'épreuves : il le réduisit à la plus extrême pauvreté; il le dépouilla de son royaume; il fit périr le seul fils qu'il eût; il lui enleva sa femme *Chandirandi*.

« Malgré tant de disgrâces, le prince se soutint toujours dans la pratique de la vertu, avec une égalité d'âme dont n'auroient pas été capables les dieux mêmes qui l'éprouvoient avec si peu de ménagements : aussi l'en récompensèrent-ils avec la plus grande magnificence. Les dieux l'embrassèrent l'un après l'autre; il n'y eut pas jusqu'aux déesses qui lui firent leurs compliments. On lui rendit sa femme et on ressuscita son fils. Ainsi *Vichouva-Moutren* céda, suivant la convention, tous ses mérites à *Vachichten*, qui en fit présent au roi *Arichandiren*; et le vaincu alla, fort à regret, recommencer une longue pénitence pour faire, s'il y avoit moyen, bonne provision de nouveaux mérites.

« La seconde histoire qui me reste à vous raconter, monseigneur, a quelque chose de plus funeste, et ressemble encore mieux à un trait de l'histoire de Samson, que la fable d'*Arichandiren* ne ressemble à l'histoire de Job.

« Les Indiens assurent donc que leur dieu *Ramen* entreprit un jour de conquérir Ceylan, et voici le stratagème dont ce conquérant, tout dieu qu'il étoit, jugea à propos de se servir. Il leva une armée de singes, et leur donna pour général un singe distingué, qu'ils nomment *Anouman* : il lui fit envelopper la queue de plusieurs pièces de toile, sur lesquelles on versa de grands vases d'huile; on y mit le feu, et ce singe courant par les campagnes, au milieu des blés, des bois, des bourgades et des villes, porta l'incendie partout : il brûla tout ce qui se trouva sur sa route, et réduisit en cendres l'île presque tout entière. Après une telle expédition, la conquête n'en devoit pas être fort difficile, et il n'étoit pas nécessaire d'être un dieu bien puissant pour en venir à bout.

« Je me suis peut-être trop arrêté, monseigneur, sur la conformité de la doctrine des Indiens avec celle du peuple de Dieu ; j'en serai quitte pour abréger un peu ce qui me resteroit à vous dire sur un second point que j'étois résolu de soumettre, comme le premier, à vos lumières et à votre pénétration ; je me bornerai à quelques réflexions assez courtes, qui me persuadent que les Indiens les plus avancés dans les terres ont eu, dès les premiers temps de l'Église, la connoissance de la religion chrétienne ; et qu'eux, aussi bien que les habitants de la côte, ont reçu les instructions de saint Thomas et des premiers disciples des apôtres.

« Je commence par l'idée confuse que les Indiens conservent encore de l'adorable Trinité qui leur fut autrefois prêchée. Je vous ai parlé, monseigneur, des trois principaux dieux des Indiens, *Bruma, Wishnou* et *Routren*. La plupart des Gentils disent, à la vérité, que ce sont trois divinités différentes, et effectivement séparés. Mais plusieurs *Nianigneuls*, ou hommes spirituels, assurent que ces trois dieux, séparés en apparence, ne font réellement qu'un seul dieu : que ce dieu s'appelle *Bruma* lorsqu'il crée et qu'il exerce sa toute-puissance ; qu'il s'appelle *Wishnou* lorsqu'il conserve les êtres créés, et qu'il donne les marques de sa bonté ; et qu'enfin il prend le nom de *Routren* lorsqu'il détruit les villes, qu'il châtie les coupables, et qu'il fait sentir les effets de sa juste colère.

« Il n'y a que quelques années qu'un brame expliquoit ainsi ce qu'il concevoit de la fameuse Trinité des païens. Il faut, disoit-il, se représenter Dieu et ses trois noms différents qui répondent à ses trois principaux attributs, à peu près sous l'idée de ces pyramides triangulaires qu'ont voit élevées devant la porte de quelques temples.

« Vous jugez bien, monseigneur, que je ne prétends pas vous dire que cette imagination des Indiens réponde fort juste à la vérité que les chrétiens reconnoissent; mais au moins fait-elle comprendre qu'ils ont eu autrefois des lumières plus pures, et qu'elles se sont obscurcies par la difficulté que renferme un mystère si fort au-dessus de la foible raison des hommes.

« Les fables ont encore plus de part dans ce qui regarde le mystère de l'incarnation; mais, du reste, tous les Indiens conviennent que Dieu s'est incarné plusieurs fois. Presque tous s'accordent à attribuer ces incarnations à *Wishnou*, le second dieu de leur Trinité. Et jamais ce dieu ne s'est incarné, selon eux, qu'en qualité de sauveur et de libérateur des hommes.

« J'abrége, comme vous le voyez, monseigneur, autant qu'il m'est possible, et je passe à ce qui regarde nos sacrements. Les Indiens disent que le bain pris dans certaines rivières efface entièrement les péchés, et que cette eau mystérieuse lave non-seulement les corps, mais purifie aussi les âmes d'une manière admirable. Ne seroit-ce point là un reste de l'idée qu'on leur auroit donnée du saint baptême?

« Je n'avois rien remarqué sur la divine Eucharistie; mais un brame converti me fit faire attention, il y a quelques années, à une circonstance assez considérable pour avoir ici sa place. Les restes des sacrifices et le riz qu'on distribue à manger dans les temples conservent chez les Indiens le nom de *Prajadam*. Ce mot indien signifie en notre langue *divine grâce,* et c'est ce que nous exprimons par le terme grec *Eucharistie*.

« Il y a quelque chose de plus marqué sur la confession, et je crois, monseigneur, devoir y donner un peu plus d'étendue.

« C'est une espèce de maxime parmi les Indiens, que celui qui confessera son péché en recevra le pardon. *Cheira param chounal Tiroum.* Ils célèbrent une fête tous les ans pendant laquelle ils vont se confesser, sur le bord d'une rivière, afin que leurs péchés soient entièrement effacés. Dans le fameux sacrifice, *Ekiam,* la femme de celui qui y préside est obligée de se confesser, de descendre dans le détail des fautes les plus humiliantes, et de déclarer jusqu'au nombre de ses péchés.»

Note G, page 113.

« La chronologie n'est qu'un amas de vessies remplies de vent ; tous ceux qui ont cru y marcher sur un terrain solide sont tombés. Nous avons aujourd'hui quatre-vingts systèmes, dont il n'y a pas un de vrai.

« Les Babyloniens disoient : Nous comptons quatre cent soixante-treize milles années d'observations célestes. Vient un Parisien qui leur dit : Votre compte est juste ; vos années étoient d'un jour solaire ; elles reviennent à mille deux cent quatre-vingt-dix-sept des nôtres, depuis Atlas, roi d'Afrique, grand astronome, jusqu'à l'arrivée d'Alexandre à Babylone.

....

« Il falloit seulement que ce nouveau venu de Paris dît aux Chaldéens : Vous êtes des exagérateurs, et nos ancêtres des ignorants ; les nations sont sujettes à trop de révolutions pour conserver des quatre mille sept cent trente-six siècles de calculs astronomiques ; et quant au roi des Maures, Atlas, personne ne sait en quel temps il a vécu. Pythagore avoit autant de raison de prétendre avoir été coq, que vous de vous vanter de l'art d'observation. » (VOLTAIRE, *Questions encycloped.*, tom. III, pag. 59, article *Chronolog.*)

Note H, page 121.

Il est clair d'abord, et pour mille raisons, qu'on ne peut attribuer aux Sauvages actuels de l'Amérique les ouvrages des rives du Scioto. En outre, toutes les peuplades racontent uniformément que, quand leurs aïeux arrivèrent dans l'Ouest pour s'établir dans la solitude, ils y trouvèrent les ruines telles que nous les voyons aujourd'hui.

Seroient-ce des monuments mexicains ? Mais on n'a rien trouvé de semblable au Mexique, ni même au Pérou ; mais ces monuments paroissent avoir exigé le fer, et des arts plus avancés qu'ils ne l'étoient dans les deux empires du Nouveau-Monde; enfin la domination de Montézume ne s'étendoit pas si loin à l'Orient, puisque, quand les Natchez et les Chicassas quittèrent le Nouveau-Mexique, vers le commencement du seizième siècle, ils ne rencontrèrent sur les bords du *Meschacebé*[1] que des hordes vagabondes et libres.

On a voulu donner ces espèces de fortifications à Ferdinand de Soto. Quelle apparence que cet Espagnol, suivi d'une poignée d'aventuriers, et qui n'a passé que trois ans dans les Florides, ait jamais eu assez de bras et de loisir pour élever ces énormes ouvrages? D'ailleurs, la forme des tombeaux, et même de plusieurs parties des ruines, contredit les mœurs et les arts européens. Ensuite c'est un fait certain que le conquérant de la Floride n'a pas pénétré plus avant que Chattafallai, village des Chicassas, sur l'une des branches de la Maubile. Enfin ces monuments prennent leurs racines dans des jours beaucoup plus reculés que ceux où l'on a découvert l'Amérique. Nous avons vu sur ces ruines un chêne décrépit qui avoit poussé sur les débris d'un autre chêne tombé à ses pieds, et dont il ne restoit plus que l'écorce; celui-ci, à son tour, s'étoit élevé sur un troisième; et ce troisième sur un quatrième. L'emplacement des deux derniers se marquoit encore par l'intervention de deux cercles d'un aubier rouge et pétrifié, qu'on découvroit à fleur de terre, en écartant un épais humus composé de feuilles et de mousses. Accordez seulement trois siècles de vie à ces quatre chênes successifs, et voilà une époque de douze cents années que la nature a gravée sur ces ruines.

Si nous poursuivons cette dissertation historique (qui toutefois ne conclut rien en faveur de l'antiquité des

[1] Père barbu des fleuves, vrai nom du Mississipi ou Méchassipi. On peut voir, sur ce que nous disons ici, Duprat, Charlevoix, etc., et les derniers voyageurs en Amérique, tels que Bertram, Imley, etc.

Nous parlons aussi d'après ce que nous avons appris nous-même sur les lieux.

hommes), nous verrons qu'on ne peut former aucun système raisonnable sur le peuple qui a élevé ces anciens monuments. Les chroniques des Welches parlent d'un certain Madoc, fils d'un prince de Galles, qui, mécontent de son pays, s'embarqua en 1170, fit voile à l'ouest en laissant l'Irlande au nord, découvrit une contrée fertile, revint en Angleterre, d'où il repartit avec douze vaisseaux pour la terre qu'il avoit trouvée. On prétend qu'il existe encore, avec les sources du Missouri, des Sauvages blancs qui parlent le celte, et qui sont chrétiens. Que Madoc et sa colonie, supposé qu'ils aient abordé au Nouveau-Monde, n'aient pu construire les immenses ouvrages de l'Ohio, c'est, je pense, ce qui n'a pas besoin de discussion.

Vers le milieu du neuvième siècle, les Danois, alors grands navigateurs, découvrirent l'Islande, d'où ils passèrent à une terre à l'ouest, qu'ils nommèrent *Vinland* [1], à cause de la quantité de vignes dont les bois étoient remplis. On ne peut guère douter que ce continent ne fût l'Amérique, et que les Esquimaux du Labrador ne soient les descendants des aventuriers danois. On veut aussi que les Gaulois aient abordé au Nouveau-Monde; mais ni les Scandinaves, ni les Celtes de l'Armorique ou de la Neustrie n'ont laissé de monuments semblables à ceux dont nous recherchons maintenant les fondateurs.

Si des peuples modernes on passe aux peuples anciens, on dira peut-être que les Phéniciens ou les Carthaginois, dans leur commerce à la Bétique, aux îles Britanniques ou Cassitérides, et le long de la côte occidentale d'Afrique [2], ont été jetés par les vents au Nouveau-Monde : il y a même des auteurs qui prétendent que les Carthaginois y avoient des colonies régulières, lesquelles furent abandonnées dans la suite par un effet de la politique du sénat.

Si les choses ont été ainsi, pourquoi donc n'a-t-on retrouvé aucune trace des mœurs phéniciennes chez les Caraïbes, les Sauvages de la Guiane, du Paraguay, ou même des

---

[1] Mall., *Intr. à l'Hist. du Dan.*
[2] *Vid.* Strab., Ptol., Hann. *Perip.*, d'Anville, etc., etc.

Florides? pourquoi les ruines dont il est ici question sont-elles dans l'intérieur de l'Amérique du nord, plutôt que dans l'Amérique méridionale, sur la côte opposée à la côte d'Afrique?

D'autres auteurs réclament la préférence pour les Juifs, et veulent que l'Orphir des Écritures ait été placé dans les Indes occidentales. Colomb disoit même avoir vu les restes des fourneaux de Salomon dans les mines de Cibao. On pourroit ajouter à cela que plusieurs coutumes des Sauvages semblent être d'origine judaïque, telles que celles de ne point briser les os de la victime dans les repas sacrés, de manger toute l'hostie, d'avoir des retraites, ou des *huttes de purification* pour les femmes. Malheureusement ces inductions sont peu de chose; car on pourroit demander alors comment il se fait que la langue et les divinités huronnes soient grecques plutôt que juives. N'est-il pas étrange qu'*Ares-Koui* ait été le dieu de la guerre dans la citadelle d'Athènes et dans le fort d'un Iroquois? Enfin les critiques les plus judicieux ne laissent aucun jour à faire passer les Israélites à la Louisiane; car ils démontrent assez clairement qu'Orphir étoit sur la côte d'Afrique[1].

Les Égyptiens sont donc le dernier peuple dont il nous reste à examiner les droits[2]. Ils ouvrirent, fermèrent et reprirent tour à tour le commerce de la Trapobane, par le golfe Persique. Ont-ils connu le quatrième continent, et peut-on leur attribuer les monuments du Nouveau-Monde?

Nous répondons que les ruines de l'Ohio ne sont point d'architecture égyptienne; que les ossements qu'on trouve dans ces ruines ne sont point embaumés; que les squelettes y sont couchés et non debout ou assis. Ensuite, par quel incompréhensible hasard ne rencontre-t-on aucun de ces anciens ouvrages, depuis le rivage de la mer jusqu'aux Alléganys? et pourquoi sont-ils tous cachés derrière cette

---

[1] *Vid.* SAUR., D'ANVIL.

[2] Si nous ne parlons point des Grecs (et surtout des habitants de l'île de Rhodes), quoiqu'ils soient devenus d'assez habiles navigateurs, c'est qu'ils sortirent rarement de la Méditerranée.

chaîne de montagnes? De quelque peuple que vous supposiez la colonie établie en Amérique, avant d'avoir pénétré, dans un espace de plus de quatre cents lieues, jusqu'aux fleuves où se voient ces monuments, il faut que cette colonie ait d'abord habité la plaine qui s'étend de la base des monts aux grèves de l'Atlantique. Toutefois on pourroit dire avec quelque vraisemblance que l'ancien rivage de l'Océan étoit au pied même des Apalaches et des Alléganys, et que la Pensylvanie, le Maryland, la Virginie, la Caroline, la Géorgie et les Florides, sont des plages nouvellement abandonnées par les eaux.

NOTE I, page 130.

Fréret a fait la même chose pour les Chinois, et M. Bailly a réduit pareillement la chronologie de ces derniers, ainsi que celle des Égyptiens et des Chaldéens, au calcul des Septante. Ces auteurs ne peuvent être soupçonnés de partialité en faveur de notre opinion. (*Vid.* Bailly, tom. I.)

NOTE K, page 136.

Buffon, qui voulut accorder son système avec la Genèse, avoit reculé l'origine du monde, considérant chacun des six jours de Moïse comme un long écoulement de siècles; mais il faut convenir que ces raisonnements ne donnent pas un grand poids à ses conjectures. Il est inutile de revenir sur ce système, que les premières notions de physique et de chimie ruinent de fond en comble; et sur la formation de la terre détachée de la masse du soleil, par le choc oblique d'une comète, et soumise tout à coup aux lois de gravitation des corps célestes; le refroidissement graduel de la terre, qui suppose dans le globe la même homogénéité que dans le boulet de canon qui avoit servi à l'expérience; la formation des montagnes du premier ordre, qui suppose encore la transmutation de la terre argileuse en terre siliceuse, etc.

On pourroit grossir cette liste de systèmes qui, après tout, ne sont que des *systèmes*. Ils se sont détruits entre eux ; et, pour un esprit droit ils n'ont jamais rien prouvé contre l'Écriture. (Voyez l'admirable Commentaire de la Genèse par M. de Luc, et les Lettres du savant Euler.)

NOTE L, pag. 149.

Je donnerai ici ces preuves métaphysiques de l'existence de Dieu et de l'immortalité de l'âme, pour compléter ce que j'ai dit sur ce grand sujet.

Toutes les preuves abstraites de l'existence de Dieu se tirent de ces trois sources : la *matière*, le *mouvement*, la *pensée*.

La Matière.

PREMIÈRE PROPOSITION.

QUELQUE CHOSE A EXISTÉ DE TOUTE ÉTERNITÉ.

Preuves. Par la raison que quelque chose existe. Dieu ou matière, peu importe à présent.

SECONDE PROPOSITION. 1. *Quelque chose a existé de toute éternité*, 2. ET CET ÊTRE EXISTANT EST INDÉPENDANT ET IMMUABLE.

Preuves. Il faudroit autrement qu'il y eût une succession infinie de causes et d'effets sans cause première ; ce qui est contradictoire. On le prouve,

Parce que, si la série d'êtres indépendants est UNE et TOUTE, elle ne peut avoir au dehors une cause de son existence *successive*, puisqu'elle comprend *tout*. Or,

Il est évident que chaque être, dans la chaîne progressive, n'a pas, au dedans de soi, la cause efficiente de son existence, puisqu'il est produit par un être *précédent*. Contradiction manifeste.

Objection. On dit : C'est la nécessité qui fait que cette chaîne d'êtres existe.

Réponse. Des êtres *dépendants* les uns des autres peuvent *exister* ou *n'exister pas*. Il n'y a pas de *nécessité;* donc la cause de cette existence est déterminée par *rien*. (Absurdité.) Donc il doit y avoir de toute éternité un Être indépendant et immuable, cause première de la génération des êtres.

TROISIÈME PROPOSITION. 1. *Quelque chose a existé de toute éternité.* 2. *Cet être existant est indépendant et immuable,* 3. ET NE PEUT ÊTRE LA MATIÈRE.

Première preuve. Si cela étoit, la matière existeroit *nécessairement* et par elle-même : la seule supposition qu'elle n'existe pas seroit une contradiction dans les termes. Or, il est prouvé,

Que le mode de son existence n'est pas de cette nature, puisqu'on peut concevoir, sans contradiction, qu'elle (la matière) pourroit ne pas exister, ou être tout autre chose que ce qu'elle est. En effet,

Ce caillou que vous roulez sous votre pied n'existe pas *nécessairement,* puisque vous le concevez fort bien ou anéanti, ou de toute autre espèce, sans qu'il en arrive aucun changement dans l'univers. Ainsi, d'objets en objets, vous verrez, clair comme le jour, que l'existence de la matière n'est pas de *nécessité.*

Seconde preuve. En outre, on ne peut pas se figurer la durée éternelle de la matière de la même manière qu'on entend celle de Dieu : celui-ci, par la simplicité et la non-étendue de sa substance, se fait concevoir à la pensée comme existant à la fois dans le passé, le présent et l'avenir. Mais la durée de la matière ne peut être que progressive, puisqu'elle a l'étendue et les dimensions des corps, et qu'elle se perpétue par destructions et générations : elle n'existe plus pour la minute écoulée, et comme l'homme, elle avance dans l'avenir en perdant le passé.

Or, si l'éternité est successive, comme elle l'est démonstrativement dans le cas de la matière, elle enferme des *siècles infinis :*

Or des *siècles infinis* ne peuvent être *épuisés,* ou ils ne seroient pas *infinis;*

Donc l'éternité de la matière étant successive, cette matière ne pourroit être venue jusqu'à nos jours, puisqu'il faudroit opposer qu'elle eût franchi des siècles *infinis*, et que des siècles *infinis* qui pourroient se *franchir* ne seroient point infinis [1].

Troisième preuve. S'il n'y a que la matière dans la nature, et que cette matière n'existe pas de *nécessité* (ce qui implique déjà contradiction), qui est-ce qui fait durer les êtres?

S'il n'y a pas une puissance *nécessaire* qui conserve tout par sa seule vertu ou sa seule volonté, la cohésion des parties des corps est impossible. Mon bras doit tomber en poussière, si les atomes dont il est formé ne sont sans cesse forcés de se tenir ensemble, ou même s'ils ne sont sans cesse créés [2]. Or, cette puissance *nécessaire* ne peut être la matière, puisqu'elle n'existe pas de *nécessité*, et qu'elle n'a pas elle-même la cohésion des parties. Enfin, cette volonté conservatrice ne peut émaner de la matière, puisque la matière est un être purement passif et sans volonté.

Concluons que l'être primitif, indépendant et immuable, ne peut être la matière.

QUATRIÈME PROPOSITION. 1. *Quelque chose a existé de toute éternité.* 2. *Cet être existant est indépendant et immuable;* 3. *il ne peut être la matière;* 4. IL EST NÉCESSAIREMENT UNIQUE.

Première preuve. Si deux principes *indépendants* existent ensemble, on concevra que l'on peut également exister seul, puisqu'il n'est pas de la *même* nature que l'autre; d'où il résulte que ni l'un ni l'autre de ces principes n'existe *nécessairement*. Que devient donc la matière et l'être quelconque, démontré existant de toute éternité, par la seule raison que quelque chose existe à présent?

Seconde preuve. Si deux principes existent ensemble, qui est-ce qui a arrangé la matière?

Ce ne peut être *Dieu*, parce qu'il ne connoît point *l'autre principe*, et n'a aucun droit sur lui [3].

Si la matière est incréée, Dieu ne peut la mouvoir, ni en former aucune chose; car Dieu ne peut l'arranger sage-

---

[1] ABBADIE. [2] DESCARTES. [3] BAYLE, art. *Anaxim.*

ment sans la connoître; il ne peut la connoître s'il ne l'a pas créée, puisque étant un principe *indépendant* par lui-même il ne peut tirer ses connoissances que de lui ; rien ne peut agir en lui ni l'éclairer [1].

Ainsi s'évanouit cet épouvantail de l'école des athées : *Ex nihilo nihil fit*. Si Dieu *existe*, la matière n'est pas *éternelle*, et la création est *obligée*. Si vous supposez que Dieu *n'existe pas*, vous rentrez dans le cercle de nos propositions.

L'être existant de toute éternité est donc nécessairement unique [2].

CINQUIÈME PROPOSITION. 1. *Quelque chose a existé de toute éternité.* 2. *Cet être existant est indépendant et immuable;* 3. *il ne peut être la matière;* 4. *il est nécessairement unique;* 5. IL N'EST POINT UN AGENT AVEUGLE, SANS CHOIX ET SANS VOLONTÉ.

Preuves. Si la cause suprême est sans liberté, une chose qui n'existe pas dans le moment actuel n'a jamais pu exister ; car,

Si la puissance de la cause suprême vient de l'enchaînement nécessaire des êtres, tout ce qui existe existe par une nécessité rigoureuse ; alors, si cette nécessité est de *rigueur,* comment se trouve-t-il un temps où cette chose n'existoit pas ?

Que si on rapporte cette nécessité d'existence à une certaine époque de la succession des temps, c'est complétement déraisonner. Dans le cas d'une existence d'*absolue* nécessité, il n'y a point de *succession* de temps. Les temps sont UN et TOUT.

Ensuite,

Il n'y a dans le monde aucune apparence d'une nécessité *absolue.* Chacun peut concevoir les choses d'une tout autre manière, et dans un ordre tout différent de ce qu'elles sont ; mais on aperçoit une nécessité de *convenances* relatives aux lois de l'harmonie et de la beauté. Cette nécessité

---

[1] MALEBR.

[2] La seule objection qu'on pourroit me faire ici se tireroit du spinosisme, qui admet l'unité de Dieu et de la matière ; mais on sait combien cette opinion est absurde. On peut voir BAYLE, art. *Spinosa*.

du *meilleur possible* dans les êtres est fort digne d'une cause intelligente, et très compatible avec sa liberté.

De plus,

L'être intelligent prouve encore sa liberté par les causes finales. Aucun athée ne s'avise de soutenir à présent, comme jadis Épicure, que l'œil n'est pas formé pour voir, et l'oreille pour entendre. Il suffiroit de renvoyer cet incrédule aux anatomistes.

Enfin,

Si la cause première agit par nécessité, aucun *effet* de cette cause ne sera *fini*. Une nature qui agit *nécessairement*, agit de *toute sa puissance*. Or, une nature *infinie*, agissant à la fois de toutes parts et de toute sa puissance, ne peut jamais *compléter* un être, puisqu'elle y ajouteroit *sans fin* en raison de son *infinité*; il n'y auroit donc point d'objet fini dans l'univers, ce qui est visiblement absurde.

Donc la cause première n'est point un agent aveugle, sans choix et sans volonté.

SIXIÈME PROPOSITION. 1. *Quelque chose a existé de toute éternité.* 2. *Cet être existant est indépendant et immuable;* 3. *il ne peut être la matière;* 4. *il est nécessairement unique;* 5. *il n'est point un agent aveugle, sans choix et sans volonté;* 6. IL POSSÈDE UNE PUISSANCE INFINIE.

Preuves. Cette puissance ne peut s'étendre que sur deux espèces d'êtres, qui constituent toutes les choses, savoir les êtres matériels et les êtres immatériels.

Par rapport aux premiers,

Nous avons vu que la *cause nécessairement unique* doit avoir créé la matière, et conséquemment en être la maîtresse absolue.

Quant aux derniers,

Nous prouverons ailleurs que Dieu a pu seul les créer, lorsque nous examinerons la nature de la pensée de l'homme.

SEPTIÈME ET DERNIÈRE PROPOSITION. 1. *Quelque chose a existé de toute éternité.* 2. *Cet être existant est indépendant et immuable;* 3. *il ne peut être la matière;* 4. *il est nécessairement unique*; 5. *il n'est point un agent aveugle, sans choix et sans volonté;* 6. *il possède une puissance infinie;* 7. ET IL EST INFINIMENT SAGE, BON, JUSTE, etc.

Preuves. Cela se démontre,

A priori,

1° Parce qu'un être parfaitement intelligent doit connoître ses propres facultés, et qu'étant infini en puissance, rien ne peut l'empêcher de faire ce qui est le meilleur et le plus sage;

2° Parce que l'être infini connoissant toutes les convenances et toutes les relations des choses, n'étant jamais détourné de la vérité par les passions, la force ou l'ignorance, il doit toujours agir conformément aux propriétés des choses.

A posteriori,

Les preuves de la bonté, de la sagesse et de la justice de Dieu se tirent de la beauté de l'univers.

Récapitulation :

1° Quelque chose a existé de toute éternité.

2° Cette chose existante est immuable et indépendante.

3° Elle n'est pas la matière.

4° Elle est unique.

5° Elle n'est point un agent aveugle.

6° Elle est toute-puissante.

7° Elle est souverainement sage, bonne et juste.

Voilà Dieu.

Du Mouvement.

D'où vient le MOUVEMENT de la MATIÈRE?

Premier syllogisme (genre positif).

Ou ce mouvement lui est essentiel, ou il lui est communiqué.

Si le mouvement est *essentiel* à la matière, c'est une nécessité pour elle que ses parties soient toujours en mouvement : or,

L'expérience la plus commune démontre qu'il y a des corps en repos; donc

Le mouvement n'est pas essentiel à la matière; donc
Il lui est communiqué.

Second Syllogisme (genre destructif).

Si le mouvement est *essentiel* à la matière, toutes ses parties doivent tendre sans cesse et également de tous côtés : or,
De l'éternel mouvement résulte l'éternel repos : donc
Tout est en repos dans l'univers (*absurde*).

Troisième syllogisme (genre démonstratif).

Le mouvement, par sa nature connue, n'a aucune régularité;

Il s'exerce dans toutes les dimensions et dans toutes les vitesses;

Il s'échappe par la tangente, coupe par la sécante, se plonge par la perpendiculaire, se roule par le cercle, se glisse par l'ellipse et la parabole;

Il se communique par le choc; il prend des directions nouvelles, selon l'opposition ou la réflexion des corps; or,

Les lois motrices des astres, du soleil et des planètes, s'accomplissent dans une inaltérable régularité géométrique; donc

Ces lois d'un mouvement permanent et régulier ne peuvent être engendrées par le mouvement confus et désordonné de la matière.

Il suit, de ces trois syllogismes, que le mouvement n'est point essentiel à la matière :

1° Parce qu'il y a des corps en repos;

2° Parce que l'universel mouvement seroit le repos universel, ce qui choque l'expérience;

3° Parce que le mouvement irrégulier de la matière ne peut jamais être admis comme créateur de l'*ordre*, de l'univers. Une cause ne peut pas produire un effet dont elle n'a pas en elle-même le principe, puisqu'il y auroit alors un effet sans cause; un composé ne peut pas avoir des vertus qui ne sont pas dans ses éléments simples. Enfin, si le mouvement étoit une qualité résidante dans la matière ou dans l'arrangement de ses parties, depuis le temps que les plus habiles mécaniciens cherchent le mouvement perpétuel, n'est-il pas plus que probable qu'ils auroient trouvé la machine propre à le mettre en évidence? Mais l'expérience a démontré jusqu'à présent qu'il falloit un moteur étranger.

On doit conclure de ces arguments qu'il existe quelque part, *hors* de la matière, un mobile universel, premier agent du mouvement, à la fois immuable et dans un mouvement éternel.

Voilà Dieu.

Éclaircissements sur ces dernières preuves touchant le mouvement.

Le mouvement de la matière fournissant une preuve sans réplique en faveur de l'existence de Dieu, il sera bon d'y jeter encore quelque lumière.

Pour démontrer l'impossibilité de la formation des mondes par le mouvement et le hasard, Cicéron tire des lettres de l'alphabet cette objection si connue :

«Ne dois-je pas m'étonner, dit-il [1], qu'il y ait un homme qui se persuade que de certains corps solides et indivisibles se meuvent d'eux-mêmes par leur poids naturel, et que, de leur concours fortuit, s'est fait un monde d'une si grande beauté? Quiconque croit cela possible, pourquoi ne croiroit-il pas que si l'on jetoit à terre quantité de caractères d'or, ou de quelque matière que ce fût, qui représentassent les vingt et une lettres, ils pourroient tomber arrangés dans un tel ordre, qu'ils formeroient lisiblement les Annales d'Ennius? Je doute si le hasard rencontreroit assez juste pour en faire un seul vers. Mais ces gens-là, comment assurent-ils que des corpuscules qui n'ont point de couleur, point de qualité, point de sentiment, qui ne font que voltiger au gré du hasard, ont fait ce monde-ci, ou plutôt en font à chaque moment d'innombrables qui en remplacent d'autres? Quoi! si le concours des atomes peut faire un monde, ne pourroit-il pas faire des choses bien

---

[1] *De Nat. Deor.*, II, 37, trad. de d'Olivet.

plus aisées, un portique, un temple, une maison, une ville? »

Cette absurdité, qui frappoit si justement l'orateur romain, a aussi été relevée par Bayle. Nous aimons à citer Bayle aux athées. « Ce dialecticien (c'est Leibnitz qui parle) passe aisément du blanc au noir; il s'accommode de tout ce qui lui convient pour combattre l'adversaire qu'il a en tête, n'ayant pour but que d'embarrasser les philosophes, et de faire voir la faiblesse de notre raison. Jamais Arcésilas et Carnéades n'ont soutenu le pour et le contre avec plus d'esprit et d'*éloquence*[1]. »

Voici donc ce que dit Bayle sur la nécessité d'une cause intelligente[2] :

« Puisque, de l'aveu de toutes les sectes, les lois du mouvement ne sont pas capables de produire, je ne dirai pas un moulin, une horloge, mais le plus grossier instrument qui se voit dans la boutique d'un serrurier, comment seroient-elles capables de produire le corps d'un chien, ou même une rose et une grenade? Recourir aux astres ou aux formes substantielles, c'est un pitoyable asile. Il faut ici une cause qui ait l'idée de son ouvrage, et qui connoisse les moyens de le construire : tout cela est nécessaire à ceux qui font une montre et un vaisseau, à plus forte raison se doit-il trouver dans ce qui fait l'organisation des êtres vivants. »

A la note R de l'article Démocrite, il s'exprime ainsi :

«En quittant le droit chemin, qui est le système d'un Dieu créateur libre du monde, il faut nécessairement tomber dans la multiplicité des principes; il faut reconnoître entre eux des antipathies et des sympathies, les supposer indépendants les uns des autres, quant à l'existence et à la vertu d'agir, mais capables néanmoins de s'entre-nuire par l'action et la réaction. Ne demandez pas pourquoi, en certaines rencontres, l'effet de la réaction est plutôt ceci.

---

[1] LEIBN., *Théodic.*; part. III, § 353. On sait ce que c'est que l'éloquence de Bayle; mais il faut pardonner ce jugement à Leibnitz.

[2] Art. *Sennert.*, note C.

que cela; car on ne peut donner raison des propriétés d'une chose que lorsqu'elle a été faite librement par une cause qui a eu ses raisons et ses motifs en la produisant. »

Crouzas, qui cite ce passage à la huitième section de son examen du pyrrhonisme, ajoute [1] :

« Quand on supposeroit les atomes éternels et en mouvement de toute éternité, on pourroit bien en conclure qu'en s'approchant ils formeroient de certaines masses, et, si vous voulez encore, que ces masses seroient propres à produire de certains effets. Mais de là il y a infiniment loin à supposer que ces masses, formées par le concours fortuit des atomes, auroient pris un agencement régulier, et que les propriétés des unes auroient été précisément telles qu'il falloit pour l'usage des autres.

« Que l'on ploie dix billets numérotés, l'un par le chiffre 1, le second par le chiffre 2 : combien de reprises ne faudroit-il pas pour les tirer, sans choix, dans un tel ordre, que le numéro 1 vînt précisément le premier, le numéro 2 le second, et ainsi jusqu'au 10?

« S'il y en avoit vingt, le cas ne seroit pas seulement deux fois plus difficile, mais incomparablement plus, comme le démontrent ceux qui ont étudié la doctrine abstraite des combinaisons. Cinq choses mélangées 2 à 2 donnent 15 combinaisons; à 3, 35; à 4, 70; à 5, 126; à 6, 210; à 7, 330.

« La difficulté de ranger plusieurs choses, sans le secours du discernement, dans un ordre croissant avec le nombre de ces choses, devient toujours plus grande dans une proportion qui va si fort en augmentant. Pour donner un arrangement, sans le secours de l'intelligence et du choix, à une infinité de parties en désordre, il faudroit surmonter des difficultés infiniment infinies. Quelle étendue d'intelligence ne seroit pas nécessaire pour ranger dans un grand ordre, dans un ordre exquis, dans un ordre qui se soutînt, une infinité de choses dont chacune hors de sa place seroit

[1] Page 426.

une cause de désordre! Prenez autant de lettres qu'il y en a dans une ligne; agencez les billets où elles sont écrites, une seule par billet, sans les voir : à peine, après avoir épuisé votre vie en tentatives, viendriez-vous une fois à bout de les ranger à faire lire cette ligne. La difficulté sera beaucoup plus que double, s'il faut ainsi venir à bout d'agencer les expressions de deux lignes : où n'iroit point la difficulté de les ranger, sans le secours du discernement, dans l'ordre où elles sont dans une page entière? Leurs agencements fortuits iroient-ils enfin à composer un livre? Une cause infinie en perfection peut seule lever les obstacles qui naissent d'une confusion infinie.

«J'ajouterai ici un exemple aisé de la variété et de la multiplicité des combinaisons. *A* et *b* se combinent en deux manières, *ab, ba*; *abc*, en six, *ab, ac, ba, bc, ca, cb*, et cela sans être répétées; *abcd*, en vingt-quatre, *abcd, abdc, acbd, acdb, adbc, adcb*; en voilà six : il y en aura autant si l'on commence par *b*, autant par *c*, autant par *d*.

«Une infinité combinée 2 à 2 iroit à l'infini : combinée 3 à 3, encore à l'infini et à un plus grand infini; combinées toutes ensemble, à une infinité d'infinies manières. Quelles sources de confusion, qu'elle infinité de dérangements, et à combien d'infinies manières ne montent pas les chaos et les confusions possibles! Si cette confusion ne se change pas tout d'un coup en régularité, elle subsistera; car quelque léger principe de régularité seroit bientôt détruit par les chocs de l'infinie confusion restante.

«Dire que, dans la suite infinie des temps, la combinaison régulière a enfin eu son tour, ce seroit supposer une infinie régularité dans la confusion, puisque ce seroit supposer que toutes les combinaisons différentes à l'infini se seroient succédé par ordre, et que par-là la combinaison régulière auroit paru dans sa place, et en auroit eu une assignée dans cette succession, où elles se présentoient par ordre, comme si une intelligence en avoit fait les agencements, les essais et les revues.»

Ces raisonnements sont d'une grande force, et précisément comme les demandent les esprits positifs, c'est-à-dire des raisonnements mathématiques. Il y a des athées qui ont l'ingénuité de croire que ce n'est que dans leur secte qu'on démontre par A + B, et que les pauvres chrétiens sont réduits à l'*imagination* pour toute ressource. C'est bien quelque chose pourtant que cette imagination ; et il y a tel profane qui auroit la témérité de croire qu'il est plus difficile d'écrire une seule belle page de pensées morales ou de sentiments, que de compiler des volumes entiers d'abstractions. Quoi qu'il en soit, ces incrédules ne savent donc pas que Leibnitz a prouvé Dieu géométriquement dans sa Théodycée? Ils ne savent donc pas qu'on a emprunté d'Huygens, de Keil, de Marcalle, et de cent autres, des théorèmes rigoureux pour établir l'existence d'un Être suprême? Platon n'appeloit Dieu que l'*éternel géomètre,* et c'est l'art d'Archimède qui a fourni la plus belle et la plus puissante image de Dieu, *le triangle inscrit au cercle.*

Newton a posé ainsi l'axiome fondamental de la mécanique :

« *Quand un corps est en repos ou en mouvement, il ne cesse jamais de rester en repos, ou de se mouvoir en ligne droite avec la même force, sans qu'elle reçoive aucune augmentation ou aucune diminution, à moins que quelque autre force, venant à agir sur lui, n'y cause du changement.* »

Le médecin Nieuwentyt, raisonnant sur cet axiome, dans son livre *de l'Existence de Dieu, démontrée par les merveilles de la nature,* fait cette curieuse observation [1] :

« Lorsqu'un petit corps, qui ne sera pas si grand qu'une petite boule, de la grosseur, par exemple, d'un grain de sable très petit, après avoir reçu une chiquenaude, va heurter contre un corps que nous supposerons aussi gros que tout le globe de la terre, ou, si vous voulez, mille fois plus grand, pourvu que ni l'un ni l'autre n'ait pas de ressort, il s'ensuit, dis-je, que ce grand corps sera entraîné avec le grain de sable en ligne droite; et à moins que quelque force ou quelque obstacle n'intervienne et n'arrête

[1] Liv. III, chap. III, pag. 541.

ce mouvement, la force d'une seule chiquenaude suffira pour faire mouvoir continuellement en ligne droite ce grand corps et le petit grain de sable tout ensemble; et si dans leur route ils rencontroient cent mille autres corps, chacun un million de fois plus grand que la terre, ils les entraîneroient tous avec cette petite force, sans qu'il y en eût jamais aucun en état de prendre une autre direction.

«Que ceci soit vrai, quelque merveilleux qu'il paroisse, c'est une chose que les mathématiciens ne sauroient nier. Misérables pyrrhoniens, qui espérez, en déduisant nécessairement les lois de la nature l'une de l'autre, d'éluder les preuves de la Providence divine! misérables pyrrhoniens, montrez-nous par vos principes, si vous pouvez en aucune manière comprendre, non pas qu'une pareille chose arrive continuellement (car les mathématiques leur montreront ceci), mais comment et de quelle manière agit la force de ce petit grain de sable, de sorte que, pour peu qu'il pousse ces corps prodigieux, il les met non-seulement en mouvement, mais il les y conserve sans jamais cesser.»

Telle est la remarque de cet excellent homme, qui, avec Hippocrate et Galien, avoit reconnu dans la merveilleuse machine de notre corps la main d'une intelligence divine.

Enfin, le docteur Hancock se sert d'une comparaison frappante pour faire sentir l'absurdité de ceux qui attribuent l'ordre de l'univers au concours fortuit des atomes.

«Supposons, dit-il [1], que tous les hommes qu'il y a sur la terre fussent aveugles, et que dans cet état il leur fût ordonné de se rendre dans les plaines de la *Mésopotamie*; combien de siècles leur faudroit-il pour trouver cette route et pour venir à leur commun rendez-vous? Y arriveroient-ils même jamais, quelque immense que fût leur durée? Cela seroit pourtant infiniment plus facile à faire pour des hommes, qu'il ne l'a été aux *atomes* de *Démocrite* d'exécuter l'ouvrage qu'il leur attribue. Posé cependant que ce concours si heureux ne leur ait pas été impossible, comment est-il arrivé qu'il n'ait plus rien produit de nouveau, ou

[1] Hancock, *on the Exist. of God.*, sect. v, trad. franç.

que le même hasard qui les assembla pour former l'univers ne les ait pas dissipés pour le détruire? Dira-t-on que c'est un principe d'*attraction* et de *gravitation* qui les retient ainsi dans leur situation primitive? Mais ce principe d'*attraction* et de *gravitation* est ou *antérieur* ou *postérieur* à la formation de l'univers. S'il est antérieur, comment est-ce que l'activité en étoit suspendue? et s'il est postérieur, quelle en est l'origine, et ne doit-elle pas venir d'ailleurs que de la matière, qui de sa nature est susceptible de se mouvoir en tout sens? Si l'on dit d'ailleurs que c'est la *nature* qui se maintient d'elle-même dans cet état permanent, on ne peut entendre par ce terme, dans le système de *Démocrite*, que le *concours fortuit*, et l'on sent d'abord que cela ne suffit pas plus pour rendre raison de la conservation du monde, que pour celle de sa formation. »

Pour se tirer des difficultés insurmontables qui résultent de la formation du monde par le mouvement de la matière, Spinosa, d'après Straton, a soutenu qu'il n'y a dans l'univers qu'une seule substance; que cette substance est Dieu, à la fois esprit et matière, possédant l'attribut de la pensée et de l'étendue. Ainsi, mon pied, ma main, un caillou, tous les accidents physiques et moraux, toutes les saletés de la nature sont des parties de Dieu. Rare et admirable divinité, sortie toute formée et sans douleur du cerveau d'un incrédule! Les païens avoient bien attaché des dieux aux objets les plus vils de la terre; mais il n'appartenoit qu'à un athée de déifier, en une seule et éternelle substance, tous les crimes et toutes les immondices de l'univers. Il se passe d'étranges choses dans l'intérieur de ces hommes que Dieu a éloignés de lui, et les plus habiles gens trouveroient malaisé d'expliquer les mouvements du cœur d'un athée. On peut voir comment Bayle, Clarke, Leibnitz, Crouzas, etc., ont renversé le spinosisme, qui est en même temps le plus impie et le plus insoutenable des systèmes.

Anaximandre, par une autre folie, vouloit que les *formes* et les *qualités*, provenues de la matière, eussent arrangé l'univers.

D'un autre côté, les stoïciens supposoient des *formes plastiques,* destituées d'intelligence, et pourtant distinctes de la matière. A la vérité quelques-uns les dérivoient de Dieu, et ne les avoient imaginées que pour expliquer l'action d'un être immatériel sur des êtres matériels.

Qu'est-il besoin d'appeler les mépris du lecteur sur ces rêveries philosophiques? Elles ont été combattues par les incrédules eux-mêmes.

Il ne reste donc plus à faire valoir que la loi banale de la *nécessité.* On s'en sert d'autant plus volontiers, qu'on ne sait ce que c'est; et qu'en lâchant ce grand mot, on se croit dispensé de l'expliquer. Mais cette terrible nécessité est-elle une chose créée ou incréée? Si elle est créée, qui est-ce qui en est le créateur? Si elle est incréée, cette nécessité qui arrange tout, qui produit tout dans un si bel ordre, qui est une, indivisible, sans étendue, est-elle autre que Dieu?

La pensée.

D'OÙ VIENT LA PENSÉE DE L'HOMME, ET QUELLE EST LA NATURE DE CETTE PENSÉE?

Elle ne peut être que *matière, mouvement* ou *repos,* la *chose* même, ou les deux *accidents* de cette *chose,* puisqu'il n'y a dans l'univers que *matière, mouvement* et *repos.*

Que la *pensée* n'est pas *matérielle,* cela parle de soi.

Que la *pensée* n'est pas le *repos* de la matière, cela est encore prouvé, puisqu'au contraire la *pensée* est un *mouvement.*

La *pensée* est donc un *mouvement.* Est-elle le *mouvement matériel,* ou l'effet du *mouvement matériel?*

Examinons.

Si la pensée est l'*effet* du mouvement ou le *mouvement* lui-même, elle doit ressembler à cet *effet* de mouvement ou à ce mouvement. Or,

Le *mouvement* rompt, désunit, déplace; la *pensée* ne fait rien de tout cela:

Elle touche les corps sans les séparer, sans les mouvoir.

Le *mouvement* lui-même est aussi un déplacement. Un corps qui se meut change de disposition, s'arrange d'une autre manière, occupe une autre place, acquiert d'autres proportions : la *pensée* ne fait rien de tout cela :

Elle se meut sans cesser d'être en repos et sans quitter son siége ; elle n'a ni dimension, ni localité, ni forme.

Le *mouvement* a sa mesure et ses degrés : la *pensée*, au contraire, est *indivisible*. Il n'y a point de moitié, de quart, de fraction de *pensée* : une *pensée* est une.

Le *mouvement* de la matière a des bornes qui l'empêchent de s'étendre au-delà de certains espaces :

La *pensée* n'a d'autres champs que l'infini. Or, comment concevoir qu'un atome, parti de mon cerveau avec la rapidité de la *pensée*, atteigne au même instant le ciel et l'enfer, et pourtant sans quitter mon cerveau ? car, s'il en étoit ainsi, ma pensée subsisteroit hors de moi, et ne seroit plus moi. Qui auroit donné à cet atome cette force immense de mouvement, incomparablement plus grande que celle qui entraîne tous les corps célestes ? Comment un si chétif insecte que l'homme auroit-il une pareille puissance *physique*.

Le *mouvement* ne peut agir qu'au présent.

Le passé et l'avenir sont également du ressort de la *pensée*. L'espérance, par exemple, ne peut être qu'un mouvement futur ; et comment un mouvement *futur matériel* existe-t-il au *présent* ?

La pensée ne peut donc être le mouvement matériel. En est-elle l'*effet* ?

La pensée ne peut être l'*effet* du mouvement, parce qu'un effet ne peut être plus noble que sa cause, une conséquence plus puissante qu'un principe. Or, que la *pensée* soit plus noble et plus forte que ce *mouvement*, qui ne le voit du premier coup d'œil, puisque la pensée connoît ce *mouvement* et que ce *mouvement* ne la connoît pas, puisque la *pensée* parcourt, dans la plus petite fraction de temps, des espaces que ce *mouvement* ne pourroit franchir que dans des milliers de siècles ?

Que si l'on dit à présent que la pensée n'est ni un *mouvement*, ni un *effet* de mouvement *intérieur* dans mon cerveau, mais un ébranlement produit par un mouvement *extérieur*, c'est seulement retourner les termes de la proposition; car il est encore peut-être plus absurde d'imaginer que tel atome, émané de la lumière d'une étoile, descende dans la vitesse de la *pensée*, pour choquer telle partie de mon cerveau, tandis que d'autres millions de *mouvements* viennent en même temps l'assaillir de tous côtés. Par la seule loi de la pesanteur, un atome tombé du soleil sur ma tête me réduiroit en poussière. Objecter que la gravité n'existe plus pour les parties extrêmement ténues de la matière, ce seroit se moquer des gens, en voulant appliquer ce principe physique à la théorie de la pensée. Examinez donc un peu ce qui arriverait dans votre entendement toutes les fois que vous pensez, si votre *pensée* étoit le *mouvement* matériel, ou un *effet* de ce mouvement. Une petite portion de votre cervelle se détache, et s'en va roulant de tel côté, ce qui vous donne telle idée. Cet atome est long ou rond, large ou étroit, mince ou épais; et vous voilà, en conséquence de cette figure du hasard, obligé d'être triste ou gai, insensé ou sage. Mais comme l'homme pense à mille choses à la fois, quel chaos, quel dérangement dans sa tête! Une *pensée sublime*, sous la forme d'un embryon blanc ou bleu, en traversant votre entendement, rencontre une autre *pensée rouge* qui l'arrête. D'autres *idées* surviennent, se heurtent, etc.

Ce n'est pas là toute la difficulté; car, si le *mouvement* est la *pensée*, le *mouvement* est un *principe pensant*. Or, dans ce cas, le flot qui roule, le pied qui marche, la pierre qui tombe, pensent. Vous dites que je pense en raison d'un ébranlement produit dans une certaine partie de mon cerveau : d'accord; mais cette partie de mon cerveau qui s'ébranle n'est pas d'une autre nature que les éléments de l'univers. C'est de l'eau, de la terre, de l'air ou du feu; ou, si vous aimez mieux parler comme la physique du jour, c'est de l'oxygène, de l'hydrogène, etc. Amalgamez ces principes tout comme il vous plaira, ils resteront toujours tels par leur essence. Or, de leur mélange tel quel, comment ferez-vous naître la *pensée*, si le *principe* de cette pensée n'est pas renfermé dans les *éléments* qui la composent? Vous ne voulez pas déraisonner et dire qu'un *composé* a des effets qui ne sont pas dans des *simples*, et qu'un accident peut être provenu sans cause? Vous serez donc réduit à vous jeter dans une autre absurdité, et à dire que les éléments de la matière *pensent* en *certains cas*. Comment se fait-il alors que ces éléments, qui se trouvent combinés de tant de manières, ne répètent pas quelquefois *hors de l'homme* l'effet de la pensée?

Disons donc, car on ne le peut nier sans folie, que la *pensée* n'est ni la *matière* ni le *mouvement*. Si l'on veut absolument que le *mouvement* fasse une des conditions de la *pensée*, du moins est-il certain que cette pensée n'est pas le mouvement lui-même, mais quelque chose qui *se joint* ou *s'applique* au mouvement, puisqu'il est indubitable qu'*il y a des mouvements qui ne pensent pas*.

Venons à la grande conclusion.

Si la *pensée* est différente (comme elle l'est) de la *matière* et du *mouvement* matériel, qu'est-elle, et d'où vient-elle?

Comme elle n'existoit pas chez moi avant que je fusse créé, elle a donc été produite.

Si elle a été produite, elle l'a été nécessairement par quelque chose *hors de la matière*, puisque nous avons reconnu que la *matière* n'a pas le *principe pensant*.

Cette chose, placée hors de la matière qui a produit ma *pensée*, ne peut être qu'une chose encore *plus excellente* que ma pensée, quoique la pensée de l'homme soit ce qu'il y a de plus beau dans l'univers : un principe est plus puissant que son effet.

Ma pensée étant indivisible est immortelle, par l'axiome reçu de tous les philosophes, qu'une chose ne se dissout que par la divisibilité de ses parties.

Or, la *cause* qui a produit ma *pensée* est donc *indivisible* comme elle; elle est donc *immortelle* comme elle.

Mais comme cette *cause* étoit avant ma *pensée*, cette *cause* a elle-même été produite, ou elle est de *toute éternité*.

Si elle a été produite, où est son principe? Si vous me montrez ce principe, quel est le principe de ce principe?

Ainsi, vous élevant sans fin, vous arrivez au premier anneau; Dieu montre sa face au fond des ombres de l'éternité: notre âme est la chaîne immortelle qu'il nous a tendue pour remonter jusqu'à lui.

C'est ainsi que la pensée de l'homme prouve irrévocablement l'existence de la Divinité, de même qu'à son tour l'existence de cette Divinité démontre l'existence de l'immortalité de l'âme, puisque Dieu ne peut être, s'il est injuste, et que l'homme, jeté sur la terre pour couler des jours infortunés et mourir, n'annonceroit que le caprice d'un affreux tyran. Ceci doit nous donner la plus haute opinion de notre nature; car, qu'est-ce qu'un être dont Dieu est la preuve, et qui est à son tour la preuve de Dieu? L'Écriture a-t-elle parlé trop magnifiquement de cet être-là? « *Quand l'univers écraseroit l'homme*, dit Pascal, *l'homme seroit encore plus grand que l'univers; car il sentiroit que l'univers l'écrase, et l'univers ne le sentiroit pas.* »

Il faut donc admettre que, s'il y a un Dieu, ses perfections prouvent que l'homme a une âme immortelle, et, *vice versa*, conclure, de l'excellence de l'âme humaine et des malheurs de ce monde, que Dieu existe de nécessité.

Quelques autres preuves de l'immortalité de l'âme.

La science est éternelle; donc le siége de la science, l'âme, doit être immortel.

La raison et l'âme ne sont qu'un; or la raison est immuable et éternelle.

La matière ne peut cesser d'être sans un acte immédiat de la volonté de Dieu : elle demeure toujours, rien ne se crée, rien ne s'anéantit; or, la vie étant l'essence de l'âme, l'âme ne peut en être privé.

L'âme n'est point l'arrangement des parties du corps,

puisque plus on la dégage des sens, plus on a de facilité à comprendre les choses [1].

Le concevant se présente toujours avant le concevable.

Nous éprouvons d'abord qu'il existe des idées ; nous comprenons un objet sans le voir, nos sens nous en assurent ensuite. Ce sont les idées abstraites qui font les abstractions des choses. Le mouvement, par exemple, ne seroit pas le mouvement, sans la comparaison que l'esprit fait du présent au passé. L'âme et ses opérations se montrent donc toujours les premières, et les corps ne viennent qu'ensuite. Ce fait, d'une vérité rigoureuse, est contraire au rapport des sens, qui ne voient que la matière, ou qui passent de celle-ci à l'esprit, au lieu de descendre de l'esprit au corps. Or, si l'âme se retrouve partout séparée de la matière, elle a donc une existence réelle [2]; donc, etc., etc.

De cette preuve de l'existence de l'âme, et conséquemment de son immortalité, nous allons faire naître cette autre preuve :

Le monde métaphysique n'existe point dans la nature-matière.

Les nombres, comme la pensée les considère, sont hors de la nature, où il ne peut y avoir que des unités. Cet incompréhensible mystère des appositions de chiffres, qui fournissent des quantités abstraites, croissant ou diminuant dans des rapports donnés, ce mystère, disons-nous, n'est point dans l'ordre physique. Or donc, le monde métaphysique étant placé hors de la matière, ce monde doit être ou un univers intellectuel existant à part, ou seulement une modification de l'âme. Dans les deux cas, l'immortalité de l'âme est prouvée; car l'homme purement matériel ne pourroit concevoir hors de la matière un monde métaphysique et éternel, ni encore moins avoir au dedans de lui quelque chose qui renfermât un monde de pensées abstraites et de vérités éternelles.

« Par l'esprit humain, dit Cicéron [3], tel qu'il est, nous

---

[1] Saint Augustin, *de Immort. Anim.*   [2] *Phedon de Mos.*
[3] *De Nat. Deor.*, II, 7, 6, trad. de d'Olivet

devons juger qu'il y a quelque autre intelligence supérieure et divine; car *d'où viendroit à l'homme,* dit Socrate dans Xénophon, *l'entendement dont il est doué?* On voit que c'est à un peu de terre, d'eau, de feu et d'air, que nous devons les parties solides de notre corps, la chaleur et l'humidité qui y sont répandues, le souffle même qui nous anime. Mais, ce qui est bien au-dessus de tout cela, j'entends la raison, et, pour le dire en plusieurs termes, l'esprit, le jugement, la pensée, la prudence, où l'avons-nous prise?

«On ne peut absolument trouver sur la terre [1] l'origine des âmes : car il n'y a rien dans les âmes qui soit mixte et composé; rien qui paroisse venir de la terre, de l'eau, de l'air ou du feu. Tous ces éléments n'ont rien qui fasse la mémoire, l'intelligence, la réflexion; rien qui puisse rappeler le passé, prévoir l'avenir, embrasser le présent. Jamais on ne trouvera d'où l'homme reçoit ces divines qualités, à moins que de remonter à un Dieu. Par conséquent, l'âme est d'une nature singulière, qui n'a rien de commun avec les éléments que nous connoissons. Quelle que soit donc la nature d'un être qui a sentiment, intelligence, volonté, principe de vie, cet être-là est céleste, il est divin, et dès là immortel.

«Je comprends bien, ce me semble [2], de quoi et comment ont été produits le sang, la bile, la pituite, les os, les nerfs, les veines, et généralement tout notre corps, tel qu'il est. L'âme elle-même, si ce n'étoit autre chose dans nous que le principe de la vie, me paroîtroit un effet purement naturel, comme ce qui fait vivre à leur manière la vigne et l'arbre. Et si l'âme humaine n'avoit en partage que l'instinct de se porter à ce qui lui convient, et de fuir ce qui ne lui convient pas, elle n'auroit rien de plus que les bêtes.

«Mais ces propriétés sont, premièrement, une mémoire

[1] *Frag. de Consol.*
[2] *Tuscul.*, 1, 24 et 25.

capable de renfermer en elle-même une infinité de choses.

« Voyons ce qui fait la mémoire [1], et d'où elle procède. Ce n'est certainement ni du cœur, ni du cerveau, ni du sang, ni des atomes. Je ne sais si notre âme est de feu ou d'air; et je ne rougis point, comme d'autres, d'avouer que j'ignore ce qu'en effet j'ignore. Mais qu'elle soit divine, j'en jurerois, si dans une matière obscure je pouvois parler affirmativement: car enfin, je vous le demande, la mémoire vous paroît-elle n'être qu'un assemblage de parties terrestres, qu'un amas d'air grossier et nébuleux? Si vous ne savez ce qu'elle est, du moins vous voyez de quoi elle est capable. Hé bien! dirons-nous qu'il y a dans notre âme une espèce de réservoir, où les choses que nous confions à notre mémoire se versent comme dans un vase? Proposition absurde : car peut-on se figurer que l'âme seroit d'une forme à loger un réservoir si profond? Dirons-nous que l'on grave dans l'âme comme sur la cire, et qu'ainsi le souvenir est l'empreinte, la trace de ce qui a été gravé dans l'âme? Mais des paroles et des idées peuvent-elles laisser des traces? Et quel espace ne faudroit-il pas, d'ailleurs, pour tant de traces différentes?

« Qu'est-ce que cette autre faculté, qui s'étudie à découvrir ce qu'il y a de caché, et qui se nomme intelligence, génie? Jugez-vous qu'il ne fût entré que du terrestre et du corruptible dans la composition de cet homme qui, le premier, imposa un nom à chaque chose? Pythagore trouvoit à cela une sagesse infinie. Regardez-vous comme pétri de limon ou celui qui a rassemblé les hommes et leur a inspiré de vivre en société, ou celui qui, dans un petit nombre de caractères, a renfermé tous les sons que la voix forme, et dont la diversité paroissoit inépuisable, ou celui qui a observé comment se meuvent les planètes, et qu'elles sont tantôt rétrogrades, tantôt stationnaires? Tous étoient de grands hommes, ainsi que d'autres encore plus anciens, qui enseignèrent à se nourrir de blé, à se vêtir, à se faire

[1] *Tuscul.*, 1, 24 et 25.

des habitations, à se procurer les besoins de la vie, à se précautionner contre les bêtes féroces : c'est par eux que nous fûmes apprivoisés et civilisés. Des arts nécessaires, on passa ensuite aux beaux-arts. On trouva pour charmer l'oreille les règles de l'harmonie. On étudia les étoiles, tant celles qui sont fixes que celles qui sont appelées errantes, quoiqu'elles ne le soient pas. Quiconque découvrit les diverses révolutions des astres fit voir par-là que son esprit tenoit de celui qui les a formés dans le ciel. »

NOTE M, page 196.

« Mais si tout ce que nous avons dit concernant les sens ne suffit pas pour convaincre un incrédule, avançons encore un peu, et faisons voir que les bornes mêmes dans lesquelles l'étendue du pouvoir de nos sens extérieurs se trouve renfermée, contribuent aussi à nous rendre plus heureux que si leur pouvoir s'étendoit beaucoup plus loin, comme cela s'est trouvé dans ces derniers siècles, avec le secours de certains instruments.

« Supposons que nos yeux aient le pouvoir de distinguer les objets qu'ils ne sauroient voir sans le microscope : il est vrai qu'ils nous feroient voir un monde de créatures nouvelles; une goutte d'eau dans laquelle on auroit fait tremper du poivre, ou une goutte de vinaigre, ou de matière séminale, nous paroîtroit comme un lac, ou une rivière pleine de poissons; l'écume des liqueurs puantes et corrompues nous paroîtroit un champ couvert de fleurs et de plantes; le fromage paroîtroit un composé de grosses araignées couvertes de poil; il en seroit de même à proportion d'une infinité d'autres choses : mais il est aussi aisé de concevoir le dégoût que la vue de ces insectes produiroit pour beaucoup de choses, qui d'ailleurs sont très bonnes et très utiles en elles-mêmes. J'ai vu des personnes faire des éclats de rire à la vue des petits animaux qui s'offrent dans un morceau de fromage, par le moyen d'un microscope, et retirer vitement leurs mains, lorsque quelqu'un de ces insectes venoit à tomber, de crainte qu'il ne tombât sur elles ; mais d'autres faisoient des réflexions plus sérieuses sur la sagesse de Dieu, qui a bien voulu cacher ces choses aux yeux des ignorants et des personnes craintives, et les manifester à d'autres par le moyen des microscopes, afin que les moyens nécessaires ne manquassent point à ceux qui tâchent de pénétrer dans ses merveilles.

« Les philosophes incrédules oseroient-ils jamais souhaiter que leurs yeux eussent les propriétés des meilleurs microscopes, supposé qu'ils en connussent la nature et le fondement? et se croiroient-ils plus heureux en voyant des objets si petits qui grossiroient jusqu'à ce point-là, tandis qu'en même temps tout ce qui leur tomberoit sous les yeux n'occuperoit pas plus d'espace qu'un grain de sable? Ils ne sauroient voir aucun objet distinctement, à moins qu'ils ne fussent à une très petite distance de l'œil, à un ou deux pouces, par exemple. Quant aux autres objets plus éloignés, comme les hommes, les bêtes, les arbres et les plantes, pour ne rien dire du soleil, de la lune et des étoiles, ces corps où brille la majesté de l'Être suprême, ils leur seroient entièrement invisibles, ou ils ne les verroient que dans une grande confusion, si tout cela se trouvoit ainsi, et si nos yeux tout seuls pouvoient pénétrer aussi avant que lorsqu'ils sont armés de bons microscopes. Tous ceux qui en ont fait l'expérience conviennent que, par leur moyen, on peut voir des corps composés d'un millier de petites parties ; d'où il s'ensuit que, pour bien voir chaque chose jusqu'à ses particules primitives, la vue doit encore s'étendre infiniment plus loin qu'elle ne s'étend avec le secours des meilleurs microscopes.

« D'un autre côté, supposons que nos yeux soient de grands télescopes, semblables à ceux dont nous nous servons pour observer tant de nouvelles étoiles dans les cieux, et pour faire tant de découvertes dans le soleil, la lune et les étoiles, ils seroient encore sujets à cet inconvénient : c'est qu'ils ne seroient presque d'aucun usage pour voir les objets qui nous environnent, et ils nous priveroient aussi de la vue des autres objets qui sont sur terre, parce que nous verrions les vapeurs et les exhalaisons qui s'élèvent continuellement, et qui, comme des nuages épais, nous cacheroient tous les autres objets visibles : cela n'est que trop connu de ceux qui se servent de ces instruments.

« De même, si l'odorat étoit aussi fin et aussi délicat dans les hommes qu'il paroît l'être dans de certains chiens de chasse, il n'est personne, il n'est aucune créature qui pût nous joindre; et il nous seroit impossible de passer par les endroits où elles auroient passé, sans ressentir de fortes impressions des corpuscules qui en partent : mille distractions partageroient malgré nous notre attention; et, lorsque nous serions forcés de nous appliquer à des objets plus relevés, nous serions obligés de nous fixer à des choses méprisables.

« Si notre langue étoit d'un tissu si délicat, qu'elle nous fît éprouver autant de goût dans les choses qui n'en ont presque pas, que dans celles dont le goût est aussi fort que celui des ragoûts ou des épiceries, il n'est personne qui n'avouât que cela seul suffiroit pour nous rendre les aliments très désagréables, après que nous en aurions mangé seulement deux ou trois fois.

« L'oreille pourroit-elle distinguer tous les sons avec la même exactitude qu'elle les distingue à présent, lorsque, par le moyen d'un porte-voix, quelqu'un parle doucement dans son extrémité la plus évasée, ou feroit-on plus d'attention à un grand nombre de choses? On n'en feroit certainement pas plus que lorsque nous nous trouvons au milieu d'un bruit confus et d'un grand nombre de voix, au milieu du bruit des tambours et du canon. Ceux qui ont été témoins des inconvénients que souffrent les malades qui ont l'ouïe trop fine, n'auront pas de peine à être convaincus de cette vérité.

« Si dans toutes les parties de notre corps le toucher étoit aussi délicat que dans les endroits extrêmement sensibles et dans les membranes des yeux, ne faut-il pas avouer que nous serions bien malheureux, et que nous souffririons de grandes douleurs, lors même qu'une plume très légère nous toucheroit?

« Enfin, peut-on réfléchir sur tout cela sans reconnoître la bonté de celui qui en est l'auteur, qui non-seulement nous a donné des organes aussi nobles que nos sens extérieurs, sans quoi il ne seroit pas à préférer à un morceau de bois; mais qui a même, par un effet de son adorable sagesse, renfermé nos sens dans de certaines bornes, sans lesquelles ils ne nous auroient servi que d'embarras, et il nous auroit été impossible d'examiner mille objets de plus grande conséquence?» (NIEUWENTYT, *Exist. de Dieu*, liv. I, chap. III, pag. 131.)

NOTE N, page 271.

« Les véritables philosophes n'auroient pas prétendu, comme l'auteur du *Système de la Nature*, que le jésuite Needham eût créé des anguilles, et que Dieu n'avoit pu créer l'homme. Needham ne leur auroit pas paru philosophe, et l'auteur du *Système de la Nature* n'eût été regardé que comme un discoureur par l'empereur Marc-Aurèle. » (*Questions encycl.*, tom. VI, art. *Philosoph.*)

Dans un autre endroit, combattant les athées, il dit à propos des Sauvages qu'on croyoit sans dieu :

« Mais on peut insister, on peut dire : Ils vivent en société, et ils sont sans dieu ; donc on peut vivre en société sans religion.

« En ce cas, je répondrai que les loups vivent ainsi, et que ce n'est pas une société qu'un assemblage de barbares anthropophages, tels que vous les supposez : et je vous demanderai toujours si, quand vous avez prêté votre argent à quelqu'un de votre société, vous voudriez que ni votre débiteur, ni votre procureur, ni votre notaire, ni votre juge, ne crussent en Dieu. » (*Ib.*, tom. II, art. *Ath.*)

Tout cet article sur l'athéisme mérite d'être parcouru. En poétique, *Voltaire* montre le même mépris de toutes ces vaines théories qui troublent le monde. « Je n'aime pas le gouvernement de la canaille, » répète-t-il en cent endroits. (Voyez les *Lettres au roi de Prusse*.) Ses plaisanteries sur les républiques populacières, son indignation contre les excès des peuples, tout enfin dans ses ouvrages prouve qu'il haïssoit de bonne foi les charlatans de la philosophie.

C'est ici le lieu de mettre sous les yeux du lecteur un certain nombre de passages tirés de la *Correspondance* de Voltaire, qui prouvent que je n'ai pas trop hasardé, lorsque j'ai dit qu'il haïssoit secrètement les sophistes. Du moins l'on sera forcé de conclure (si on n'est pas convaincu) que Voltaire ayant soutenu éternellement le *pour* et le *contre*, et varié sans cesse dans ses sentiments, son opinion en morale, en philosophie et en religion doit être comptée pour peu de chose.

Année 1766.

«*Contre les philosophes et le philosophisme. Je n'ai rien de commun avec les philosophes modernes*, que cette horreur pour le fanatisme intolérant.» (*Corresp. gén.*, tom. x, p. 337.)

Année 1741.

« La supériorité qu'une physique sèche et abstraite a usurpée sur les belles-lettres commence à m'indigner. Nous avions, il y a cinquante ans, de bien plus grands hommes en physique et en géométrie qu'aujourd'hui, et à peine parloit-on d'eux. Les choses ont bien changé. J'ai aimé la physique tant qu'elle n'a point voulu dominer sur la poésie : à présent qu'elle a écrasé tous les arts, je ne veux plus la regarder que comme un tyran de mauvaise compagnie. Je viendrai à Paris faire abjuration entre vos mains. Je ne veux plus d'autre étude que celle qui peut rendre la société plus agréable, et le déclin de la vie plus doux. On ne sauroit parler physique un quart d'heure et s'entendre. On peut parler poésie, musique, histoire, littérature, tout le long du jour, etc.» (*Correspondance gén.*, tom. III, pag. 170.)

«Les mathématiques sont fort belles; mais, hors une vingtaine de théorèmes utiles pour la mécanique et l'astronomie, le reste n'est qu'une curiosité fatigante. » (T. IX, pag. 484.)

A Damilaville.

« J'entends par *peuple* la populace qui n'a que ses bras pour vivre. Je doute que cet ordre de citoyens ait jamais le temps ni la capacité de s'instruire ; ils mourroient de faim avant de devenir philosophes. Il me paroît essentiel qu'il y ait des gueux ignorants. Si vous faisiez valoir comme moi une terre, et si vous aviez des charrues, vous seriez bien de mon avis. » (Tom. X, pag. 396.)

« J'ai lu quelque chose d'une Antiquité dévoilée, ou plutôt très voilée. L'auteur commence par le déluge, et finit toujours par le chaos : j'aime mieux, mon cher confrère, un seul de vos contes que tout ce fatras. » (Tom. X, pag. 409.)

Année 1766.

« Je serois très fâché de l'avoir fait (*le Christianisme dévoilé*), non-seulement comme académicien, mais comme philosophe, et encore plus comme citoyen. Il est entièrement opposé à mes principes. Ce livre conduit à l'athéisme, que je déteste. J'ai toujours regardé l'athéisme comme le plus grand égarement de la raison, parce qu'il est aussi ridicule de dire que l'arrangement du monde ne prouve pas un artisan suprême, qu'il seroit impertinent de dire qu'une horloge ne prouve pas un horloger.

« Je ne réprouve pas moins ce livre comme citoyen ; l'auteur paroît trop ennemi des puissances. Des hommes qui penseroient comme lui ne formeroient qu'une anarchie.

« Ma coutume est d'écrire sur la marge de mes livres ce que je pense d'eux : vous verrez, quand vous daignerez venir à Ferney, les marges du *Christianisme dévoilé* chargées de remarques, qui prouvent que l'auteur s'est trompé sur les faits les plus essentiels. » (*Correspondance gén.,* tom. XI, pag. 143.)

Année 1762. *A Damilaville.*

«Les frères doivent toujours respecter la morale et le trône. La morale est trop blessée dans le livre d'Helvétius, et le trône est trop peu respecté dans le livre qui lui est dédié.» (*Le Despotisme oriental.*)

Il dit plus haut, en parlant de ce même ouvrage : «On dira que l'auteur veut qu'on ne soit gouverné ni par Dieu ni par les hommes.» (Tom. VIII, pag. 148.)

Année 1768. *A M. de Villevieille.*

«Mon cher marquis, il n'y a rien de bon dans l'athéisme. Ce système est fort mauvais dans le physique et dans le moral. Un honnête homme peut fort bien s'élever contre la superstition et contre le fanatisme ; il peut détester la persécution ; il rend service au genre humain s'il répand les principes de la tolérance : mais quel service peut-il rendre s'il répand l'athéisme? Les hommes en seront-ils plus vertueux, pour ne pas reconnoître un Dieu qui ordonne la vertu? Non, sans doute. Je veux que les princes et leurs ministres en reconnoissent un, et même un Dieu qui punisse et qui pardonne. Sans ce frein, je les regarderai comme des animaux féroces, qui, à la vérité, ne me mangeront pas quand ils sortiront d'un bon repas, et qu'ils digèreront doucement sur un canapé avec leurs maîtresses, mais qui certainement me mangeront s'ils me rencontrent sous leurs griffes quand ils auront faim, et qui, après m'avoir mangé, ne croiront pas seulement avoir fait une mauvaise action.» (Tom. XII, pag. 349.)

Année 1749.

«Je ne suis point du tout de l'avis de Saunderson, qui nie un Dieu parce qu'il est né aveugle. Je me trompe peut-être; mais j'aurois, à sa place, reconnu un être très intelligent, qui m'auroit donné tant de suppléments de la vue; et, en apercevant, par la pensée, des rapports infinis dans toutes les choses, j'aurois soupçonné un ouvrier infiniment habile. Il est fort impertinent de deviner qui il est et pourquoi il a fait tout ce qui existe ; mais il me paroît bien hardi de nier qu'il est. » (*Corresp. gén.*, tom. IV, pag. 14.)

Année 1753.

« Il me paroît absurde de faire dépendre l'existence de Dieu d'a plus b, divisé par z.

« Où en seroit le genre humain, s'il falloit étudier la dynamique et l'astronomie pour connoître l'Être suprême ? Celui qui nous a créés tous doit être manifesté à tous, et les preuves les plus communes sont les meilleures, par la raison qu'elles sont les plus communes ; il ne faut que des yeux et point d'algèbre pour voir le jour. » (*Corresp. gén.*, tom. IV, pag. 463.)

« Mille principes se dérobent à nos recherches, parce que tous les secrets du Créateur ne sont pas faits pour nous. On a imaginé que la nature agit toujours par le chemin le plus court, qu'elle emploie le moins de force et la plus grande économie possible : mais que répondroient les partisans de cette opinion à ceux qui leur feroient voir que nos bras exercent une force de près de cinquante livres pour lever un poids d'une seule livre ; que le cœur en exerce une immense pour exprimer une goutte de sang ; qu'une carpe fait des milliers d'œufs pour produire une ou deux carpes ; qu'un chêne donne un nombre innombrable de glands, qui souvent ne font pas naître un seul chêne ? Je crois toujours, comme je vous le mandois il y a long-temps, qu'il y a plus de profusion que d'économie dans la nature. » (Tom. IV, pag. 463.)

ARGUMENT.

LES DEUX PREMIERS LIVRES
DU *GÉNIE DU CHRISTIANISME*.

Je ne crois pas que jamais un plus beau triomphe ait été donné à l'œuvre d'un poëte. *Le Génie du Christianisme* n'est pas seulement le plus beau livre du dix-neuvième siècle, c'étoit encore toute une révolution. Révolution salutaire et conservatrice, comme toutes les révolutions opérées par les grands génies; révolution dans les lois, dans les mœurs, dans les croyances. Si quelqu'un, après Dieu, a sauvé la France, à cette horrible époque de doutes de tout genre, c'est M. de Chateaubriand. Comment il est venu parmi nous jetant ses paroles salutaires au milieu de tant de passions en désordre? Comment il a rendu la vie à tant de saintes ruines foulées aux pieds? Comment ce hardi réformateur chrétien s'est élevé tout d'un coup à cette grande intelligence des faits et des hommes, du passé et de l'avenir? Comment il a pu deviner, lui, ce nouveau venu de l'exil, ce qui manquoit à cette France, bouleversée par tant d'orages : la croyance et l'espoir ? Il n'y a encore que Dieu qui le sache, car c'est de là-haut que vient en ce monde toute parole vivante, toute noble pensée, toute croyance, tout espoir.

Le Génie du Christianisme est donc un grand livre, surtout par les ruines qu'il a relevées. A tout prendre, il n'y avoit que cette réponse à faire à Voltaire et à l'école encyclopédiste. M. de Chateaubriand lui-même, dans la préface de ce grand ouvrage, prend soin de nous expliquer comment il a trouvé toute la défense de l'Église catholique épuisée avant lui, et comment il a été obligé de se frayer une voie toute nouvelle dans le cœur de l'homme, pour arriver à cette poétique et philosophique démonstration de l'Évangile. Les apologistes du christianisme sont nombreux, et chacun d'eux a sa manière à lui et sa physionomie particulière. D'abord l'Évangile se révèle aux hommes dans toute sa simplicité sublime. C'est la lumière qui éclate à tous les regards et qui frappe toutes les paupières clairvoyantes, comme fait le soleil. Mais qui dit le soleil, dit aussi l'ombre et le nuage. Qui dit la vérité dit en même temps le sophisme. Quelle est en ce monde la vérité qui n'ait pas été attaquée, et, par conséquent, qui n'ait pas été défendue? Les chrétiens qui défendirent, les premiers, l'Évangile, portèrent dans cette défense toute l'austérité d'une conviction primitive qui venoit directement de Jésus-Christ. C'est ainsi qu'écrivoient Tertullien et les chrétiens d'Athènes, qui malgré leur conversion, avoient conservé les formes hautaines du Portique ou de l'Académie. En ce temps-là, défendre le christianisme c'étoit l'imposer à la raison de l'homme. Bientôt cependant, quand le christianisme fut entré plus avant dans les intérêts humains, la parole chrétienne ne dédaigna pas les formes oratoires. En ce temps-là, un chrétien défendoit l'Évangile en martyr et en orateur. Il avoit recours en même temps au supplice et à l'éloquence. Dans les flammes ou sous le fer des bourreaux, le chrétien étoit orateur.

Quand enfin les supplices eurent à peu près disparu de la lutte chrétienne, et quand le débat catholique se fut établi d'intelligence à intelligence, la défense du christianisme affecta toutes les formes usitées dans les spéculations philosophiques de la Grèce ou de Rome. Tantôt c'étoit un dialogue, comme les leçons de Platon, tantôt une dialectique vive et pressante entre deux ennemis opposés, ou bien l'orateur prenoit pour modèle de ce développement oratoire, quelque belle *tusculane* de Cicéron, et alors toutes les ressources du style le plus ingénieux, toutes les recherches de l'esprit attique, furent employées à la démonstration de cet Évangile, qui se démontroit du reste par ses œuvres et par ses progrès.

Sur l'entrefaite arriva Julien l'apostat, espèce de Voltaire anticipé; railleur et spirituel, goguenard et sceptique, fort instruit dans la science évangélique, mais qui, par un déplorable abus du saint livre, le faisoit servir à la restauration des vieilles croyances et des faux dieux de la vieille Rome. Les attaques de l'empereur Julien furent peut-être aussi cruelles que les attaques mêmes de Voltaire. S'il avoit moins d'esprit et d'ironie, il avoit plus de force et de pouvoir : s'il commandoit aux ames avec moins d'adresse, il forçoit les volontés avec plus de violence. Il pouvoit à la fois commander et persuader : il faisoit soutenir son sophisme par ses soldats. Il fut aussi le premier qui déversa le mépris sur les livres saints. Bien plus, il ne dédaigna pas de descendre dans cette controverse qu'il avoit soulevée, et de payer de sa personne et de son style, dans cette lutte entreprise contre la foi chrétienne. La plume à la main, l'empereur Julien fut vraiment un antagoniste redoutable. Il arrivoit tout armé de railleries toutes nouvelles et de moqueries inépuisables; ardent, délié, colère, habile à profiter de tous ses avantages, grand écrivain comme tout sophiste élevé aux écoles d'Athènes, il étoit certes difficile de répondre à ce sophiste couronné. Saint Cyrille lui-même eût succombé dans cette entreprise, s'il n'avoit pas été soutenu par la vérité et la puissance qui vient d'en-haut et qui est plus forte que toute l'éloquence, tout le génie et toute l'ironie des hommes. Toujours est-il qu'après Voltaire, l'empereur Julien *l'apostat* est le plus grand ennemi que les défenseurs du christianisme aient eu à combattre. Mais le christianisme étoit bien fort.

Julien vaincu, le christianisme eut peu à combattre jusqu'à Luther. Cette victoire de l'Évangile s'étendoit dans le monde sans coup férir. Luther, voilà la véritable attaque de l'unité chrétienne! voilà la grande révolution dans l'Évangile! voilà le grand échec catholique! Luther soulève le monde, il change le *Credo* de ses pères, il fait plus à lui seul, ce pauvre moine tout nu qui boit sa bière dans un cabaret allemand, que l'empereur Julien dans toute sa gloire.

« Je ne suis qu'un pauvre moine, dit Luther, mais
« quand je bois ma bière et que je m'appuie sur ma
« Bible, je me sens plus fort que l'évêque de Rome au
« milieu de sa cour. » Et après Luther, Mélanchton, Calvin, Zwingle, toute la réforme armée, convaincue, ardente, passionnée. En vain les plus beaux-esprits du seizième siècle, soutenus par toutes les graces de l'imagination et du style, prennent fait et cause *pour l'évêque*

de Rome; que pouvoient Érasme et Théodore de Bèze, frivoles et légers chrétiens qui se défendoient à armes courtoises, *contre cette parole ardente qui brûloit les ames comme des torches brûlantes jetées sur des gerbes de blé?* Mais aussi quels progrès fit la réforme, et quelle vaste porte fut ouverte par Luther à toutes les rébellions humaines! C'est que Luther n'avoit trouvé personne qui fût de force à lui répondre. Grand malheur, même pour les plus belles causes, de ne pas avoir de défenseur!

Enfin, après tant de sanglantes crises, après tant de funestes combats en plaine rangée ou dans la chaire de vérité, quand il fut bien décidé cette fois que le monde étoit partagé en deux camps, ici l'obéissance et plus loin la résistance; ici l'autorité et plus loin la discussion; *un homme se rencontra* pour répondre à Luther : cet homme, c'étoit le Chrysostôme françois, c'étoit Bossuet! Grace à Bossuet, et à lui seul, le protestantisme triomphant s'est arrêté dans son triomphe; contre Bossuet est venu se briser Luther. Bossuet, c'est la force, c'est la grandeur, c'est la majesté, c'est l'éclat de l'Église catholique. Orateur passionné et convaincu, nourri à la fois à l'école d'Homère et de saint Jean Chrysostôme, homme d'État, homme d'affaires, plein de croyance, plein d'intelligence, ardent, animé, tout rempli d'une passion orientale, aussi courageux pour le moins que le cardinal de Richelieu, Bossuet fut; avec Pascal, la plus ferme volonté de l'Église catholique; mais ce fut là une volonté active, toute-puissante, et, pour tout dire en un mot, une éloquente volonté. Sans Bossuet, c'en étoit fait, cent ans plus tôt, de la religion catholique. Le dix-septième siècle ne demandoit pas mieux que de s'abandonner mollement à ce doute de tant d'esprit dont Montaigne lui avoit ouvert la route. Mais Bossuet, aidé de Louis XIV, ranima toutes ces croyances chancelantes ; toute sa longue vie apostolique se passa à lutter contre la réforme, et la réforme s'arrêta devant lui. Certes, les enfants de Luther et de Calvin ; certes, ceux qui avoient été les soldats et les compagnons de Henri IV, furent frappés d'étonnement quand ils virent entrer dans la lice l'aigle de Meaux, tout armé de l'*Histoire des variations* et de l'*Exposition de la doctrine catholique*. Cette fois, il n'y avoit plus à répondre, il n'y avoit qu'à se soumettre : c'étoit le grand Bossuet qui disoit : *Soumettez-vous !*

Mais l'évêque de Meaux ne fit pas sa tâche si complète qu'il mourût tranquille sur les destinées à venir de cette Église dont il avoit été le rempart inexpugnable : avant de rendre au ciel cette ame forte qu'il en avoit reçue, le saint évêque jeta sur l'avenir un dernier et prophétique regard ; et après ce grand roi Louis XIV, chrétien même dans ses foiblesses, après ce grand dix-septième siècle, si chrétien même dans ses écarts, Bossuet pressentit le roi sceptique et le siècle frivole qui alloient venir. C'étoit une de ces intelligences qui brisent le nuage, un de ces regards qui devancent le temps. Aussi, l'ame de Bossuet, à sa mort, fut plongée dans une grande tristesse : et lui aussi il pouvoit dire : *Mon Dieu, mon ame est triste ! — triste jusqu'à la mort de la Croix !*

Et en effet, le dix-huitième siècle étoit proche, et déja se faisoit entendre dans le lointain ce ricanement de génie qui avoit nom Voltaire! Bossuet mort, et avec Bossuet Louis XIV, le scepticisme commença. Et quel scepticisme, grand Dieu! Le scepticisme françois dans toute sa verve irréfléchie, dans toute son audace sans limites, dans tout son éclat de vice élégant et de charmante corruption. Une fois que la France se trouva lancée dans le doute, il lui sembla que, pour la première fois, elle entroit dans son élément naturel. Elle se jeta à corps perdu dans cet océan de délicieuses moqueries. Cela lui parut si beau en effet de briser les vieux temples, de renier l'Évangile de Jésus-Christ, de renverser les saints autels! La France ne voyoit là qu'un brillant paradoxe à accomplir. Cependant, de toutes parts s'élevoient de jeunes esprits qui ne demandoient pas mieux, pour se faire un nom, que de mettre toutes les croyances au pillage. C'étoit à qui se jetteroit avec plus de violence sur toutes les doctrines religieuses, pour arracher un sanglant lambeau à cette noble victime. Le luxe, l'esprit, les beaux-arts, la poésie, les graces décentes et indécentes, la frivolité d'un jeune roi entouré de jeunes maîtresses, tout contribuoit à attiser ce doute comme une flamme dévorante : le doute étoit partout ; au palais du roi et dans la chaumière du pauvre ; chez la maîtresse royale entourée de toute la pompe de Versailles et chez l'écrivain couché sur son grabat. C'étoit un doute universel, inouï, incroyable, étrange, lamentable. Le doute entroit de toutes parts dans cette grande ville du luxe, des plaisirs et des amours; il faisoit irruption comme les Grecs dans les remparts de Troie pendant cette nuit funeste qui vit tomber le vieil Ilion. Le doute prenoit toutes les formes, tous les langages;

tous les noms propres. Chaque homme de ce siècle d'esprit et d'ironie avoit son doute qui lui étoit particulier, comme il avoit sa physionomie personnelle. Diderot, c'étoit le doute fougueux, abondant, irréfléchi, le doute improvisé dans toutes sortes de passions et de colères, et jeté à pleines mains sur la tête de la foule qui passe. Le doute de d'Alembert, c'étoit le doute froid et méthodique qui emprunte les formes algébriques, qui se démontre comme une équation mathématique, et qui s'enveloppe d'un triste manteau de logicien pour avoir au moins quelques unes des apparences de la vérité, le calme et le sang-froid. En même temps qu'il s'empare du roman et du drame à la suite de Diderot, et de la philosophie à la suite de d'Alembert, le doute se glisse dans l'étude des lois à la suite de Montesquieu; et bien plus, chose étrange! le voilà qui pénètre de vive force dans l'histoire naturelle à la suite de M. de Buffon, l'historien de la Nature! C'étoit étrange cela! le doute au milieu de ce magnifique tableau de la création!

Mais, qui donc arrive là-bas, sur la route de Genève? quel est cet enfant de quarante ans qui se présente dans la lice, sans nom, sans famille, sans études, sans style encore? C'est le doute de Jean-Jacques Rousseau qui frappe à tes portes, malheureuse cité de Bossuet et de Pascal! Ouvre tes portes, ou plutôt que tes murs se fendent en deux, car c'est par la brêche que doivent entrer naturellement de pareils vainqueurs. Jean-Jacques Rousseau, en effet, c'est le doute dans l'éloquence; c'est le doute dans ce que la parole humaine a d'entraînement naturel et de convictions toutes-puissantes. Jean-Jacques Rousseau s'est mis à douter d'abord des lettres et des arts et de la société; il a ensuite douté du cœur de l'homme, puis il a douté de ses passions, puis enfin il a douté de lui-même, lui, le grand orateur de ce siècle, et sous ce dernier doute, le plus affreux de tous, il a succombé, vous savez trop comment! Quel homme infatigable! quelle ardeur véhémente! quel sombre éclat il a jeté! que de révélations terribles il nous a faites sur le néant de l'homme abandonné à lui-même sans boussole et sans nord! Comment voulez-vous donc, quand Bossuet étoit mort, quand Louis XIV étoit mort, quand ils étoient tous morts, les maîtres et les dieux de l'ancienne société françoise, comment voulez-vous, quand personne ne combattoit plus, ni pour le Dieu dans la chaire de vérité, ni pour le roi sur les marches du trône, comment voulez-vous que quelque foi humaine subsistât encore parmi nous, au milieu de ces ardents sceptiques qui marchoient tout droit à leur but, sans jamais s'arrêter, et quel que fût l'obstacle qui se présentât?

Et pourtant, entre ces noms illustres, dont un seul eût suffi à ébranler parmi nous la foi chancelante, et pourtant parmi tous ces fabricateurs souverains de l'*Encyclopédie*, cette tour de Babel, du haut de laquelle ont été lancées tant de foudres, nous n'avons pas encore nommé le plus puissant, le plus grand, le plus ingénieux de tous, Voltaire, le roi de Ferney, le roi de l'Europe, le roi du monde. Pour celui-là, c'est le doute presqu'élevé au degré de la croyance : c'est le doute universel, infini, autant du moins que le doute peut être infini. Trouvez-moi une page de l'histoire sacrée, un chapitre de l'histoire profane, un recoin du passé ou un peu de terre dans le présent, dans lequel Voltaire, l'infatigable sceptique, n'ait pas déposé son doute! Dites-moi un grand nom de l'histoire, un grand événement qui ait changé ce monde, une révolution importante, contre lesquels Voltaire n'ait pas jeté son doute? En prose et en vers; sur le théâtre et dans ses livres; dans le conte le plus futile et dans la page d'histoire la plus grave; poète épique ou poète licencieux, homme de génie ou homme d'esprit; dans la satire et dans l'ode; dans sa philosophie et dans ses dithyrambes; la nuit et le jour; jeune et vieux; même dans ses opéras et dans ses comédies; même dans la chapelle qu'il se fit bâtir à Ferney, partout et toujours, et d'une main infatigable, Voltaire a semé, jeté, répandu, étendu le doute. Et quel doute! Le doute de Voltaire; c'est-à-dire l'esprit, la grace, le mouvement, l'invention, le conte, la satire, la tragédie, le petit vers licencieux, la page obscène, toutes les formes, toutes les graces, tous les styles, toutes les séductions de l'esprit et du cœur. Comment résister à cet infatigable athlète qui renfermoit ses antagonistes dans des liens de fleurs? Comment ne pas succomber sous ces sarcasmes éternels qui vous livroient à un ridicule sans fin et sans cesse? Comment ne pas écouter ce poète enchanteur qui célébroit à la fois le roi et la liberté, l'amour et la révolte, qui vous jetoit à la fois dans l'indépendance la plus absolue et dans les bras des belles femmes? Comment résister à cet homme qui chantoit, qui rioit, qui mordoit tout à la fois? Eh! mon Dieu! êtes-vous bien sûrs que Bossuet lui-même, fasciné, fatigué, ébloui, n'en pouvant plus, écrasé enfin par cette ironie inattendue, par ce blasphême de l'esprit et du génie, eût pu long-temps se débattre contre ce géant aux mille faces, et qu'il n'eût pas bientôt crié : Merci! à Voltaire, à la fois épouvanté par tant d'audace et charmé par tant d'esprit?

A présent vous dirai-je la conséquence de ces terribles jeux d'esprit qui commencent par un conte frivole et qui se terminent par une révolution? Vous détaillerai-je, des pieds à la tête, ce monstre du dix-huitième siècle, la tête couronnée de fleurs et les pieds dans le sang? Passerons-nous des boudoirs de madame de Pompadour, cette reine licencieuse d'une cour sceptique, aux échafauds permanents de la place de Grève? Hélas! c'étoient là les conséquences inévitables de ce grand éclat de rire auquel la nation s'étoit livrée pendant vingt ans. En général, prenez en pitié les nations qui se livrent au paradoxe et aux plaisirs, comme feroient des jeunes gens hors de pages. Un grand peuple est fait pour être sérieux, et, si vous le voyez rire aux éclats, tenez-vous pour assurés qu'il marche à l'abîme. Voilà pourtant dans quel gouffre de sang vous a jetée l'esprit sans frein, pauvre France! Le doute eut bientôt amené, non pas la liberté, mais le plus horrible des esclavages, l'esclavage de la peur. La liberté est, de son essence, une trop noble conquête pour être jamais la fille du doute et de l'ironie : la liberté est fille de la croyance, et il n'y a que les peuples croyants qui ont été libres. Ainsi, de petits contes en petits vers, de paradoxes sérieux en paradoxes rieurs, de fautes en crimes, de la révolte des intelligences à la révolte des masses armées, de la négation du Dieu à la négation du roi; bien plus, faut-il le dire, et après tout, pourquoi ne le dirions-nous pas tout haut?. de Voltaire à Robespierre il n'y a qu'un abîme : c'est le doute.

Mais pourtant, que de ruines amoncelées ! mais que de précieux débris jonchent la terre ! mais qu'est-elle devenue cette liberté tant rêvée ? mais qu'a-t-on fait de toutes les illustres têtes disparues de la surface du monde? Mais à quoi donc a-t-elle abouti cette vieille société de France, l'honneur du monde ? Mais la race de Saint-Louis, *qui n'avoit pas d'égale sous le soleil,* comme dit Bossuet, où donc est-elle, je vous prie? Qu'en avez-vous fait, et qu'avez-vous mis à sa place, ô vous, le terrible ouragan qu'on appelle la révolution françoise?

Hélas ! voyez ce qui reste de tant de luttes sanglantes! La liberté est morte, et c'est un soldat de fortune qui s'en est emparé à son profit. Le christianisme est blessé au flanc, mais le doute, son vainqueur, est mort vaincu et méprisé. La Grève a été encombrée de têtes illustres ; elle a été inondée de sang, mais ce sang, répandu par le bourreau, a porté des semences fécondes ; et, quant à cette race de Saint-Louis dont l'exil a emporté le reste, comme l'orage emporte la paille du blé quand elle a été bien battue par le fléau du paysan, laissez faire un pauvre poète exilé, proscrit, chassé comme elle, et Dieu aidant ; le pauvre proscrit vous ramènera à la fois le Dieu et le roi de vos pères. O Providence ! qui oseroit dire : *Tu n'es qu'un nom!*

Il faut donc considérer *le Génie du Christianisme* comme la suite illustre de tant de combats livrés en faveur du christianisme depuis les premiers commencements de l'ère chrétienne. Saint Cyrille, l'éloquent patriarche d'Alexandrie, Tertullien et Bossuet, ne sont que les avant-coureurs de M. de Chateaubriand. Mais avec cette différence, cependant, que les deux premiers, combattant dans un temps où la foi étoit vive encore, et que Bossuet, soutenu par la haute raison et la ferme volonté de celui qu'on appeloit *le roi*, ont eu à remplir une tâche facile, comparée à la tâche de M. de Chateaubriand. En effet, M. de Chateaubriand venoit tout seul, après une révolution à peine accomplie, réveiller dans un peuple battu par tant d'orages et éprouvé par tant de gloire, inquiet à la fois sur le passé, sur le présent et sur l'avenir, jouer le rôle de Tertullien et de Bossuet, car ces ames endurcies et occupées n'avoient même pas assez de loisir pour l'espérance. Mais le grand poète étoit éclairé dans ces ténèbres profondes par la lumière qui vient d'en haut. Mais il étoit soutenu dans cette difficile entreprise par la conscience de son droit et de son devoir. Mais le ciel lui avoit donné ce qui fait les hommes forts, un grand sens et un grand enthousiasme; il lui avoit donné le courage de la croyance; et la première fois que la France s'étonna sérieusement depuis que Bonaparte avoit osé lui dire : *Je veux!* ce fut lorsque M. de Chateaubriand osa dire tout haut : *Je crois!*

Faire l'analyse du *Génie du Christianisme* n'est pas une tâche facile, même pour les esprits les plus habitués à ce pénible travail. Nous avons donc imaginé de diviser ce travail en quatre parties, et de suivre l'auteur volume par volume, et livre par livre pour ainsi dire. Dès le premier chapitre, vous le voyez tout d'abord aborder la partie la plus difficile de son sujet; à savoir, *le Dogme* et *la Doctrine, les Mystères* et *les Sacrements.*

Il ne s'agit pas ici de je ne sais quel christianisme poétique débarrassé de toutes ses entraves ; il s'agit du christianisme tel que l'a fait le divin législateur, avec ses mystères expliqués et inexplicables ; il s'agit du christianisme de tout le monde, et non pas de quelques esprits assez hardis pour retrancher quelque chose de ce grand tout. M. de Chateaubriand n'est pas de ceux qui se font honneur d'être incrédules ; au contraire, il commence par avouer tout son penchant à croire ce que l'Évangile lui dit de croire : *Il n'est rien de beau, de doux, de grand dans la vie que les choses mystérieuses.*

Il explique la Trinité, ce grand mystère, à la manière de Tertullien : *La Trinité, c'est la parole, c'est la raison et la puissance.* La Rédemption *contient les merveilles de l'homme et les mystères de son cœur.*
« La Trinité confond notre petitesse, accable nos sens
« de sa gloire, et nous nous relevons anéantis devant
« elle. Mais la touchante Rédemption, en remplissant
« nos yeux de larmes, les empêche d'être trop éblouis,
« et nous permet au moins de les fixer un moment sur
« la croix ! »

« L'Incarnation nous présente le Souverain des cieux
« dans une bergerie, celui qui lance la foudre entouré
« de bandelettes de lin, celui que l'univers ne peut con-
« tenir, renfermé dans le sein d'une femme ! »

M. de Chateaubriand définit ainsi en toute simplicité, *le Baptême, la Confession, la Communion, la Confirmation, l'Ordre* et *le Mariage.* Que cela dut étonner la France de Voltaire ! Un grand écrivain parler ainsi, parler ainsi avec le plus profond respect du Baptême, de la Confession, de *l'Ordre,* de l'Eucharistie !

Cependant, chemin faisant, le poète éclate déjà, ne pouvant plus se contenir ; déjà de toutes parts, il se révèle le plus grand écrivain de ce monde nouveau dont il alloit être le réformateur. Que ses pages sur le Mariage sont de belles pages ! *Ne donnons point à l'hymen les ailes de l'amour !* Et son chapitre XI, *l'Extrême-Onction* : *Son ame, à moitié échappée de son corps, éclate déjà sur son visage.*

Puis des dogmes chrétiens, il passe aux vertus chrétiennes. Après avoir reconnu humblement l'autorité de l'Évangile, il explique les vices et les vertus de l'homme comme les explique l'Évangile. Ne craignez pas qu'il s'écarte jamais de son grand modèle ! Ne craignez pas qu'il mette jamais la philosophie humaine à côté de la sagesse divine ! Ne craignez pas qu'il renonce jamais à la foi chrétienne (*Elle soulève le poids accablant du cœur de l'homme*), ni à l'espérance chrétienne (*Quiconque désire fortement obtient*), ni à la charité chrétienne (*Elle signifie au sens propre : grace et joie*). Voyez-le ensuite comparer le Décalogue aux lois de Zoroastre, aux lois indiennes, égyptiennes, aux lois de Minos, aux lois de Solon, aux lois de Pythagore. Et quel beau portrait il nous trace tout d'un coup de Moïse, *le législateur des Hébreux*, et comme il traduit le Décalogue avec le sens intime d'une intelligence supérieure, qui a le don de toutes les langues !

Bientôt nous entrons dans l'étude des vérités des Écritures. Le poète fait pour la Bible ce qu'il a fait pour l'Évangile ; c'est toujours le même respect, c'est toujours la même soumission, et surtout c'est toujours le même écrivain qui raconte avant tout ses impressions personnelles dans toute leur naïveté et dans tout leur charme. Voici déjà le voyageur qui se montre en détail comme il s'est montré dans *Atala*. L'histoire du serpent à sonnettes du Canada, la joûte du musicien avec le reptile, et le serpent qui danse pendant que chante la flûte, et les rapports intimes de cet homme et de ce serpent, c'est là sans doute un charmant tableau de genre, mais c'est là aussi une preuve toute nouvelle en faveur de ce serpent de la Bible qui a inspiré de si belles pages à M. de Chateaubriand, et à Milton son poëme.

Et ensuite savez-vous quelque chose de plus beau que cette *nouvelle preuve du péché originel?* Adam se perd *par l'orgueil de la science;* il se rend coupable pour avoir voulu trop *concevoir;* il a voulu comprendre l'univers, non *avec le sentiment, mais avec la pensée.* « A l'instant l'équilibre se rompt, la confusion s'empare de l'homme. » Ainsi parle M. de Chateaubriand, et, tout en faisant l'histoire du premier homme, il se trouve qu'il fait aussi une merveilleuse histoire de ce dix-huitième siècle dont il vient renverser l'échafaudage philosophique. Oui, le dix-huitième siècle s'est perdu comme le vieil Adam *pour avoir contredit la nature;* « au lieu
« d'attendre de la révolution des siècles des *connois-*
« *sances* nouvelles qu'il n'auroit reçues qu'avec des
« *sentiments* nouveaux, ce siècle a voulu tout con-
« noître », et, pour parler comme M. de Chateaubriand, « c'est un palais écroulé et rebâti avec les
« ruines; on y voit des parties sublimes et des parties
« hideuses, de magnifiques péristyles qui n'aboutissent
« à rien, de hauts portiques et des voûtes abaissées, de
« fortes lumières et de profondes ténèbres; en un mot,

« la confusion, le désordre de toutes parts, surtout au « sanctuaire. »

C'est ainsi que dans ce livre le poète, le législateur et l'historien se confondent dans une seule pensée, pour arriver aux plus beaux résultats qu'aient jamais obtenus l'éloquence et la raison de l'homme. Tout à l'heure, à propos du serpent tentateur, M. de Chateaubriand vous racontoit en passant un charmant épisode de ses voyages, à présent, à propos de notre premier père, il trace en grand historien un grand tableau du siècle passé; quelques pages plus bas, ce n'est plus le voyageur, ce n'est plus l'historien qui parle, c'est un autre Buffon qui parle, ou plutôt c'est mieux que Buffon, c'est mieux que Cuvier, c'est aussi bien que Bossuet.

Je ne crois pas que dans aucun des écrivains qui s'intitulent *historiens de la nature*, il y ait de plus belles pages que le chapitre de M. de Chateaubriand : *Histoire naturelle*. M. de Chateaubriand, ce n'est pas un rhéteur qui aligne complaisamment de belles phrases à propos du magnifique spectacle de la terre et du ciel; il comprend trop bien la nature pour la décrire ainsi; il est trop à genoux devant les ouvrages de Dieu, pour les mesurer en astronome et les arpenter en géomètre. M. de Chateaubriand est un écrivain à la manière de Job le prophète. Avez-vous jamais comparé la description du cheval par Job avec la célèbre description de M. de Buffon? Le cheval de Job frappe des pieds la terre et dit : *Allons!* Que les plus belles pages de M. de Buffon sont loin de ce simple mot sublime : *allons!* Comme aussi la description du Déluge, par M. de Chateaubriand, me paroit d'un immense effet. « Rois,

« peuples, armées ennemies, suspendirent leurs haines
« sanglantes, et s'embrassèrent, saisis d'une mortelle
« frayeur. Les temples se remplirent de suppliants qui
« avoient peut-être renié la Divinité toute leur vie, mais
« la Divinité les renia à son tour ; et bientôt on *annonça*
« que l'Océan tout entier étoit aussi à la porte des tem-
« ples. » *On annonça !*

Et de ces nobles pages, que sera-ce donc si vous passez
à ces légères et charmantes descriptions des fleurs de la
terre, et des oiseaux de l'air ? Qui lui a donné le secret de
tant de hardis mécanismes, à ce grand poète qui revient
de l'exil ? Écoutez-le, et dites-moi si M. de Buffon écrit
aussi bien que cela : « Les oiseaux ne présentent pas un
« sujet d'observations moins intéressant. Leurs ailes con-
« vexes en dessus et creusées en dessous, sont des rames
« parfaitement taillées pour l'élément qu'elles doivent
« fendre. Le roitelet qui se plaît dans les haies de ronces
« et d'arbousier, qui sont pour lui de grandes solitudes,
« est pourvu d'une double paupière, afin de préserver
« ses yeux de tout accident. Mais, admirables fins de la
« nature ! Cette paupière est transparente, et le chantre
« des chaumières peut abaisser ce voile diaphane sans
« être privé de la vue. La Providence n'a pas voulu
« qu'il s'égarât en portant les gouttes d'eau ou le grain
« de mil à son nid, et qu'il y eût sous le buisson une
« petite famille qui se plaignît d'elle. »

Et tout le reste du chapitre est ainsi écrit, et c'est
merveille de voir comment un si grand poète peut être
un si grand anatomiste, et si M. Dupuytren, le maître
de la chirurgie moderne, a lu ces lignes par hasard, il
a dû rester bien étonné.

Instinct des animaux ; — Chant des oiseaux ; — Nid des oiseaux ; — Migration des oiseaux ; — Oiseaux de mers ; — Quadrupèdes ; — Amphibies et Reptiles, ce sont là autant de chefs-d'œuvre qui laissent bien loin les pages les plus admirées de l'*Histoire Naturelle* de Buffon.

Bien plus, on ne peut comparer en ceci M. de Chateaubriand qu'à Bossuet lui-même ; car Bossuet, lui aussi, a été l'historien de la nature, et ce n'est pas un spectacle d'un médiocre intérêt de voir ces deux convictions, M. de Chateaubriand et Bossuet, ces deux aigles, étudier la nature sous le même aspect et la décrire avec le même génie.

Écoutez donc ce que dit Bossuet :

« Ainsi, tout l'homme est construit avec un dessein suivi, avec un art admirable. Mais si la sagesse de son auteur éclate dans le tout, elle ne paroit pas moins dans chaque partie.

« Nous venons de voir que notre corps devoit être composé de beaucoup d'organes capables de recevoir les impressions des objets et d'exercer des mouvements proportionnés à ces impressions.

« Ce dessein est parfaitement exécuté, tout est ménagé dans le corps humain avec un artifice merveilleux. Le corps reçoit de tous côtés les impressions des objets sans en être blessé. On lui a donné des organes pour éviter ce qui l'offense ou le détruit ; et les corps environnants qui font sur lui ce mauvais effet, font encore celui de lui causer de l'éloignement. La délicatesse des parties, quoiqu'elle aille à une finesse inconcevable, s'accorde avec sa force et avec sa solidité. Le jeu des ressorts n'est pas moins aisé que ferme ; à peine sentons-nous battre notre cœur, nous qui sentons les moindres mouvements du dehors, si peu qu'ils viennent à nous ; les artères vont, le sang circule, les esprits coulent, toutes les parties s'incorporent leur nourriture sans troubler notre sommeil, sans distraire nos pensées, sans exciter tant soit peu notre sentiment ; tant Dieu a mis de règle et de proportion, de délicatesse et de douceur dans de si grands mouvements !

« Ainsi, nous pouvons dire avec assurance que, de toutes les proportions qui se trouvent dans les corps, celles du corps organique sont les plus parfaites, les plus palpables.

« Tant de parties si bien arrangées et si propres aux usages pour lesquels elles sont faites, la disposition des valvules, le battement du cœur et des artères, la délicatesse des parties du cerveau et la variété de ses mouvements, d'où dépendent tous les autres, la distribution du sang et des esprits, les effets différents de la respiration, qui ont un si grand usage dans le corps, tout cela est d'une économie, et, s'il est permis d'user de ce mot, d'une mécanique si admirable, qu'on ne la peut voir sans saisissement, ni assez admirer la sagesse qui en a établi la règle.

« Il n'y a guère de machines qu'on ne trouve dans le corps humain : pour sucer quelque liqueur, les lèvres servent de tuyau, et la langue sert de piston ; au poumon est attachée la trachée-artère, comme une espèce de flûte douce d'une fabrique particulière, qui, s'ouvrant plus ou moins, modifie l'air et diversifie les tons. La langue est un archet qui, battant sur les dents et sur le palais, en tire des sons exquis. L'œil a ses humeurs et son cristallin, les réfractions s'y ménagent avec plus d'art que dans les verres les mieux taillés ; il a aussi sa prunelle qui se dilate et se resserre ; tout son globe s'allonge ou s'aplatit selon l'axe de la vision, sans s'ajuster aux distances comme des lunettes à longue vue. L'oreille a son tambour, où une peau aussi délicate que bien tendue, résonne au mouvement d'un petit marteau que le moindre bruit agite : elle a dans un os fort dur des cavités pratiquées pour faire retentir la voix de la même sorte qu'elle retentit les échos. Les vaisseaux ont leurs soupapes ou valvules tournées en tous sens ; les os et les muscles ont leurs poulies et leurs leviers : les proportions qui font et les équilibres et la multiplication des forces mouvantes, y sont observées dans une justesse où rien ne manque. Toutes ces machines sont simples ; le jeu en est si aisé et sa structure si délicate, que toute autre machine est grossière en comparaison.

« A rechercher de près les parties, on y voit de toutes sortes de tissus. Rien n'est mieux filé, rien n'est mieux passé, rien n'est serré plus exactement.

« Nul ciseau, nul tour, nul pinceau ne peut approcher de la tendresse avec laquelle la nature tourne et arrondit ses sujets.

« Tout ce que peut faire la séparation et le mélange des liqueurs, leur précipitation, leur digestion, leur fermentation, et le reste, est pratiqué si habilement dans le corps humain, qu'auprès de ces opérations la chimie la plus fixe n'est qu'une ignorance très grossière.

« On voit à quel dessein chaque chose a été faite ; pourquoi le cœur, pourquoi le cerveau, pourquoi les esprits, pourquoi la bile, pourquoi le sang, pourquoi les autres humeurs : qui voudra dire que le sang n'est pas fait pour nourrir l'animal ; que l'estomac et les eaux qu'il jette dans ses glandes ne sont pas faites pour préparer par la digestion la formation du sang ; que les artères et les veines ne sont pas faites de la manière qu'il faut pour le contenir, pour le porter partout, pour le faire circuler continuellement ; que le cœur n'est pas fait pour donner le branle à cette circulation ; qui voudra dire que la langue et les lèvres, avec leur prodigieuse mobilité, ne sont pas faites pour former la voix en mille sortes d'articulations ; ou que la bouche n'a pas été mise à la place la plus convenable pour transmettre la nourriture à l'estomac ; que les dents n'y sont pas placées pour rompre cette nourriture et la rendre capable d'entrer ; que les eaux qui coulent dessus ne sont pas propres à la ramollir et ne viennent pas pour cela à point nommé, ou que ce n'est pas pour ménager les organes et la place, que la bouche est pratiquée de manière que tout y sert également à la nourriture et à la parole : qui voudra dire ces choses fera mieux de dire encore qu'un bâtiment n'est pas fait pour loger et que les appartements, ou engagés, ou dégagés, ne sont pas construits pour la commodité de la vie ou pour faciliter les ministères nécessaires ; en un mot, il sera un insensé qui ne mérite pas qu'on lui parle. » (Bossuet, *Traité de la Puissance de Dieu.*)

Ne dites donc plus : c'est M. de Buffon qui est l'historien de la nature, c'est Pline l'ancien, c'est le poète Lucrèce. Non, l'historien de la nature ce n'est pas M. de Buffon, ce n'est pas Pline l'ancien, ce n'est pas le poète Lucrèce; ces trois hommes ont écrit leur histoire ou leur poëme en doutant de Dieu lui-même : et de quel droit le doute auroit-il écrit l'histoire du genre humain? Il n'appartient qu'à des hommes pleins de foi, de l'entreprendre, cette immense histoire de la terre et du ciel; c'est parce qu'il avoit foi en celui qui est là-haut que Bossuet a écrit de si belles pages ; c'est parce qu'il étoit un écrivain convaincu, que M. de Chateaubriand s'est fait l'historien du tigre dans le désert et du joli petit roitelet sur la branche, et de toute cette vaste famille des êtres créés, dont pas une famille ne se plaint de la Providence qui veille sur eux.

Toute l'histoire de la *poétique du Christianisme* répond à ces admirables préliminaires. Cette fois encore le poète est appelé à réhabiliter plusieurs grandes renommées attaquées par Voltaire. Après avoir salué avec la plus vive émotion les poètes de l'antiquité, le vieil Homère, Sophocle, Euripide, Virgile; M. de Chateaubriand s'en va tout droit jusqu'aux poètes chrétiens, et il se demande (audace très grande alors) si le christianisme n'a pas aussi sa poésie égale à toutes les poésies de ce monde? C'est alors, pour la première fois, le croiroit-on? que nous voyons le nom de Dante prononcé chez nous avec admiration et respect. C'est la première fois aussi qu'un homme de talent osoit débattre les jugements plus que légers de Despréaux sur la *Jérusalem délivrée*, ce chef-d'œuvre inspiré par les croisades, cette grande émigration à main armée de l'Occident à l'Orient, qui devoit porter de si grands fruits plus tard.

Mais c'est surtout dans la défense de Milton et dans l'analyse du *Paradis perdu* que se montre dans toute sa hardiesse et dans tout son éclat la haute raison de M. de Chateaubriand. Sous le règne de Voltaire on disoit que Milton étoit une espèce de barbare comme Shakespeare, et l'on rioit aux éclats de ces anges qui se battent à coups de canon contre les hommes. Comme M. de Chateaubriand a compris et nous a fait comprendre ce grand poëme, dans lequel toute l'histoire de l'humanité est inscrite en lettres de feu! « Milton retrace la première « pensée de Dieu, manifestée dans la création du monde, « et les premières pensées de l'homme au sortir des « mains du Créateur! »

C'est ainsi, c'est en rendant à tant de chefs-d'œuvre chrétiens les honneurs qu'on leur disputoit depuis si long-temps, que M. de Chateaubriand passe naturellement de la *poétique* du christianisme *à l'histoire de la poésie dans ses rapports avec les hommes.* Travail tout littéraire celui-là, où vous trouverez développées avec une sûreté de goût incroyable, toutes les diverses théories du beau et du bon mises en pratique par tous les hommes de génie, depuis Virgile jusqu'à Racine; depuis la Didon jusqu'à la Virginie de Bernardin de Saint-Pierre : vive et toute-puissante histoire de la poésie, à l'aide de laquelle M. de Chateaubriand a fait l'histoire des passions de l'homme.

Comme on le voit, cette analyse du *Génie du Christianisme* est féconde en aperçus et en observations qui ne peuvent que tourner au profit de l'art. Nous continuerons cette analyse dans les volumes suivants.

Jules Janin.

TABLE.

Préface .... Page i

GÉNIE DU CHRISTIANISME.

PREMIÈRE PARTIE.
DOGMES ET DOCTRINE.

LIVRE PREMIER.
MYSTÈRES ET SACREMENTS.

Chapitre premier. — Introduction	1
Chap. II. De la nature du Mystère	12
Chap. III. Des Mystères chrétiens. De la Trinité	15
Chap. IV. De la Rédemption	23
Chap. V. De l'Incarnation	33
Chap. VI. Les Sacrements. Le Baptême et la Confession.	35
Chap. VII. De la Communion	41
Chap. VIII. La Confirmation, l'Ordre et le Mariage...	47
Chap. IX. Suite du précédent. Sur le Sacrement d'Ordre.	57
Chap. X. Suite des précédents. Le Mariage	62
Chap. XI. L'Extrême-Onction	70

LIVRE SECOND.
VERTUS ET LOIS MORALES.

Chapitre premier. Vices et Vertus selon la Religion...	72
Chap. II. De la Foi	75
Chap. III. De l'Espérance et de la Charité	78
Chap. IV. Des Lois morales, ou du Décalogue	81

LIVRE TROISIÈME.

VÉRITÉ DES ÉCRITURES ; CHUTE DE L'HOMME.

Chapitre premier. Supériorité de la tradition de Moïse sur toutes les autres cosmogonies .... Page 93
Chap. II. Chute de l'Homme ; le Serpent ; un mot hébreu 98
Chap. III. Constitution primitive de l'Homme 104

LIVRE QUATRIÈME.

SUITE DES VÉRITÉS DE L'ÉCRITURE. OBJECTIONS CONTRE LE SYSTÈME DE MOÏSE.

Chapitre premier. Chronologie................... 110
Chap. II. Logographie et faits historiques 114
Chap. III. Astronomie........................... 124
Chap. IV. Suite du précédent. Histoire naturelle ; Déluge.. 132
Chap. V. Jeunesse et Vieillesse de la Terre.......... 136

LIVRE CINQUIÈME.

EXISTENCE DE DIEU PROUVÉE PAR LES MERVEILLES DE LA NATURE.

Chapitre premier. Objet de ce Livre................ 139
Chap. II. Spectacle général de l'Univers............ 141
Chap. III. Organisation des Animaux et des Plantes ... 144
Chap. IV. Instinct des Animaux................... 150
Chap. V. Chant des Oiseaux ; qu'il est fait pour l'homme. Loi relative au cri des Animaux................. 153
Chap. VI. Nids des Oiseaux...................... 157
Chap. VII. Migration des Oiseaux 160
Chap. VIII. Oiseaux des mers ; comment utiles à l'homme. 166
Chap. IX. Suite des Migrations. Quadrupèdes........ 172

CHAP. X. Amphibies et Reptiles.................. Page 177
CHAP. XI. Des Plantes et de leurs Migrations............ 183
CHAP. XII. Deux perspectives de la Nature............. 187
CHAP. XIII. L'Homme physique..................... 193
CHAP. XIV. Instinct de la Patrie.................... 196

LIVRE SIXIÈME.

IMMORTALITÉ DE L'AME PROUVÉE PAR LA MORALE ET LE SENTIMENT.

CHAPITRE PREMIER. Désir de bonheur dans l'Homme... 206
CHAP. II. Du Remords et de la Conscience........... 211
CHAP. III. Qu'il n'y a point de morale s'il n'y a point d'autre vie................................ 215
CHAP. IV. De quelques objections.................. 217
CHAP. V. Danger et inutilité de l'Athéisme........... 224
CHAP. VI. Fin des dogmes du Christianisme. État des peines et des récompenses dans une autre vie. Élysée antique, etc................................ 233
CHAP. VII. Jugement dernier..................... 236
CHAP. VIII. Bonheur des Justes................... 240

SECONDE PARTIE.

POÉTIQUE DU CHRISTIANISME.

LIVRE PREMIER.

VUE GÉNÉRALE DES ÉPOPÉES CHRÉTIENNES.

CHAPITRE PREMIER. Que la poétique du Christianisme se divise en trois branches : Poésie, Beaux-Arts, Littérature.................................... 243

Chap. II. Vue générale des Poëmes où le merveilleux du Christianisme remplace la Mythologie. L'Enfer du Dante. La Jérusalem délivrée.............. Page 246
Chap. III. Paradis perdu....................... 250
Chap. IV. De quelques Poëmes françois et étrangers... 259
Chap. V. La Henriade......................... 265
Notes et Éclaircissements..................... 273
Argument. Sur les deux premiers Livres du Génie du Christianisme............................... 333

FIN DE LA TABLE.

www.ingramcontent.com/pod-product-compliance
Lightning Source LLC
Chambersburg PA
CBHW050300170426
43202CB00011B/1767